ESSAI

SUR L'IMITATION

DANS LES BEAUX-ARTS.

Imprimerie de

𝕵𝖚𝖑𝖊𝖘 𝕯𝖎𝖉𝖔𝖙, 𝖑'𝖆𝖎𝖓𝖊́,

IMPRIMEUR DU ROI.

ESSAI

SUR

LA NATURE, LE BUT ET LES MOYENS

DE L'IMITATION

DANS LES BEAUX-ARTS.

PAR M. QUATREMERE DE QUINCY.

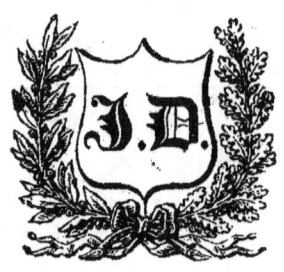

PARIS,

TREUTTEL ET WÜRTZ, LIBRAIRES, RUE DE BOURBON, Nº 17;

A STRASBOURG ET A LONDRES,

MÊME MAISON DE COMMERCE.

———

1823.

PRÉAMBULE.

L'imitation est quelque chose de si étendu et de si varié, quand on en considère les rapports et les effets, dans tout ce qui peut être du ressort de la faculté d'imiter, faculté qui constitue un des caractères distinctifs de l'homme, qu'il faut désespérer d'avoir jamais un traité complet sur cette matière.

On pourroit expliquer presque tout l'homme naturel et social par l'imitation. Qu'y a-t-il, en effet, soit dans ses habitudes, soit dans ses goûts, soit dans ses travaux, qu'on ne puisse rapporter à l'instinct imitatif? Embrasser dans son universalité la théorie de l'imitation, ce seroit donc soumettre à une analyse infinie, tous les actes de la vie humaine, tous les objets qui entrent dans les rapports de l'existence sociale.

En restreignant l'idée d'imitation, ainsi que l'annonce le titre de cet essai, dans le cercle de ce qu'on appelle les beaux-arts, on voit déja combien je suis loin d'avoir conçu le projet

d'une de ces théories prétendues universelles,
qui outre-passent les forces du génie de leurs
auteurs, et l'étendue d'intelligence de leurs lecteurs.

Quelques métaphysiciens (1), pour embrasser
la théorie entière de l'imitation dans les beaux-
arts, ont tenté d'en ramener toutes les notions
à un principe général, mais si élevé, mais placé
dans une région si peu accessible à la compré-
hension du plus grand nombre, que ceux même
qui croient y atteindre, n'y saisissent qu'une
sorte de point de concentration, où le tout ab-
sorbe ses parties.

D'autres (2), se traînant en théoriciens sur les
routes multipliées de l'analyse, se sont flattés de
détailler, partie par partie, l'ensemble d'une
doctrine générale, applicable dans chaque objet
à chacun des beaux-arts : mais, en visant à l'u-
niversalité, ils ont manqué l'unité : ils ont eu
trop de pièces à réunir, pour en faire un corps ;
et dans l'incohérence de leur ouvrage, les parties n'ont pu produire un tout.

_____

(1) Kant. — (2) Sülzer.

En bornant une théorie générale de l'imitation aux beaux-arts, si l'on prétend embrasser l'ensemble de chacun, ou les notions relatives à chacune de ses parties, le plan sera donc encore immense, et la carrière à parcourir n'aura presque point de terme.

En effet, chacun des beaux-arts se présente à nous, dans sa région particulière et distincte, à-peu-près comme un de ces états partiels, qui forme avec d'autres, la totalité d'un même empire, mais qui, pour être soumis aux lois générales d'un gouvernement central, n'en a pas moins ses coutumes, ses priviléges, ses lois d'exception, et son caractère spécial imprimé par la nature. Qu'on se figure donc ce qu'il faudroit réunir d'études et de connoissances, pour être en état de traiter à fond la théorie particulière de tous les beaux-arts, quand on a beaucoup de peine à approfondir celle d'un seul.

Ce n'est pas quelque chose de fort simple que la théorie entière d'un seul art.

On n'est pas plus tôt entré dans une semblable matière, qu'au lieu d'une seule théorie, on s'aperçoit qu'il y en a plusieurs à embrasser, et de

fort diverses entre elles. Chaque art produit
dans ses ouvrages des impressions différentes,
des effets très distincts, d'où résultent des genres
correspondants soit à des points de vue particuliers de son modèle, soit aux organes ou aux
facultés du corps ou de l'esprit, avec lesquels il
est tenu d'être en rapport. Un art, par exemple,
selon la diversité des genres de ses ouvrages, s'a-
dresse à la raison, à l'imagination, au sentiment,
au goût, à l'organe physique. Il y aura donc la
théorie du raisonnement ou du bon sens, la
théorie de l'imagination, celle du sentiment et
de l'expression des passions, celle du goût ou
des convenances, celle de la pratique exécutive,
ou de la science.

Ce que je viens de dire, annonce encore mieux
que je ne pourrois le faire entendre, combien je
suis loin d'avoir voulu, sous l'expression générale
d'imitation, comprendre des idées ou des recherches aussi étendues.

Mon dessein n'est pas de considérer les différents arts, en tant que modes d'imitation, dans
la variété des ressorts particuliers à tous et à
chacun, des études qu'ils exigent, des règles que

l'observation ou l'expérience y ont fixées, des méthodes qui leur sont propres, des raisons qui en accélèrent ou en arrêtent la perfection, des causes de leurs impressions, etc., etc.

Loin de m'être proposé de parcourir un si grand nombre de routes, que l'on pourroit comparer aux rayons qui aboutissent à la circonférence d'une théorie complète, je me suis contenté, dans la première partie, ou celle qui a pour objet *la nature de l'imitation*, de me placer comme dans une espèce de centre, que je regarde comme le point de départ de toutes les routes. Il m'a semblé que certaines notions primaires tout à-la-fois, et centrales, sur ce qui constitue le principe élémentaire de l'imitation propre des beaux-arts, n'avoient jamais été recueillies et rapprochées sous un seul point de vue, de manière à fixer toutes les incertitudes de l'opinion, et à lui donner une règle invariable.

Après avoir considéré l'imitation dans sa nature, il est impossible de ne pas se demander quel doit en être *le but* véritable. C'est là-dessus encore que des idées incomplètes, résultats d'aperçus trop partiels, ont établi des doctrines trop au-dessous de leur objet. J'ai cru devoir les diriger vers un but plus élevé, qui, sans être exclusif, sans interdire la faculté de s'arrêter à des points inférieurs, marquât au génie le point auquel il doit atteindre. Tel est le sujet de la seconde partie de l'ouvrage.

Le but étant posé, reste à la théorie de faire connoître les voies qui y conduisent.

On a consacré la troisième partie au développement *des moyens de l'imitation.* Mais dans le système de cet ouvrage, ce qu'on appelle ainsi, n'a de commun que le nom, avec les moyens pratiques, techniques ou didactiques de chaque art. Les moyens dont on traitera, sont ceux qui dérivent de la nature même de l'imitation, et se rapportent à la nature de son but, ceux qui dépendent de l'action de l'esprit et de l'intelligence, ceux que le goût dirige suivant le génie propre à chaque genre d'imitation. Rien de relatif à l'exécution, telle qu'on l'entend, selon le langage ordinaire, n'entre dans la théorie de cette espèce de moyens. Je me ferai entendre d'un seul mot, en disant qu'il s'y agit *des moyens de l'imitation,* et non de ceux *de l'imitateur.*

Je ne me dissimule pas ce que peut appréhender, de la part de beaucoup de lecteurs, l'ouvrage d'une théorie plus ou moins abstraite, en matière de beaux-arts. Les uns, en de tels sujets, veulent qu'on leur présente de ces notions positives, que l'esprit rattache facilement aux choses d'une expérience commune. Les autres, croyant qu'on ne doit parler des beaux-arts qu'en style fleuri, demandent à l'auteur, de ces aperçus brillants qui saisissent l'imagination, de ces phrases sonores, de ces tournures pittoresques, flatteuses pour l'oreille et les sens, mais qui ne laissent aucune idée dans l'esprit. Que faire à cela? Chacun, en traitant un sujet, y choisit un point de vue. Il doit y être fidèle, et par conséquent s'attendre que ses aspects ne correspondront pas à la position ou à la disposition de tous. Chaque matière a ses juges. C'est de ceux-là qu'on doit ambitionner le suffrage. Peu importe leur nombre.

Je prévois aussi une objection. On pourra demander à quoi une semblable théorie est bonne, et si elle peut servir à faire produire de meilleurs ouvrages. A cela voici quelle pourroit être ma réponse :

« Je pense que les beaux ouvrages des arts ont
« plutôt donné naissance aux théories, que les
« théories aux beaux ouvrages. Mais il y a de
« belles théories qui sont aussi en leur genre de
« beaux ouvrages, et auxquelles bien des per-
« sonnes prennent plaisir. Ainsi on ne doit pas
« plus demander à quoi sert une poétique, que
« demander à quoi sert un morceau de poésie. »

PREMIÈRE PARTIE.

DE LA NATURE DE L'IMITATION DANS LES BEAUX-ARTS.

Non res, sed similitudines rerum.
CICER., *De nat. deor.*, l. I, §. 27.

PARAGRAPHE PREMIER.

Définition du principe élémentaire de l'imitation dans les beaux-arts.

APRÈS avoir restreint, comme on l'a vu dans le préambule, la théorie de l'imitation à ce qu'on est convenu d'appeler les beaux-arts, je me propose de resserrer encore ici le cercle des notions qui doivent faire l'objet de cette première partie. Loin de parcourir la circonférence, aussi variée qu'étendue, de la région imitative dans les ouvrages du génie, dont les effets nous touchent de tous côtés, c'est dans le centre même du principe constitutif de l'imitation propre des beaux-arts, que je prétends me renfermer.

Je ne me propose donc point, en traitant de *la nature de l'imitation*, d'en scruter les rapports secrets, par l'analyse des différentes sortes d'impressions que produisent ses œuvres, ni de dire tout ce qu'elle doit être pour être parfaite. Je veux rechercher seulement et montrer ce que *l'imitation dans les beaux-arts* doit être, pour être *imitation*.

Ainsi c'est son principe élémentaire, c'est son caractère intrinsèque, autrement dit, son essence, que je prétends mettre à découvert et développer.

La faculté imitative est réellement caractéristique de l'homme; elle se mêle à tous ses actes, elle entre dans tous ses ouvrages; elle lui appartient tellement, et à lui seul entre tous les êtres, qu'on pourroit le définir par cette propriété, en le nommant *l'être imitateur*. De là cette multitude de rapports divers sous lesquels on emploie le mot *imitation*; de là cette variété d'effets imitatifs qui se reproduisent dans tous les ouvrages de l'industrie humaine; de là par conséquent la nécessité d'isoler la théorie de *l'imitation dans les beaux-arts*, et de la soumettre à une recherche particulière.

Il faut, quand on veut la définir, en dégager l'idée ou la notion, de celles qui caractérisent l'imitation propre des autres arts. L'habitude où l'on est de confondre les propriétés inhérentes aux deux actions de la faculté imitative, occasione toutes les méprises qui, de l'usage ou de la manière de parler, passent dans la manière de voir et de sentir, et qui, après avoir faussé le jugement de ceux auxquels s'adressent les œuvres des beaux-arts, parviennent à tromper l'esprit, et à vicier le goût de ceux qui les produisent.

Séparer, par une distinction claire, élémentaire, et incontestable dans sa simplicité même, le principe de l'imitation propre des beaux-arts, du principe des autres sortes d'imitation, ce n'est pas se livrer à une stérile analyse; on verra au contraire que c'est ouvrir à la théorie une source féconde, s'il est vrai que de ses conséquences doivent dériver les lois du goût qui régissent les beaux-arts.

Ce principe fondamental, je le réduis, dans sa plus simple expression, aux termes suivants :

Imiter dans les beaux-arts, c'est produire la ressemblance d'une chose, mais dans une autre chose qui en devient l'image.

De cette définition on voit déja sortir la différence essentielle qui existe entre l'imitation propre des beaux-arts, et les autres sortes d'imitation.

Il appartient sans doute à chaque sorte d'imitation de produire certaines ressemblances. Mais si toute imitation produit des ressemblances, toute ressemblance n'est pas pour cela nécessairement un produit de l'imitation. C'est ce qui se démontre de soi-même, par exemple, dans les œuvres de la nature, où l'on découvre le plus grand nombre de ressemblances, et des plus frappantes. Il suffit de nommer tous les objets qu'elle reproduit sans cesse. Le mot reproduire exprime cette faculté qu'elle a de donner l'être à une multitude de corps organisés, qui, se succédant avec les mêmes propriétés dans les mêmes formes, doivent par conséquent offrir souvent entre eux de grandes similitudes. Toutefois chacun sait qu'il n'y a point là d'imitation. La nature n'imite pas; c'est elle que l'on imite.

Il en est à peu près de même, des ressemblances qui existent entre les ouvrages de ce qu'on appelle l'industrie humaine. L'homme aussi donne l'être à des objets qu'il multiplie, en les reproduisant, pour satisfaire aux besoins de la société. Mais ces objets se ressemblent, sans pour cela faire naître en nous ni l'impression ni le plaisir, qui, dans l'imitation des beaux-arts, résultent des ressemblances qu'elle donne.

Il est vrai de dire que l'idée de la similitude qui existe entre un épi et un épi, entre un fruit et un fruit du même arbre, ne nous affecte en rien. Nous ne recevons de même aucun sentiment agréable des innombrables ressemblances que l'on peut trouver entre tous les produits manufacturés des arts industriels. Chacun dira qu'il en doit être effectivement ainsi, parceque, dans le premier exemple, celui des productions naturelles, la ressemblance résulte d'une puissance organique, et que, dans le second, elle résulte d'une opération mécanique.

Sans doute. Mais cela ne suffit pas.

Pourquoi ces sortes de répétitions organiques ou

mécaniques n'éveillent-elles pas même en nous l'idée de ressemblance ou d'imitation, et sur-tout le sentiment de plaisir qui s'attache à cette idée ?

La raison en est toute simple : c'est qu'il y manque ce qui constitue la condition première de l'imitation ; je veux dire l'*image*.

J'avoue que ceux qui connoissent la nature du procédé répétiteur de l'objet, n'y voyant qu'un résultat mécanique, dédaignent de mettre le moindre prix à une conformité qui n'a pour eux aucun mérite. Mais ce jugement, c'est le savoir qui le porte. Or ici je trouve que le même jugement est porté par le sentiment ou l'instinct de ceux-là même, qui ignorent le secret mécanique de la conformité.

· C'est que l'objet ainsi conformé dit à tous ce qu'il est, et leur dit encore mieux ce qu'il n'est pas. Or, ce qu'il est, le voici : il est, moralement parlant, le même que son modèle, quoique, physiquement parlant, il soit autre. Et ce qu'il n'est pas, on le voit encore mieux : il n'est pas l'image de son modèle, il n'en est que la répétition.

Voilà pourquoi l'espèce d'imitation qu'il faut appeler répétition, ne donne aucun plaisir (de la nature de ceux qui appartiennent à l'imitation des beaux-arts). En effet, le plaisir que produit la vue des œuvres de l'imitation, procède de l'action de comparer. Il est certain que l'œil et l'esprit, dont l'opération est ici la même, veulent juger, veulent comparer pour juger, et ne jouissent qu'à cette double condition. Si le plaisir est dans le jugement même que l'on porte entre l'objet à imiter et l'objet imitant; si l'ame jouit d'autant plus, comme on le verra par la suite (paragraphe xv), qu'il y a plus à comparer et plus à juger, on comprend que, dans l'imitation par répétition identique, elle ne peut jouir de rien, puisque rien ne l'avertit qu'il y ait quelque chose à comparer, qu'il y ait à juger quelque chose.

Tel est l'effet essentiellement négatif et nul résultant, pour la faculté qui compare et pour celle qui juge, de toute ressemblance appelée identique, de toutes les manières de reproduire un objet par un objet qui ne sauroit passer pour en être l'image, puisqu'il se confond avec lui.

Ainsi, que deux vases formés par le même calibre soient placés en pendant avec deux tables calquées l'une sur l'autre, il n'arrivera à personne d'être frappé de la ressemblance des deux vases ni de la conformité des deux tables. Qu'un peintre reproduise sur la toile une de ces tables surmontée de son vase, il y aura dans cette sorte de ressemblance une vertu nouvelle qui arrêtera nos yeux. C'est qu'on est averti, par la certitude qu'en donne la toile ou le cadre, qu'il s'agit de l'image d'un objet.

Si maintenant on veut supposer que la représentation du même objet, a lieu par l'effet d'un jeu d'optique, ou que le tableau est disposé de façon à nous cacher qu'il est un ouvrage de peinture, comme on le pratique par cette sorte d'illusion qu'on appelle *trompe-œil*, il arrive que l'idée d'image ne se présentant plus au spectateur, l'effet de l'imitation redevient nul à son égard. Rien ne l'appelant à être juge, il n'a rien à comparer : dès-lors nul plaisir pour lui, puisque le principe du plaisir est dans le rapprochement, qu'il n'a pas pu faire, entre le modèle et son image.

Or il ne peut y avoir de rapprochement semblable à opérer, qu'entre deux objets non seulement divers, mais distincts, c'est-à-dire qui nous avertissent qu'ils sont divers.

J'appelle identiques, dans l'imitation, tous les objets qui ne se montrent point à nous comme divers; et l'on sent bien qu'il ne s'agit pas de prendre ici les mots *identité* et *diversité* dans leur acception absolue et mathématique : je dirai même bientôt que, selon le sens rigoureux du mot, il n'y a peut-être pas une seule identité physique dans la nature. Ce fait bien constaté deviendra encore une des bases de la théorie de l'imitation dans les beaux-arts, en contribuant à prouver quel est le genre de ressemblance propre à leurs ouvrages. On appellera donc identiques les objets qui simplement paroissent l'être, comme sont les ouvrages produits par tout procédé mécanique. Cette sorte d'identité apparente, qui occasione la confusion entre des objets similaires, est précisé-

ment ce à quoi l'imitation des beaux-arts ne doit pas
prétendre. Voilà la ressemblance, qui ne sauroit être
sa fin. La répétition par image étant l'opposé de la
répétition par identité, toute imitation qui vise à
celle-ci, tend à se dénaturer, par cela seul qu'elle
vise à ne plus paroître imitation.

Cette notion paroît peut-être trop simple pour
qu'on ait besoin d'y insister ; peut-être aussi, vu sa
simplicité, la croiroit-on peu digne d'être convertie
en principe : toutefois, avant qu'on ait pu développer ce qu'elle renferme, je dois faire observer qu'un
principe élémentaire est nécessairement simple, sinon
il ne seroit plus un principe.

PARAGRAPHE II.

De l'idée qu'il faut se former de la ressemblance dans
l'imitation propre des beaux-arts.

La ressemblance est sans doute la condition de l'i-
mitation. Ces deux expressions et leurs idées se touchent de si près, qu'on prend souvent l'une pour
l'autre dans le langage ordinaire. Ce n'est pas là
qu'est le plus grand abus. Il consiste à confondre
la *ressemblance par image*, ou celle des beaux-arts,

avec la *similitude par identité*, ou celle des arts mécaniques.

Il importe à la théorie qu'on veut établir, de bien
fixer aussi la nature de la ressemblance imitative, et
les bornes où elle se renferme, tant il règne de méprises en ce genre de la part, soit de ceux qui croient
augmenter, en l'étendant, le domaine de chaque
imitation, soit de ceux qui pensent que le plaisir
doit être d'autant plus grand, que la ressemblance
est plus homogène. Sur ce point, la nature des choses
est encore bonne à consulter. On ne sauroit fouiller
trop avant pour bien fonder.

L'idée de ressemblance, en quelque genre que ce
soit, emporte-t-elle la nécessité de conclure, que là
où elle existe entre deux objets, il ne puisse y avoir
entre eux aucune différence? Personne ne l'entend et
ne peut l'entendre ainsi; car si l'on prétendoit que
telle dût être la définition de la ressemblance, on
ne feroit autre chose que prouver, qu'elle ne peut pas
exister. Les ouvrages mêmes de la nature, ou ce que
nous avons appelé les résultats d'une puissance organique (dans un genre donné), lorsque nous les
trouvons doués de cette ressemblance qui en opère
la confusion, ne nous paroissent tels, que par le fait
de notre inattention. Vus ou de plus près ou avec plus
d'examen, ils vont nous présenter de très grandes
variétés. Ces variétés sont même tellement nombreuses, que l'expérience, d'accord avec le raisonne-

ment, nous force de reconnoître qu'il n'y a pas dans la nature, par exemple, deux feuilles entièrement semblables.

On en dira autant de tous les produits mécaniques de l'industrie humaine. Nous pouvons la défier de donner, en quelque genre que ce soit, aux ouvrages qu'elle appareille avec le plus de soin, une complète ressemblance, tant sont multipliées les causes qui tendent à les diversifier.

L'idée d'une ressemblance complète et absolue n'est donc, dans la spéculation, qu'une abstraction, et une chimère dans la réalité. S'il ne peut jamais être question que d'une ressemblance approximative, jusque dans les ouvrages dont la similitude résulte d'un principe organique ou mécanique, à plus forte raison devra-t-on le dire des ressemblances produites par une imitation, qui ne répète point l'objet en réalité, mais seulement en image.

C'est ici la distinction élémentaire qu'il ne faut jamais perdre de vue, en appréciant la nature et les propriétés de la ressemblance, qu'il est donné à l'imitation de produire dans les beaux-arts.

Or, la notion fondamentale de cette espèce de ressemblance, nous est donnée par la notion d'image; et cette notion est simple.

Il suffit de dire que l'image n'est autre chose qu'une apparence de l'objet représenté. Il y a entre l'objet et son apparence, toute la différence qui sépare ce qui est en effet de ce qui paroît être ; et ceci peut s'appliquer aussi à la ressemblance : celle qui appartient à l'image n'est autre chose qu'une apparence de ressemblance.

C'est la répétition identique d'un objet qui produit la ressemblance qu'on peut appeler réelle, et qui par cela même ne sauroit nous procurer de plaisir ; car on a déja vu que le plaisir de la ressemblance provient de la comparaison de deux objets. Mais dans les ressemblances par identité, il n'est pas vrai, moralement parlant, qu'on voie deux objets ; on voit deux fois le même.

Il est au contraire de l'essence de l'imitation des beaux-arts, de ne faire voir la *réalité* que par l'*apparence*. Voilà les deux objets distincts. Le plaisir de la ressemblance va résulter du parallèle même de ce qui est le modéle, avec ce qui en est l'apparence ou l'image. Dès que la condition de l'imitation est qu'il y ait lieu à comparaison, et dès que l'action de comparer cesse par la présence de l'identité, il faut que nous sachions que ce qui nous est offert par l'imitation, n'est qu'une apparence de l'objet.

Et tel est le caractère fondamental et élémentaire de la ressemblance qui appartient à l'image, c'est-à-dire à l'œuvre de l'imitation dans les beaux-arts.

Concluons que l'imitation ne seroit plus imitation, mais répétition identique, si elle étoit propre à reproduire la ressemblance *réelle* de l'objet, c'est-à-dire à le faire voir sous tous les rapports qui en constituent la réalité. Concluons que l'image, en tant qu'apparence, ne peut donner de l'objet imité qu'une ressemblance incomplète, autrement dit, bornée à quelques unes de ses parties, de ses qualités, de ses propriétés. Concluons encore que l'image, par cela seul qu'elle est image, ne peut produire ses ressemblances que par et dans des éléments distincts de ceux du modèle, et tels que l'on ne puisse point s'y méprendre. Concluons enfin que la ressemblance *imitative* est celle qui nous force de voir un objet dans un autre objet, dans un objet distinct, dans un objet nécessairement partiel, relativement à la totalité du modèle général.

Sur ces conditions reposent le mérite et le plaisir de la ressemblance imitative.

Le mérite, parceque là, comme on le verra, est la difficulté de l'art, et là est son succès, qui consiste à faire que nous ne puissions ni nous plaindre, ni nous apercevoir de ce qui manque à l'imitation pour être entière, et pour paroître réalité.

Le plaisir, parceque c'est toutefois de la connoissance que nous avons du manque de réalité dans l'image, que résulte l'action de comparer et celle de juger, qui sans cette connoissance n'auroient pas lieu.

Si la ressemblance imitative dans les beaux-arts, ne peut être qu'une ressemblance partielle et fictive de l'objet imité, et si elle ne peut se produire que par et avec des éléments distincts des éléments de cet objet, il faut reconnoître que les conditions de l'imitation, loin d'être le résultat d'un système, ne sont que des faits observés, et puisés dans la nature des choses. Dès-lors il sera certain que toute image, ou tout ouvrage des beaux-arts, contrariera plus ou moins la nature de l'imitation, selon que l'artiste aura plus ou moins tendu à y opérer l'effet de la répétition identique, ou de la similitude réelle.

Cependant nous ferons voir que deux procédés, distincts seulement par la diversité de leur erreur, tendent constamment à vicier dans ses éléments, l'imitation propre des beaux-arts, à détruire sa valeur et y annuler le moyen de plaire, en affectant d'augmenter l'une et de multiplier l'autre.

Comme c'est sur-tout contre ces deux procédés ennemis des beaux-arts qu'est dirigée cette théorie, je dois me hâter, en les faisant connoître, de montrer le résultat que je me propose d'obtenir, et les routes à suivre pour y parvenir.

Le premier de ces procédés qu'il faut combattre, consiste à renforcer les ressources et l'effet de l'espèce d'imitation ou de ressemblance, qui est le propre d'un des beaux-arts en particulier, par l'addition des ressources et des effets propres de l'imitation d'un autre art. (Voyez plus bas, paragraphe IX.)

Le second tend à dépouiller chaque art, autant

qu'il est possible, de cette partie de sa nature fictive
et conventionnelle, qui le fait paroître art, en substituant, par une fidélité adultère, le caractère de réalité à celui d'apparence, et la similitude par identité
à la ressemblance par image. (Voyez plus bas, paragraphe x.)

Mais avant de mettre dans tout leur jour les vices
de ces deux procédés, et les moyens de séduction
qui en résultent, il faut continuer de développer les
principes qu'on vient d'établir, en théorie générale,
par des applications plus directement appliquables à
chacun des beaux-arts considérés en particulier; il
faut faire voir que la constitution de chacun d'eux
nous ramène aussi par force au principe élémentaire
de l'imitation; en sorte que le principe de la définition
générale de l'imitation, doit devenir encore celui de
la définition de chaque mode imitatif propre à chacun des beaux-arts.

PARAGRAPHE III.

Que la ressemblance qu'il est donné à chaque art de produire ne peut être que partielle.

Jusqu'ici c'est dans la nature même des choses, que nous avons essayé de chercher les principes élémentaires de l'imitation et de la ressemblance imitative ; principes desquels nous espérons faire sortir les doctrines et les règles de goût, qui pourront former la théorie générale des beaux-arts.

Il convient maintenant de quitter la région plus ou moins obscure des généralités, et, en arrivant à un ordre de notions moins abstraites, de démontrer que chacun des beaux-arts, considéré comme agent de l'imitation, ne peut en exercer qu'une seule partie, et que, par le fait seul de la restriction mise au pouvoir de son action, il constate l'évidence des principes qui viennent d'être posés.

La seule division du domaine de l'imitation de la nature, entre les différents arts, est déja une démonstration de l'impossibilité, pour chacun d'eux, d'obtenir l'identité ou la réalité de ressemblance, qui n'appartient qu'à la répétition.

Des idées confuses, qu'accréditent chez la plupart

des hommes certaines locutions vagues, perpétuent, en cette matière, les erreurs qui ne cessent de l'obscurcir. Ainsi on répéte que la nature est le modéle des arts : axiome aussi vrai qu'il est insignifiant. Puis, ce qu'on a dit des arts en général, on le redit de chaque art en particulier : et il n'y a bientôt aucune partie d'un art qui n'ait aussi la nature pour modéle.

Oui, sans doute; mais il faut alors restreindre le modéle de chaque art, autrement dit, de chaque partie du domaine de l'imitation, à n'être aussi qu'une seule partie de la nature.

Les différents arts d'imitation ne sont pas des inventions de l'homme, des créations de sa fantaisie, qu'il puisse étendre ou modifier à son gré ; et les produits de ces arts ne sauroient se changer à sa volonté. Chacun d'eux, soumis aux lois suprêmes de la nature des choses, ou de la nécessité, tient d'elle l'obligation d'être exclusivement en rapport avec tel ou tel ordre d'objets imitables, avec tel ou tel moyen ou instrument d'imitation, avec telles ou telles qualités physiques ou morales, avec telle ou telle faculté de nos sens ou de notre esprit ; ajoutons qu'il y a aussi réciprocité de relation nécessaire entre chacune de ces choses, et chacun des beaux-arts.

Les divers objets imitables se classent évidemment en deux genres principaux : il y a ceux qui tiennent à l'ordre moral, et ceux qui dépendent de

l'ordre physique; les uns qui s'adressent particulièrement aux facultés de l'ame, les autres qui s'adressent
directement aux organes du corps. De là la principale division des beaux-arts.

Ces arts sont donc séparés entre eux par la diversité de leur modèle effectif, par la diversité de leurs
instruments, par la diversité des facultés ou des organes que la nature a mis en corrélation obligée
avec eux.

De l'évidence de leur séparation résulte celle de
l'impossibilité où ils sont, chacun dans leurs attributions respectives, d'ajouter à leur ressemblance
imitative les moyens et les effets de la ressemblance
imitative d'un autre.

J'ai dit *impossibilité*, parceque si d'une part, on
avoue qu'en matière de goût, il n'y a pas d'abus qui
ne soit physiquement possible, de l'autre on doit regarder comme moralement impossible tout ce qui est
faux et vicieux. Mais la suite de cette discussion montrera qu'il y a aussi une sorte d'impossibilité matérielle
ou de fait, dans les mélanges d'un art avec un autre,
puisque, ainsi qu'on le verra, ce qu'on croit ajouter
au pouvoir de l'imitation, ne tend qu'à l'affoiblir, et
souvent à l'annuler.

J'en veux donner ici un exemple, et je le prendrai
dans deux arts fort rapprochés entre eux. Je parle
de la peinture et de la sculpture, qui ont toutes deux
pour objet l'imitation des corps, et toutes deux s'a-

dressent au même organe, celui de la vue. Voilà ce
que ces arts ont de commun. Ce qui les sépare, c'est
que l'un représente les corps par leur couleur, et l'autre par le relief de leurs formes. Cependant le modèle
qui sert à chacun d'eux réunit le relief et la couleur,
et ces deux choses y sont si intimement fondues ensemble, qu'on ne les peut diviser que par la pensée.

Toutefois l'art qui a pour soi la couleur ne peut
pas aspirer au relief; et celui qui a la propriété du
relief ne sauroit prétendre à la vérité de la couleur.
Qu'est-ce donc qui les empêche de réunir ces deux
qualités? On peut en rendre beaucoup de raisons
morales. J'en veux donner une toute matérielle ou
technique.

La voici : c'est que si l'on peut mettre de la couleur
sur la figure du statuaire, cette couleur ne peut pas
être celle du peintre. Qu'on essaye, avec la plus grande
habileté, d'étendre sur la tête sculptée les teintes de
la tête coloriée, les éléments de l'un et de l'autre art
vont s'y opposer. La couleur du tableau n'est ce
qu'elle est qu'en tableau : qu'on la transporte hors
de la toile, elle perd tout, en perdant l'atmosphère
factice, condition de son effet. A une tête peinte il
faut un fond peint. La couleur artificielle sur un
corps isolé ne pourra jamais paroître vraie, précisément parceque tout ce qui l'entourera étant réel ne
pourra jamais servir qu'à la convaincre de faux.

C'est ainsi que l'imitation s'annulle en voulant s'accroître ou se multiplier : c'est ainsi que l'art qui envahit la propriété d'un autre perd la sienne ; et pour avoir prétendu à être deux, il n'est plus ni l'un ni l'autre.

J'ai pris cet exemple, parcequ'il est à la portée du plus grand nombre, et que le résultat n'en peut pas être contesté. L'expérience étant matérielle, on ne sauroit réfuter ce dont les sens sont à-la-fois témoins et juges. Nous verrons cependant que, de l'erreur dont on vient de parler, à une multitude d'autres erreurs qui ont lieu journellement dans le cercle des deux mêmes arts, la seule différence est celle qui existe entre l'impossible physique et l'impossible moral, c'est-à-dire entre ce qui choque les sens, et ce qui blesse la raison. En vain, contre toutes les prétentions à la répétition identique des objets, contre la vaine ambition de produire la réalité au lieu de l'apparence imitative, invoque-t-on soit le goût, soit l'autorité des ouvrages célèbres : le goût a une régle trop flexible, et le sceptre de l'autorité paroît trop tyrannique.

Il faut, en de tels sujets, pénétrer plus avant, et tâcher de donner pour fondement aux régles, un principe qui repose sur l'essence même des choses.

Si en effet les limites qui séparent le domaine de chaque art ont été fixées par la nature ; si ce qu'on appelle ces limites, ou les séparations qui isolent chaque mode d'imitation, est précisément défini (comme on le développera plus bas) par les diver-

sités inconciliables du modèle imitable et du moyen
imitateur, des qualités spéciales des objets, et des
propriétés exclusives des organes, enfin des facultés
soit physiques, soit morales, appelées à juger les
ouvrages des arts, que restera-t-il à conclure de là,
sinon que c'est la nature, ou la loi suprême, qui veut
que chaque mode d'imitation reste sur le domaine
séparé qui lui est assigné?

Que si ensuite, ces limites posées et reconnues
pour invariables, l'artiste les transgresse, n'importe
de quelle manière et jusqu'à quel point, toute con-
testation doit devenir inutile. Le fait est constant,
et la loi qui doit le juger est irrévocable. De quelque
façon que l'artiste ait cherché à cumuler et réunir,
dans un seul et même ouvrage d'art, les moyens, les
procédés, les objets, et les effets qui appartiennent
à un autre mode d'imitation, pour affecter une ressemblance plus réelle, il a faussé la mesure, qui est
celle de l'image, pour tomber plus ou moins dans
l'identité. Il a voulu tromper, il a trompé pour plaire,
il a dès-lors perdu tout droit et tout moyen de plaire
à ceux qui demandent aux arts le charme de l'imitation, et non la fraude de la contrefaçon. Qu'il s'a-
dresse à ceux qui veulent bien être trompés, ou qui
méritent de l'être, c'est-à-dire aux ignorants.

PARAGRAPHE IV.

Que les conséquences de la définition et des notions précédentes s'appliquent à la poésie comme à la peinture.

On a posé comme principe élémentaire de l'imitation dans les beaux-arts, qu'*imiter c'est produire la ressemblance d'une chose dans une autre chose qui en devient l'image.*

Ayant distingué deux espèces de ressemblance, l'une *identique* qui n'est dans le fait que la répétition de la chose par la chose même, l'autre *imitative* qui est la répétition de la chose, dans une autre chose qui en est l'image, il doit résulter de cette distinction, que l'idée d'*image* sera celle qui caractérisera la ressemblance propre de l'imitation appartenante aux beaux-arts.

Mais pour que cette théorie soit générale, il faut que la définition de l'imitation, et les termes qui la constituent, puissent convenir à tous les beaux-arts, tant à ceux qui s'adressent aux sens, qu'à ceux qui s'adressent à l'esprit.

Or il seroit possible que les mots de *ressemblance*, et sur-tout d'*image*, fissent ici quelque difficulté.

Image, pourroit-on dire, ne doit s'entendre que des ouvrages de la peinture et des arts graphiques. Si la ressemblance par image est celle qui parle aux yeux, peut-on faire entrer dans un principe élémentaire, qu'on veut rendre commun à tous les arts, une condition qui ne doit être obligatoire que pour quelques uns?

Je pourrois répondre que l'emploi du mot *image* n'est pas inusité en poésie, et tout le monde en connoît l'acception métaphorique, empruntée à la peinture. Il est vrai qu'on ne donne ordinairement ce nom qu'à certaines conceptions de détail, à des locutions ou descriptions partielles. Mais cet exemple suffira pour en autoriser l'emploi dans un rapport plus étendu, si l'on montre que les arts de la poésie, comme ceux du dessin, peuvent aussi produire les deux sortes de ressemblance identique ou imitative, qu'ils peuvent aussi affecter l'imitation de la réalité par la réalité, au lieu de s'en tenir à une manière équivalente de ce que nous appelons *image*. Il sera entendu seulement alors que les mots d'*image* ainsi que de *réalité*, ne se prennent ici, comme le mot même d'imitation, en poésie, que sous un rapport d'analogie, et dans un sens tout aussi vrai, mais d'une vérité moins matérielle qu'en peinture.

On doit avouer que tous les genres de poésie ne possèdent point au même degré la propriété imitative; cette mesure dépend en général de l'espèce des sujets qui entrent dans les attributions de chacun. Mais dès que la poésie traite des sujets (et ceux-là sans doute sont les plus nombreux) où il faut faire parler et agir des personnages, où il faut décrire par la parole les choses, les actions, les sentiments, et les mœurs, qui pourroit contester que l'expression de ces choses ne soit l'effet d'une imitation, moralement entendue? Or l'effet d'une telle imitation est de produire une image morale, c'est-à-dire pour l'esprit. Et si cela est incontestable, il l'est également qu'en poésie, il peut y avoir lieu, comme en peinture, de reproduire les objets, ou dans le sens de ce qui constitue la réalité, ou dans celui qui est propre de l'*image*.

Pour en donner un exemple entre beaucoup d'autres, qu'offrira la suite de cette théorie (voyez partie II, paragraphe 3), reproduire servilement dans le discours que l'écrivain prête aux personnages qu'il fait parler, les pensées, les formules, les locutions banales, ou les termes d'un langage vulgaire, voilà ce que l'on prétend être la répétition de la réalité, au lieu de la ressemblance imitative. Il est sensible par cet exemple, que la chose à reproduire par l'imitation, c'est-à-dire ce discours, ne se reproduit pas dans une autre chose, c'est-à-dire dans un autre discours qui en devient l'image. Il est sensible qu'il n'y a plus là deux choses distinctes, mais deux fois la même chose.

C'est ce qu'on appelle aussi *copie;* car copie, *copia*, ne signifie qu'un *double*. Dans le fait, toute cette analyse n'est guère autre chose que l'interprétation du mot *copie* et de son idée. On s'en seroit même servi, si dans une matière où l'équivoque s'attache si facilement à chaque mot, l'usage n'avoit point donné au mot *copier*, quelques emplois qui font confondre son idée avec celle d'imitation.

Pour établir la parité sur le point qui nous occupe, entre la poésie et la peinture, après avoir montré comment, dans la première, la chose imitée peut cesser d'être *image*, en n'étant que copie ou répétition identique, il suffira de citer par anticipation (voyez partie III paragraphe 7) les ressources qu'a l'art du poète pour *reproduire la ressemblance des choses dans d'autres choses qui en deviennent les images.* Ces ressources sont, par exemple, le choix des mots, des tournures, des idées, l'emploi du mètre et du rhythme, l'expression du langage des passions, la métaphore, l'allégorie, et toutes les variétés de style dont cet art dispose, comme d'autant de moyens d'échanger la réalité contre sa représentation, et, à vrai dire, la chose elle-même contre son image.

Il n'y a, comme on le voit, de différence que dans la nature de la chose à imiter, et dans la nature de la chose qui en devient l'image; et cette différence, étant celle qui sépare l'ordre de choses moral de l'ordre physique, est aussi celle des arts eux-mêmes.

On peut donc appliquer le principe élémentaire de l'imitation à tous les beaux-arts, et le leur appliquer dans les termes de notre définition, de manière que, lorsqu'il s'agira des arts compris sous le nom de poésie, ce qu'on appelle *image*, condition nécessaire de toute imitation, ne sera (on l'a déja dit) image, que pour les yeux de l'esprit, tandis que dans les arts compris sous le nom de peinture, ce qu'on nomme *image*, l'est pour les yeux du corps.

Je crois avoir fait assez comprendre pour le présent (voyez partie II, paragraphe 2, *où le même sujet se reproduira*) quel est le sens que je donne aux mots *image* ou ressemblance imitative, et aux mots *réalité* ou similitude identique. Mais l'identité de ressemblance devra s'entendre, non pas seulement (les mots pris au sens matériel) de celle qu'on obtient par le calque, le moule, ou le patron en fait d'objets physiques, ni en fait de discours, de la redite purement textuelle et littérale, mais bien encore (selon l'esprit de la chose) de toute imitation qui annonce la prétention à paroître ce qu'elle n'est pas. Or telle est celle où l'imitateur prétend pousser la similitude à un tel point, qu'elle fasse naître l'idée d'un emploi de procédé mécanique, ou d'une affectation de copie servile. C'est, selon le sens moral de cette idée, que le vice de la similitude identique peut être commun à l'ouvrage du poète comme à celui du peintre.

Nous appelons, par exemple, manière de similitude

identique, celle du peintre, qui, sans avoir usé ni
de calque, ni de pantographe, en reproduiroit dans
son dessin l'ambitieuse servilité, ou qui encore, auroit employé (comme le faisoit Denner, de Nurem-
berg) la loupe pour l'aider à répéter, sur la copie de
son modèle, la vérité minutieuse des poils et des
pores de la peau. Nous appelons manière de similitude identique celle du sculpteur, dont la prétention
est de faire croire sa figure moulée sur nature, quoiqu'il n'ait pas effectivement mis en œuvre le procédé
du moulage.

Eh bien! nous dirons la même chose, en poésie,
des diverses sortes d'affectation, soit de trivialité
dans le langage et les pensées, soit de servilité dans
l'énumération des détails, soit de fidélité technique
dans la description des objets corporels, ou des propriétés physiques, qui sont hors de la sphère de ses
moyens (voyez partie I, paragraphe 9).

On voit par conséquent que notre définition, d'a-
près son développement, n'offre dans ses termes aucune partie, qui ne doive s'appliquer à l'ouvrage du
poëte, comme à celui du peintre, puisque l'un peut
tout aussi bien que l'autre, produire l'effet et faire
naître l'idée de la similitude identique, au lieu de
l'effet et de l'idée de la ressemblance imitative, puisque chacun peut reproduire la chose par la chose
même, au lieu de son image.

Mais, objectera-t-on encore, l'idée d'*image*, dans

le sens sur-tout que nous avons déterminé, ne sauroit comporter, quant aux arts qui s'adressent à
l'esprit, une application aussi rigoureusement semblable. L'espéce de confusion, qui, pour le sens moral, peut résulter en poésie de l'objet imité avec l'objet imitant, ne sauroit être réprouvée comme celle
qui a lieu dans l'imitation des corps, puisque le vice
dont il s'agit, n'acquiert pas le même degré d'évidence, que celui dont le sens physique est le juge.

A cela je pourrois répondre que le vice seroit d'autant plus grave et plus contagieux, qu'il seroit plus
difficile à combattre.

Mais quoi donc! n'y a-t-il de vice prouvé que par
le sens physique? l'ordre de choses moral n'a-t-il pas
ses vérités et ses erreurs démontrées au sens moral et
à l'intelligence? Quoi, le défaut de proportion, par
exemple dans l'œuvre de l'esprit, ne seroit pas, en son
genre, aussi réel, que le défaut de proportion dans
l'ouvrage matériel, et cela parceque la mesure du
compas ne sauroit y atteindre? Mais on oublie que
même dans l'imitation corporelle, l'organe ou l'instrument physique ne fait souvent que constater
aux sens, l'erreur ou le vice qui avoit été déja saisi
par l'esprit.

C'est l'esprit ou le sentiment du vrai qui dénonce
l'illusion captieuse des arts graphiques, lorsqu'ils
tendent à mêler ensemble leurs procédés respectifs
sur un seul ouvrage; et lorsque l'organe physique en

démontre l'impossibilité (comme on l'a vu au paragraphe précédent), il ne fait que ratifier l'arrêt porté à l'avance par l'esprit et le goût.

Puisque l'esprit suffit à condamner ce vice dans des arts qui ne s'adressent ni uniquement ni directement à lui, pourquoi le même juge seroit-il insuffisant, quand il s'agit d'erreurs qui ont lieu dans son propre domaine, dans ce qui est particulièrement de sa compétence? Pourquoi ne condamneroit-on pas avec la même certitude, dans les arts de la poésie, ces doubles emplois de genres, ces mélanges en un seul ouvrage des propriétés de divers arts, si une telle cumulation produit pour l'esprit, la même espèce de confusion, que celle dont les sens avouent la réalité dans les arts du dessin; si enfin la ressemblance par image s'y trouve également détruite, par la prétention à la similitude identique?

Qu'on n'objecte donc plus, sur ce point, les différences de nature, entre les arts d'imitation morale, et les arts d'imitation corporelle. Ce qui est vrai de ceux-ci au physique, est vrai de ceux-là au moral; et nous allons voir que les séparations de chacun des genres d'imitation, ou des arts que l'on comprend sous le nom de poésie, sont, comme celles des arts d'imitation corporelle, très réellement insurmontables, s'il est vrai qu'elles ne puissent être franchies que par les vices qui amènent la confusion dans l'imitation, et dès-lors en détruisent le plaisir.

PARAGRAPHE V.

De la réalité des séparations placées par la nature entre
les arts de la poésie comme entre ceux du dessin.

PREMIÈRE PREUVE,

Tirée de la diversité des facultés de l'ame et de la diversité des
qualités des objets imitables.

Le domaine de l'imitation (on l'a déja dit paragraphe 3) se divise en deux régions bien distinctes,
celle des arts dont le modéle est dans la nature physique, et celle des arts qui ont la nature morale pour
modéle. Voilà la distinction réduite à sa plus simple
expression ; et il suffit de l'indiquer. On ne prouve
pas ce qui se démontre.

Cependant il est assez naturel que l'on n'aperçoive
pas les limites particulières à chaque art, avec autant de clarté que les deux grandes circonscriptions
dont on vient de faire mention. Il arrive encore que
l'on découvre mieux les barrières placées par la nature sur les confins de chacun des arts, dont le modéle est plus ou moins matériel. Quelques unes de
ces séparations sont tellement à la portée des sens,
que sur certains points aucune confusion ne sauroit avoir lieu. Chacun sait, par exemple, que la

peinture ne peut pas faire entendre ses personnages,
que la réalité du mouvement, qui est le propre de
l'art mimique, ne sauroit appartenir à la sculpture,
que les images de la musique ne sont pas faites pour
les yeux. Il est certain qu'on n'a point à prouver ces
sortes d'incompatibilités; et, lorsqu'on les met en
avant, c'est comme autant de prémisses démontrées
d'une théorie propre à établir, par des déductions
certaines, les titres de la propriété exclusive de chacun de ces arts, et les méprises ou usurpations réciproques dont nous aurons aussi à parler.

D'autre part, lorsqu'il s'agit des arts qui ont la nature morale pour modèle, les confusions ou envahis-
sements de propriété entre eux, ne paroissent point,
au commun des hommes, être des violations aussi
réelles. Pourquoi? C'est que les limites qui séparent
les divers modes d'imitation, morale ou poétique,
ne sont pas de nature à frapper les sens. Et puis,
comme c'est à l'esprit, au raisonnement, ou au sentiment qu'il appartient de les fixer, on voit que de
moyens cette sorte de critique offre à la subtilité pa-
radoxale, pour éluder la rigueur d'une démonstration qui ne peut être que morale.

Toutefois nous avons tâché de montrer, et nous
croyons l'avoir fait (*à la fin du paragraphe précédent*),
que la règle du vrai acquéroit, dans les matières d'i-
mitation tributaires de l'esprit, une évidence morale, équivalente en son genre à celle que les sens

nous forcent de reconnoître dans l'imitation des choses physiques ou corporelles.

Montrons donc la réalité des barrières qui doivent exister entre les arts d'imitation morale, ou les différents genres de poésie ; et faisons voir que la nature y ayant aussi posé des limites, leur transgression, de quelque manière qu'elle ait lieu, est une transgression des lois naturelles qui régissent ce domaine de l'imitation.

Pour constater les séparations que la nature a impérieusement fixées entre chacun des arts du domaine poétique ou de l'esprit, nous allons nous contenter de faire ressortir l'entière similitude par laquelle l'analyse théorique rapproche ces arts de ceux de l'imitation corporelle.

Parmi les différences sur lesquelles on a vu que se fondoient les limites qui divisent tous les arts, il faut placer au premier rang, la différence des organes et des facultés auxquels ils sont forcés de s'adresser, et la différence des qualités inhérentes aux objets de chaque sorte d'imitation.

Ainsi le premier fait, d'où l'on déduit les séparations naturelles entre chacun des arts du domaine de l'imitation morale, est que notre ame se compose de facultés aussi différentes entre elles, que le sont entre eux les organes du corps.

Le second fait est, que les objets qui sont la matière de l'imitation morale, se composent de qualités aussi distinctes entre elles, que le sont les propriétés des corps, et que ces qualités ont chacune, avec chaque faculté de l'ame, une correspondance aussi exclusive, que l'est celle des qualités physiques avec chacun des organes du corps.

On a donné comme un premier fait, c'est-à-dire comme un point hors de toute controverse, que notre ame se compose de parties différentes, qui en sont comme les organes séparés et distincts. Effectivement, il n'y a personne qui ne reconnoisse ces parties, sous les noms d'intelligence, de raison, de sentiment, d'imagination, etc.; noms qui expriment les idées différentes que nous concevons de ces facultés et de leurs opérations. Le langage ne les a discernées, que parceque leurs effets ne sauroient se confondre. Qui est-ce qui, en se rendant à soi-même le compte le plus superficiel de ces effets, ne reste pas convaincu, que sentir est une autre chose qu'imaginer, que l'action de comprendre est autre que celle de raisonner, que la faculté de discerner les rapports des choses ou leurs impressions, ne ressemble point du tout à la faculté de s'en souvenir? Ceci n'a rien qui tienne du système; ce n'est qu'un fait observé et reconnu pour certain dans l'ordre moral.

Mais ce fait étant avoué, il s'ensuit un autre aussi certain, c'est qu'une de ces facultés ne peut faire qu'une seule, et toujours la même opération, ce qui est également assez reconnu, pour n'avoir besoin que d'être énoncé en ce moment.

Or, qui ne voit là une entière parité entre ces facultés morales, que nous appelons les organes de l'ame, et les organes physiques, qui sont les facultés du corps ?

Si l'ame, à l'instar du corps, a ses sens divers, ou des organes faciles à discerner et à séparer entre eux, par la nature particulière et distincte de leurs opérations, il doit y avoir nécessairement entre les arts de l'esprit ou les modes d'imitation morale, et les organes moraux qu'on vient de reconnoître, des corrélations exclusives et spéciales à chacun. C'est-à-dire, par exemple, que les différents genres qui divisent l'imitation poétique, auront la propriété d'être chacun uniquement en rapport, soit avec la partie sensitive, soit avec la partie imaginative de l'ame, soit avec sa partie rationelle.

Il n'y a certainement pas d'ouvrage de l'esprit, quel que soit le degré d'imitation à lui propre, qui ne corresponde plus ou moins directement à l'une ou à l'autre des facultés dont l'ame se compose. Pour en trouver la preuve, il suffit d'ouvrir tous les traités de littérature, toutes les poétiques. Quel est leur principal objet, sinon, après avoir analysé et classé les différents genres dans l'art d'écrire, de fixer à chacun d'eux son espéce particulière d'invention, de composition, de goût, de ton, de mouvement, de diction, de style, selon que chacun de ces genres est plus ou moins tributaire de l'une ou l'autre des facultés de l'ame?

Sans trop anticiper sur les corollaires de cette théorie, je peux faire encore observer, que tous les critiques, bien qu'ils ne déduisent pas leurs préceptes du principe élémentaire de l'imitation, tel que je l'ai posé, n'en arrivent pas moins au même résultat. Tous, guidés par l'instinct du vrai, par l'ascendant des exemples et du suffrage de tous les temps, sont unanimes à condamner les méprises de genre, ou les impropriétés de caractère, qui en sont la suite. Mais ces méprises et ces impropriétés n'ont point d'autre cause, sinon que l'auteur s'est trompé sur l'organe de l'ame, auquel il s'est adressé, ou, ce qui est la même chose, dans le fond, sur les moyens imitatifs en rapport avec cet organe.

Ainsi les méprises, sur lesquelles tout le monde est d'accord, offrent la preuve la plus incontestable de l'existence distincte des facultés de l'ame, et des séparations que la nature a établies entre elles.

Le second fait, sur lequel repose l'évidence de ces séparations entre les facultés de l'ame, et par conséquent entre les différents arts d'imitation morale, est (avons-nous dit) que les objets qui en sont la matière, ont, comme ceux de l'imitation physique, des qualités tout aussi distinctes entre elles, et dont le mélange est moralement impossible.

Les principaux objets de l'imitation morale, savoir ceux qui tombent le moins sous les sens, doivent être les affections de l'ame, les sentiments, les idées, les rapports immatériels qui s'attachent naturellement aux sujets que la poésie affectionne. Or la liaison de ces objets, avec les sujets que traite l'imitation poétique, impose à ces sujets la nécessité de correspondre exclusivement avec tel ou tel genre d'idées, de sentiments, de passions, etc. Ainsi la corrélation nécessaire de la nature des sujets traités par le poëte, avec la nature des objets principaux de son imitation, c'est-à-dire des idées, des sentiments, des passions qu'il doit exprimer, est ce qui établit réellement les séparations de genre en poésie, et sur les séparations qui existent entre les objets imitables.

Il y a donc un ordre de sentiments, un ordre d'affections ou de passions, un ordre d'idées que leurs qualités approprient à tel ou à tel ordre de sujets, et par suite à tel ou à tel des arts de la poésie.

Pour faire sortir un moment, par quelque exemple, cette théorie de la région abstraite, on sait que le principal objet de l'imitation poétique, à laquelle on donne le nom de *tragédie*, est l'expression des deux sortes d'affections désignées par les noms de *terreur* et de *pitié*. Les sujets que traite le drame tragique, sont donc dans la nécessité de correspondre avec cet ordre d'affections, et, par conséquent, ces sujets auront des qualités aussi nécessairement dis-

tinctes, que le sont entre elles les qualités physiques.
Il est facile de s'en convaincre, si l'on compare à l'objet de l'imitation tragique, celui de l'imitation comique, qui consiste dans l'expression des deux sortes
d'affections de *gaieté* et de *malice,* produites par le
ridicule et la satire. Les qualités propres de l'objet et
des sujets de cette sorte d'art, sont évidemment sans
connexion aucune avec les qualités qui appartiennent à l'objet et aux sujets de la tragédie.

Cela étant, il n'est au pouvoir ni de l'un ni de
l'autre de ces deux arts, de s'approprier ce que la
nature ne lui a point départi ; et nous verrons qu'aucun ne le peut faire en toute réalité, puisqu'il ne le
fait qu'en renonçant à son être.

S'il y a, pour chaque espèce d'art de l'esprit, un
certain ordre de sentiments ou de passions qui lui
soit propre, comme il y a un certain ordre de propriétés physiques, dont chacune correspond séparément à chaque espèce d'arts des sens, on ne peut
pas contester l'existence des mêmes séparations dans
l'ordre des idées qui constituent l'imitation morale.
C'est-à-dire, qu'à ces idées, s'attachent des qualités
diverses ou contraires entre elles, dont la différence
constitue aussi, entre les genres ou les arts de la poésie, le principe élémentaire de leur division.

Ainsi le genre lyrique se distinguera de tout autre
par l'élévation, et le genre pastoral par la simplicité,
qualités dépendantes des sujets qu'ils traitent. Ainsi

le genre épique ne sauroit ni prêter ni emprunter à un autre l'héroïque et le merveilleux, qui, dans l'ordre des idées dont se compose sa nature, forment son caractère particulier.

De quelque manière qu'on analyse ce qui constitue le modèle général de l'imitation morale, ou des arts de la poésie, on y trouvera, comme dans celui de l'imitation physique, la même diversité de points de vue; on verra qu'aucun art ne peut en embrasser plus d'un, parceque chacun est limité, dans un seul aspect, par les lois de sa nature; on se convaincra que ces lois sont fondées sur les séparations élémentaires des facultés de l'ame, auxquelles chaque art est forcé de s'adresser séparément, et sur les qualités des objets de l'imitation qui ne peuvent être réunies dans une seule et même image. Effectivement, comme on va le voir, l'unité même de l'ame s'oppose à ce qu'elle puisse recevoir, de deux imitations à-la-fois, deux impressions simultanées, c'est-à-dire en un seul et même moment, et d'un seul et même art, dans un seul et même ouvrage.

~~~~~~

PARAGRAPHE VI.

Suite du même sujet.

SECONDE PREUVE,

Tirée du principe d'unité de l'ame et de l'unité de son action, d'où résulte le principe d'unité imitative, et dès-lors celui des séparations établies entre tous les arts.

La fausse idée qu'on se fait trop souvent de la nature de l'imitation dans les beaux-arts, du genre, et plutôt encore de la mesure de ressemblance qu'il appartient à chacun de ces arts de nous donner, induit le grand nombre des hommes à penser, que plus de sortes de ressemblances un même art embrasseroit, plus vif seroit le plaisir procuré par ses ouvrages. De là cette tendance à desirer, d'une part, et de l'autre à faire que les arts limitrophes, franchissant les bornes de leur domaine particulier, envahissent, et s'approprient plus ou moins, dans le patrimoine de leur voisin, quelque partie de la ressemblance imitative qui leur est refusée par la nature.

Il est sensible que certains arts, soit parceque l'un aura pour son lot une partie du modèle commun, voisine de la part d'un autre, soit parceque

quelques uns, ou emploieront des instruments semblables, ou seront en rapport avec le même organe,
ou s'adresseront, dans le règne moral sur-tout, à
quelques facultés de l'ame que leur analogie rapproche; il est sensible, dis-je, que ces arts tenteront
d'empiéter, d'une manière plus ou moins directe,
sur le terrain d'autrui.

J'ai déja dit qu'il y avoit en ce genre des vols grossiers que leur évidence rend moins dangereux ('voyez
le paragraphe précédent), et je n'entends point ici
mettre en garde contre des larcins qui se trahissent
d'eux-mêmes. Ces singeries vulgaires de la nature
vivante, par le moyen de la couleur, du relief, ou
du mouvement, ne sauroient entrer dans notre
théorie. Ce sont tout au plus des caricatures de l'i-
mitation. Les empiétements dont je veux parler,
n'ont pas lieu aussi à découvert. Par exemple, si la
sculpture ne peut point dérober à la peinture la couleur naturelle des objets, elle n'en a pas moins, trop
souvent, la prétention de lui disputer l'espèce de
sujets qui doivent leur vraie valeur à l'effet du coloris ou de la perspective aérienne, et on a vu l'art
du sculpteur tenter de faire, avec de la pierre, des
cieux, des lointains, et des paysages. Ainsi le peintre
traitera des sujets qui ne valent et ne peuvent être
compris que par le récit. Le poëte dramatique fera
des excursions sur le terrain de l'historien ou du
poëte épique, etc. etc.

Chacun croit ainsi augmenter le plaisir, en étendant la mesure de la ressemblance, qui est le propre
de son art, et chacun pense, en réunissant ce que la
nature a séparé (c'est-à-dire des qualités imitatives
correspondantes à des organes distincts, à des facultés dissemblables), présenter à l'ame un surcroît
de jouissance.

Prouvons encore la réalité de ces séparations et la
nécessité de les respecter, par le refus même de l'ame
à se prêter au plaisir de ce double emploi d'imitation, et par l'impossibilité morale où nous sommes,
de recevoir deux impressions à-la-fois, preuve dé-
monstrative du vice de toute cumulation imitative,
ou de tout autre moyen, pour opérer la ressemblance entière dans l'imitation des beaux-arts.

J'ai parlé d'impossibilité morale. On l'a déja dit;
c'est la seule dont il puisse être question dans les
arts dont l'imitation ne s'adresse qu'à l'esprit. Je vais
maintenant plus loin. Quoique j'aie montré que dans
l'imitation propre de ceux qui s'adressent aux sens,
certains mélanges entre eux sont physiquement im-
possibles, toutefois comme les impressions de ces
arts, bien qu'ayant l'organe physique pour intermédiaire, aboutissent aussi au sens interne, il sera vrai
de dire que toute discussion en ces matières, se ter-
mine toujours au tribunal de la raison, du sentiment, et du goût.

Ainsi il doit être convenu que généralement et le

plus souvent, quand dans cette théorie on parle d'impossible, on n'entend point, que ce qu'on appelle ainsi, le soit dans le fait positif et matériel. Sans doute toute méprise, toute erreur est possible; on ne le sait que trop. Ce qu'on déclare impossible, c'est l'effet imitatif qu'on veut faire résulter de semblables méprises ; c'est ce surcroît de ressemblance et de plaisir qu'on va chercher, et qu'on croit trouver, là où il n'est point, et par des mélanges qui ne sauroient le produire.

On entend ici et l'on appelle impossible dans son résultat, ou autrement dit d'un succès impossible, tout moyen qui sort du cercle de la véritable imitation, telle qu'on l'a définie, tout ce qui ne peut se faire sans blesser la raison et le goût, toute réunion d'arts qui n'a lieu qu'en contrariant les lois de leur nature. Ainsi ce n'est pas le fait de l'erreur qu'on appelle impossible ; ou si on lui donne ce nom, c'est de la même manière qu'on dit impossible en musique, un faux accord, quoiqu'il n'y ait rien de si possible qu'une discordance.

Il faut donc ramener tout dans ces matières au sens moral.

Quel que soit l'art dont il s'agisse, quelque moyen, quelque procédé qu'il emploie, à quelque organe corporel qu'il s'adresse, c'est toujours à l'ame, comme on vient de le dire, qu'arrive en dernier ressort, son effet; c'est elle qui en est le juge définitif. Nous pou-

vons avancer, dans ce sens, que ce n'est pas l'œil
qui voit, ni l'oreille qui entend. Ces organes ne sont
que des ministres faits pour transmettre les impressions des arts, à l'une ou à l'autre des facultés de
l'ame qui en est le centre unique.

L'unité de l'ame est une de ces vérités dont nous
trouvons en nous la facile démonstration. Elle se révèle à tout instant, par l'unité de son action, dont les
rapports mêmes de nos sens nous donnent sans cesse
la preuve. Chacun de ces sens nous dit, qu'il ne peut
recevoir les impressions simultanées de plusieurs
objets à-la-fois. Dans le fait, ni deux de nos sens ne
peuvent être occupés *activement* ensemble, ni un
seul ne peut être fortement affecté dans le même
moment, par plusieurs ou seulement par deux sensations. J'ai dit *activement*, parcequ'à la vérité chacun de nos sens est doué d'une faculté active, et
d'une vertu passive; et c'est ainsi, c'est par l'effet de
cette double propriété, que l'on voit conjointement
deux objets éloignés l'un de l'autre. Oui; mais il y a
une grande différence de vision pour chacun d'eux.
Il n'y a d'intuition que pour un seul; je n'en peux
regarder qu'un à-la-fois. Je peux entendre plusieurs
sons ensemble : soit; mais je n'en peux écouter qu'un.
Il y a pareille différence entre sentir et odorer, entre
toucher et palper.

Nous reviendrons sur cette matière (voyez paragraphe VIII, ci-après) lorsque nous traiterons de la

mesure dans laquelle divers arts peuvent, en certains cas donnés, concourir à un ouvrage commun. La manière dont on verra qu'a lieu cette sorte d'association, ainsi que la manière dont l'ame en jouit, ne feront que mieux prouver cette vérité, savoir que l'ame, ne jouissant de l'œuvre de l'imitation qu'en jugeant, ne pouvant juger que par une participation active, et ne pouvant faire qu'une action à-la-fois, ne peut être touchée que par une seule image, c'est-à-dire par l'effet d'un seul mode d'imitation, ou d'un seul art à-la-fois.

Ainsi le veut la constitution de notre ame, centre unique, où aboutissent les sensations, et que cette unité empêche d'en éprouver ensemble deux, à un égal degré.

On se fait souvent illusion sur l'action de l'ame; et la rapidité de cette action est cause qu'on n'en distingue pas les mouvements. L'ame, il est vrai, parcourt les objets qui s'offrent à elle, et passe avec une telle vitesse d'une sensation à une autre, qu'il semble y avoir simultanéité dans son opération, lorsque cependant il y a succession. Ainsi elle paroît réunir, dans un même acte d'intuition, la forme d'un corps et la couleur adhérente à cette forme; mais elle ne peut jouir que l'un après l'autre, de chacun des effets particuliers à la forme et à la couleur.

Autre chose d'ailleurs pour l'ame est de recevoir les effets, autre chose est d'en jouir. La perception

peut être rapide, la jouissance veut de l'attention de
sa part. Aussi remarque-t-on que cette rapidité de
transition dont l'ame est capable, n'a guère lieu qu'à
l'égard d'objets qui lui sont indifférents, d'idées légères, ou de sensations foibles. C'est ce qui nous expliquera (voyez paragraphe VIII) quelle est l'espéce
particulière des ouvrages mixtes, où plusieurs arts
mettent en communauté leurs moyens.

Mais le but de ce paragraphe étant d'établir, avec
plus d'évidence encore, la réalité des séparations, ou
des barrières que la nature a placées entre chacun
des beaux-arts, on ne peut les rendre plus sensibles,
qu'en montrant comment l'ame, à laquelle chacun
prétend plaire, ne peut jouir de deux effets à-la-fois,
et par conséquent des impressions d'une imitation
double ou multiple.

Or, cela résulte, comme on l'a vu, des plus simples observations sur l'action habituelle de l'ame;
et là est le principe incontestable de l'unité de
chaque art. Chacun ayant pour but de plaire à l'ame,
s'il est vrai que deux plaisirs à-la-fois ne peuvent
être goûtés par elle (de la manière qu'on l'a expliqué), il est clair que deux arts ne sauroient lui
procurer également, et tout ensemble, le plaisir de
l'imitation propre d'un seul. Il est clair que chacun
doit se présenter séparément à elle, c'est-à-dire, à
la partie de l'ame correspondante à un seul mode

imitatif, c'est-à-dire par l'entremise d'un seul organe,
c'est-à-dire par le moyen d'un seul agent.

Je le répéte, autre chose est l'impression durable,
autre chose est l'impression fugitive à laquelle il est
facile de se méprendre. Sans doute dans la conversation on saisit à-la-fois quelques paroles de deux personnes parlant ensemble; mais on ne suivra jamais
deux discours prononcés au même moment. Lorsqu'on dit que César dictoit plusieurs lettres à-la-fois,
ce n'est qu'une façon de parler. Le fait est physiquement impossible. Seulement César avoit la faculté
de passer facilement, lorsqu'il dictoit à deux secré-
taires, d'une affaire à une autre. Mais encore faut-il
dire que ce qu'il faisoit pour des lettres d'affaire, il
ne l'eût pas fait pour deux plaidoyers à composer et
à prononcer devant le sénat.

Tout ce qui tend à nous prouver l'unité d'action
de notre ame, et l'impossibilité où elle est de se diviser, pour donner audience à deux sensations con-
currentes, tend également à établir la règle d'unité
d'imitation, soit que l'on considère en général l'imitation dans les propriétés respectives des arts entre
eux, soit qu'il s'agisse des éléments dont se com-
posera l'ouvrage d'un seul art. Chacun avoue sans
peine que l'unité est violée, là où l'ouvrage d'un seul
art produit plus d'un sujet dans une composition,
plus d'un intérêt dans une action, plus d'un caractère

dans un personnage, plus d'un événement (principal) dans un poëme, plus d'un trait d'histoire
dans un tableau, plus d'un point de vue dans un
site ou une perspective, etc. etc. C'est que l'ame alors
ne reçoit que des impressions rompues et incohérentes. Elle passe plus ou moins promptement d'un
objet à l'autre, mais elle ne peut en éprouver ni des
effets entiers, ni une sensation complète. N'ayant
point été assez activement affectée, ou elle n'a point
joui, ou sa jouissance a été foible.

Que seroit-ce donc, si, se chargeant du double
emploi de deux arts, un seul prétendoit l'affecter
dans un seul genre d'ouvrage, par le concours indiscret de deux genres d'imitation, qui ne lui adres-
seroient pas seulement deux discours, mais lui par-
leroient deux langues à-la-fois? On conviendra que
l'embarras et la confusion n'iroient pas en dimi-
nuant.

Je sais que lorsque la raison est contrainte de cé-
der à ces preuves, il existe aussi un secret instinct
qui s'y refuse. Cet instinct est celui de l'ignorance,
toujours portée à exiger des œuvres de l'imitation,
d'être précisément ce que lui paroissent celles de la
nature. Quoique l'analyse précédente ait prouvé que
nous ne pouvons pas réunir dans un seul acte de
vision, de perception, et de jouissance, les diverses
propriétés réunies par la nature sur une seule créature et dans un seul sujet, cependant comme la

rapidité de l'opération des sens et celle de l'action morale semblent faire aisément un tout, de ces diversités d'impression, on demande à l'art de nous fournir un agrégat semblable. On voudroit qu'il pût associer aussi sur un même être, dans une seule image, l'action du mouvement, les contours de la forme, la couleur qui parle aux yeux, comme le son de la voix à l'oreille : car la nature nous donne tout cela dans un seul personnage.

Mais on l'a déja fait observer; l'erreur est d'appliquer l'universel à ce qui est partiel. Qui dit nature, dit modèle universel; qui dit art, signifie image partielle. Ce qu'il faut appeler loi générale, dans la théorie de l'imitation, est le résultat de la volonté de la nature. Eh bien; elle n'a pas voulu qu'un même art pût réunir deux propriétés spécifiques, deux qualités caractéristiques d'un même être: elle n'a pas voulu que deux de ces propriétés pussent s'identifier sur une même image, sans s'entre-détruire; elle n'a pas voulu que deux de nos sens pussent être occupés ensemble, etc. etc. C'est donc la nature qui a fixé les séparations de chacun des beaux-arts.

On ne peut donc imiter la nature, qu'en se conformant aux lois qu'elle a imposées elle-même à l'imitation. Ce n'est plus l'imiter, ce seroit à peine la contrefaire, que de chercher à réunir plus ou moins, sur un seul objet, les diverses sortes de ressem-

blances, dont elle a impérieusement divisé les lots
entre tous les arts. Donc chaque art est moralement
et physiquement restreint à l'unité d'objet dans
son imitation, comme à l'unité de sujet dans son
ouvrage (voyez le paragraphe suivant).

A la nature seule appartient d'être à-la-fois une
et diverse, simple et composée, de réunir dans un
seul être des qualités disparates, dans une seule
action des incidents divergents, dans un personnage
des caractères contradictoires, de mêler en un tout
homogène, toutes les oppositions de genre. C'est
que la nature a des secrets pour sauver toutes les
discordances : elle a des harmonies pour tous les
contrastes; sa palette n'a point de couleurs enne-
mies : aussi remarquons que les objets qu'elle réunit
ne perdent rien de leur intégrité. Chez elle le tout a
des parties, mais chaque partie est encore un tout.
Ce qu'elle associe est composé sans être mêlé, est
fondu sans se confondre; au lieu que l'art, s'il essaie de disputer à la nature son universalité, brouille
ce qu'il assemble, tronque ce qu'il réunit, neutralise ce qu'il mélange, et l'effet qu'il prétend produire,
par la fusion de propriétés ou de qualités opposées
dans leurs éléments, se réduit à n'en être que la confusion.

PARAGRAPHE VII.

De l'unité et de la variété imitatives. Des fausses notions qui résultent du malentendu de ces mots.

De l'unité de l'ame, et de l'unité de son action, émane, comme conséquence nécessaire, le principe des différentes régles d'unité, dont l'observation imposée par la nature à chaque mode imitatif, et à chaque ouvrage de l'imitation, est une des conditions de leur manière d'être, et de leurs moyens de plaire.

Mais cette unité de l'ame, lorsqu'on la considère (voyez le paragraphe précédent) dans les effets même qui nous la révèlent, et l'unité de son action, quand on l'observe dans les impressions que nous recevons des objets, ne sont pas telles, et ne doivent pas être entendues dans un sens tellement rigoureux, qu'en matière de goût, et en théorie d'art sur-tout, on assimile leur notion, à la notion, par exemple, du point mathématique ou de l'unité numérique.

On a reconnu déja, que, par la faculté qu'elle a de passer rapidement d'un objet à un autre, l'ame nous semble douée du pouvoir de donner quelquefois à ce qui est *pluralité* la valeur et l'effet de *l'unité;*

ce qui signifie qu'elle transforme en un tout, des parties éloignées ou distinctes. Mais cette faculté trouve aussi ses bornes, dans la distance ou la différence des objets entre eux. C'est à la raison et au goût de les reconnoître, et c'est en abusant ou de l'une ou de l'autre, que se commettent les erreurs qu'il faut combattre.

Si l'on abuse du raisonnement, pour restreindre par trop la notion de l'unité dans l'imitation, en la rapprochant le plus qu'il seroit possible de la notion d'unité, mathématiquement entendue, on réduira tout art, et tout ouvrage d'art, à une nullité de moyens, à un unisson d'effet, qui ne laisseront presque aucune prise à l'ame, et rendront son action à peu près inutile.

Si, laissant prendre trop de liberté au goût, on généralise par trop la notion de l'unité, considérée moralement, et si on exagère le pouvoir de cette faculté qu'a notre esprit de rapprocher et de combiner les objets, on forcera chaque art à sortir de son unité, pour devenir multiple, on forcera chaque ouvrage à nous présenter, non des images composées, mais des complications d'images, qui, au lieu d'être un tout, seront plusieurs touts incohérents, sur lesquels l'attention de l'ame aura trop de peine à se fixer.

De ces deux méprises, la première consiste à confondre l'*unité* avec l'*uniformité*; la seconde à prendre l'*universalité* pour l'unité.

L'uniformité loin d'être l'unité, en fait d'art et d'imitation, en est au contraire l'ennemie. L'ame veut l'unité, parcequ'elle veut, avant tout, que ce qu'on lui présente à voir ou à entendre soit clair et distinct, parceque la confusion est pour elle, un sujet de peine. La simplicité qui accompagne l'unité est ce qui lui rend facile l'action de voir, de comparer, et de juger. Mais cela signifie-t-il que l'ame ne demande, par exemple, à la peinture que des figures rangées sur une ligne droite, à l'architecture qu'une façade sans division et sans détails, à l'art de la parole qu'un discours sans mouvements, à l'art du chant que des accords à l'unisson, au poëte qu'un drame sans action, des récits sans fiction, des compositions sans épisodes? Non sans doute. Elle appelle au contraire la variété à l'aide de l'unité. La variété est pour elle comme l'assaisonnement qui réveille et soutient son appétit.

Il est facile aussi de reconnoître, par la notion bien simple de leurs deux contraires, combien *unité* et *universalité* sont peu synonymes. Si *pluralité* est l'opposé d'*unité*, l'opposé de l'*universel* est, comme on l'a déja dit (au paragraphe précédent), le *partiel*. C'est donc méconnoître, en théorie, l'unité imitative propre de chaque art, que de transporter la notion générale d'art, à celle d'un seul art, ou d'attribuer à ses seules propriétés, le pouvoir de toutes celles qui appartiendroient à l'imitation universelle, si elle pouvoit avoir

4.

lieu. C'est méconnoître, dans la pratique, l'unité imitative, que de tenter de substituer à l'unité d'image partielle, que donne une des faces de l'objet imitable, l'universalité de tous ses points de vue; que de tendre à cumuler sur un seul ouvrage de l'art, au moyen d'emprunts ou de larcins faits aux propriétés des autres, les qualités que la nature, ainsi qu'on l'a vu, a divisées et réparties entre tous.

Je sortirois aussi de l'unité de mon sujet, dans ce peu de notions, si j'entrois dans l'universalité qu'elles pourroient comporter. En indiquant les deux principales méprises auxquelles donne lieu la notion de l'unité imitative, je n'ai prétendu que jeter quelque lumière sur un point, auquel l'équivoque du langage ajoute encore de l'obscurité, et en même temps faire bien reconnoître le sens dans lequel j'emploie ici les mots d'*unité imitative*.

Or ici ce sens est celui qui appartient à l'idée générale d'imitation, plutôt qu'à l'acception particulière, au système imitatif, et non à l'ouvrage de l'imitateur, à l'art enfin, plutôt qu'à son œuvre. Non qu'on méconnoisse le genre particulier d'unité qui appartient à l'ouvrage, et à laquelle est assujetti l'artiste, dans la composition, dans l'exécution de ses sujets, pour les rendre clairs, intelligibles, harmonieux à l'esprit et aux yeux.

Mais la règle de ce genre d'unité est secondaire, et elle se trouve aussi nécessairement comprise dans le principe plus général de cette *unité imitative*, qui est celle de l'art, considéré en abstraction, principe qui impose à chaque art, l'obligation d'employer exclusivement dans ses œuvres, les moyens d'exécution imitative qui sont de son ressort, et dans ses attributions.

Le principe d'unité imitative, est celui qui veut que chacun des beaux-arts, et dans un même art, comme la poésie, chacun des genres que leur nom seul distingue, et que leur nature sépare l'un de l'autre, ne puisse appeler un autre art, un autre genre à son aide, dans son propre ouvrage, pour ajouter des ressorts étrangers à ses propres ressorts, pour accroître la part d'imitation qu'il a dans le modèle universel.

Ce principe d'unité imitative, pour en rendre l'application sensible par quelques exemples pris dans le technique, ou si l'on veut le matériel de quelques arts, est celui qui interdira au bas-relief du sculpteur, de prétendre aux effets des lointains ou de la perspective du peintre; au personnage pantomime, de parler autrement que par gestes; à la peinture, de traiter dans un tableau plus d'un sujet. Il est inutile, ce me semble, de faire voir que les conséquences du même principe s'appliqueront, pour chaque art, à sa partie la plus importante, la partie morale, qui comprend tout ce qui, dans chacun, dépend de l'invention, du goût de composition, du choix des sujets, et de toutes les propriétés inhérentes à sa nature.

J'entends ici les novateurs se récrier contre ce système de restriction imitative, en invoquant contre cette rigueur, le besoin du plaisir de la variété, qui, comme on l'a dit tout-à-l'heure, est aussi un des besoins de l'ame, plaisir dont l'imitation ne sauroit se passer, et auquel l'artiste est tenu sans doute de atisfaire.

Il faut donc dire qu'il règne sur la notion de la variété, la même confusion d'idées, que sur celle de l'unité; ce qui est fort naturel, tant une de ces notions est dépendante de l'autre. Aussi ne voit-on autre chose que des efforts sans cesse renouvelés, pour produire la variété imitative, non par les moyens propres, et dans le cercle d'un seul art, mais par le mélange des éléments hétérogènes de plusieurs, comme si le génie se trouvoit trop à l'étroit dans un des domaines partiels de l'imitation, et circonscrit dans un horizon trop borné, pour y découvrir assez de moyens de variété, comme si ils y étoient épuisés.

Cependant est-ce que la nature ne nous offre pas l'infini dans chacune de ses parties, comme dans son tout? Y a-t-il ensuite un seul des domaines de chaque art, qui ne corresponde à une des parties ou des divisions de la nature? Si cela est, y a-t-il un seul art qui ne trouve l'infini dans l'espace à lui départi, et par conséquent où l'artiste ne puisse mettre en œuvre d'innombrables moyens de variété? A-t-on jamais pu, par exemple, assigner un terme à la variété imitative des effets, que le seul art de la peinture sait produire, par les seuls moyens de quatre couleurs, dans les seuls sujets que la nature met à sa disposition.

Oui, comme chacun des beaux-arts a son unité imitative, chacun doit avoir aussi sa variété imitative, qui y corresponde; mais elle n'y peut correspondre, qu'autant que ses moyens sont restreints dans le même cercle d'unité d'art.

Il est tout simple que ceux qui mettent l'universalité d'imitation à la place de l'unité imitative, veuillent échanger la variété imitative, contre la diversité d'imitation. L'esprit paradoxal, en ces matières, trouve facilement un auxiliaire ou un refuge dans ces doubles emplois, que la routine du langage donne aux mots, à ceux sur-tout qui peuvent n'offrir qu'un sens relatif. Et tel est le mot *variété*, que tantôt l'ignorance, tantôt l'irréflexion, et plus souvent l'esprit de système, emploient, comme synonyme d'autres mots qui expriment ou une autre idée, ou la même idée, mais dans une toute autre mesure, et sous d'autres rapports.

C'est pourtant en équivoquant sur la valeur des termes, que l'on en vient à prétendre que *mélange*, *confusion*, *divergence*, peuvent être de la variété, parceque effectivement il y a de la *variété* dans les productions où l'on trouve *disparate* et *confusion*. Mais pour que ces mots fussent plus ou moins synonymes, il faudroit que s'il y a variété dans la confusion, il y eût aussi confusion dans la variété. Et voilà où l'équivoque se trahit. Voilà ce qui établit la distinction entre les deux notions.

Qui oseroit dire qu'il n'y ait que de la variété, par exemple, dans ces combinaisons fantastiques de natures différentes, dont l'imagination se plaît quelquefois à créer des monstres? Il y auroit, sans doute, variété d'espéces d'animaux, dans un tableau qui nous représenteroit séparées, les créatures, qu'Horace s'est plû à joindre par le récit, en faisant sa définition de la bizarrerie. Mais seroit-ce de la variété, et ne seroit-ce pas plutôt un chef-d'œuvre de disparates et d'incohérences, que l'ouvrage peint qui rassembleroit sous les yeux toutes ces espéces, pour en faire un seul être monstrueux et ridicule? *Humano capiti cervicem pictor equinam, etc.*

Voilà un double exemple de la variété imitative et légitime, qui n'admet que des rapprochements naturels, et de cette variété abusive et factice, qui est la promiscuité, contre nature, d'êtres hétérogènes, laquelle ne produit que des monstres.

L'artiste ainsi trouve la variété, et il en trouve un fond inépuisable dans l'emploi des seuls éléments, comme des seuls instruments de chaque art. Mais ce n'est plus de la variété, que celle qu'il cherche dans un alliage des différentes natures d'arts. J'ai dit *alliage*, parceque ce mot exprime précisément une idée très distincte de celle de *réunion*. L'alliage tend à ne faire qu'une matière de plusieurs. La réunion laisse chaque matière distincte.

Or, l'infidélité au principe d'unité et de variété imitatives, est, non pas, comme on va le voir, que divers arts concourrent à une composition qui peut être faite en société par plusieurs, mais qu'ils se mêlent entre eux, et interviennent frauduleusement dans ce qui ne doit être l'ouvrage que d'un seul.

PARAGRAPHE VIII.

De la nature et de l'esprit des réunions qui ont lieu entre plusieurs arts concourant à un ouvrage commun, qu'on peut appeler d'assemblage.

On a eu lieu d'avancer déja (voyez le paragraphe VI) que l'ame ne sauroit recevoir deux impressions à-la-fois, qu'elle n'en reçoit plusieurs, que successivement, et que plus la succession est rapide, plus les impressions sont légères.

Pour s'en convaincre, examinons ce qui se passe dans la région des sens.

Chacun a pu observer que plus un grand nombre
d'objets sera voisin de l'œil, moins la vue sera capable d'en embrasser beaucoup à-la-fois. A une plus
grande distance, l'œil, non seulement en discernera
davantage, mais il en pourra même fixer plusieurs
collectivement. Pourquoi? c'est qu'alors les objets, par
le fait de l'éloignement, perdent plus ou moins de leur
individualité apparente, et forment des réunions ou
des groupes. Mais alors aussi l'atténuation qu'éprouve
l'apparence de chaque objet, en diminue l'impression
sur l'organe. Telle est la nature des impressions simultanées, c'est-à-dire qui se succèdent rapidement.
Ainsi dans le lointain d'un paysage, on saisit comme
un seul arbre, le groupe d'arbres, dont on n'auroit
pu embrasser de plus près, les parties composantes,
que l'une après l'autre.

Je dois dire, à l'avance, que ceci n'infirme en rien
le principe de l'unité d'impressions, unité nécessaire
à la jouissance de l'ame, puisqu'il est évident que
plusieurs objets ne parviennent à produire l'impression qu'on appelle collective, que parcequ'ils se
sont, le plus qu'il est possible, rapprochés de l'u-
nité.

C'est à cette espèce d'unité, c'est à former un tout
ensemble de cette nature, que tendent, dans un ouvrage fait en commun, les réunions d'arts dont je
veux parler. En cela consiste leur genre et leur mérite. Le plaisir qu'elles procurent, résulte de cette

condition, sans laquelle, ou elles ne parviennent point à affecter l'ame, ou elles ne l'affectent que d'un sentiment pénible et désagréable.

Il y a entre ce qu'on appelle réunion d'arts, pour produire un ouvrage formé de plusieurs ouvrages, et ce que j'appelle mixtion des éléments de plusieurs arts, dans l'ouvrage propre d'un seul, la différence la plus sensible.

Dans la réunion, chaque art reste lui-même, et sa portion de travail est distincte. Dans la mixtion de genres d'art, chacun se neutralise, et sa part d'ouvrage se décompose. Dans la réunion, l'ame peut jouir du travail de chaque art, l'un après l'autre, par l'effet d'une transition plus ou moins rapide, et elle peut rapprocher en un tout, ce qu'elle a vu séparément. Dans la mixtion, et chaque partie et le tout lui échappent.

Que la peinture, la sculpture, l'architecture, concourent dans une galerie à l'ensemble de sa décoration, cet ensemble est leur ouvrage commun, et l'effet d'unité qui en résultera, sera la cause du plaisir général que l'œil y éprouvera, bien qu'il ne lui soit pas possible de s'arrêter à-la-fois sur un bas-relief et sur un tableau.

Qu'au théâtre, la musique, l'action dramatique, la déclamation, concertent leurs moyens séparés dans une représentation commune, il y aura de même une impression produite par l'accord de ces

moyens, et une autre qui sera l'effet de chacun
d'eux. L'ame y jouit séparément, si elle veut, de
chaque art, et simultanément de tous, en un point,
et ce point qui en est le lien commun, c'est l'harmonie génerale.

Sans doute, dans ces réunions d'arts rapprochés
entre eux pour coopérer à une œuvre d'assemblage,
il se trouve deux sortes d'unité. Il y a celle de l'objet individuel et partiel, lorsqu'on le considère isolément, et il y a celle des objets vus ensemble, qui
est l'unité collective, dont l'effet est de rassembler
en un tout, plusieurs êtres, pour n'en composer
qu'un seul. Mais cette dernière sorte d'effet, et le
plaisir qu'elle procure, proviennent de ce qu'étant
plusieurs, les ouvrages de ces arts n'en font qu'un,
et non pas de ce que ces arts *concertants* sont divers,
mais de ce qu'ils font disparoître leur diversité.

Il ne s'agit donc pas, dans les associations d'arts
vers un but commun, et pour un ouvrage collectif,
qu'un seul art se complique de plusieurs autres, que
des genres distincts par des qualités incompatibles,
prétendent s'identifier, puisqu'au contraire chacun
y est tenu de rester ce qu'il est.

On se tromperoit encore, si l'on croyoit que
chaque art augmente, par ce contact, soit son effet
particulier, soit le plaisir que l'ame en attend, et
que par une telle alliance il renforce sa propre vertu.

Loin que le plaisir causé par les réunions d'arts,

en un commun ouvrage, provienne de ce que chacun de ces arts trouve dans le rapprochement déja
défini, quelque chose qui accroisse sa portion de
valeur imitative, et lui fasse acquérir cette sorte de
totalité de ressemblance, que la nature lui a refusée,
on doit précisément tirer de là, les conséquences les
plus opposées à cette opinion.

Il est à remarquer en effet, que dans ces associations, chaque art, sans perdre son caractère individuel, qui le sépare d'un autre, perd néanmoins,
le plus souvent, une partie de sa valeur spéciale et
de son effet. Subordonné à une combinaison, dans
laquelle il n'entre que pour sa part, il est tenu d'o-
béir à la loi d'une harmonie qui ne se rapporte
pas uniquement à son intérêt, et ce régulateur général ne lui permet, ni de faire tout ce qu'il peut,
ni d'être tout ce qu'il voudroit. Il arrive donc à
toutes les réunions d'arts, comme aux réunions
d'instruments dans les symphonies, que chacun n'y
coopère que par une partie de ses moyens. Or toute
société impose la condition à qui contribue pour
son contingent, de ne retirer qu'une part de profit.

Donc il n'est pas vrai que chaque art gagne ce
qu'on croit, à se mettre en société, ni qu'il augmente, encore moins qu'il complète, la portion de
ressemblance imitative qui lui manque. Loin de
cela, il est contraint d'y perdre plus ou moins de
la valeur qui lui est propre. Mais cette perte qui a

réellement lieu, dans la valeur de chaque art *socié-*
taire, est compensée à l'égard du spectateur ou de
l'auditeur, par une autre sorte de valeur, celle qui
résulte du plaisir que donne l'ensemble, ou le mérite de l'harmonie générale.

Un exemple bien frappant de ceci, nous est donné
dans l'alliance de la musique et de la poésie sur le
théâtre. On sait ce qu'il y a d'affinité entre ces deux
arts, soit par la nature des organes et des facultés
auxquels ils sont tenus de s'adresser, soit à raison
d'une certaine parité dans les moyens intellectuels
de leur imitation. Cependant, malgré ces points de
contact, il n'a jamais été possible à ces deux arts, ni
de se fondre en un, ni de s'entendre dans un partage égal, ni même à l'un, de s'enrichir aux dépens
de l'autre. Et toujours on a vu l'un perdre, ce que
l'autre ne gagne point.

Bien des personnes s'étonnent de ce que les chefs-
d'œuvre des lyriques anciens et modernes, n'excitent point la verve de nos musiciens. On se plaint
de ce que les habiles compositeurs ne marient point
leurs savants accords, aux savantes conceptions de
nos poëtes dramatiques. On regrète enfin que les
plus beaux vers ne s'allient pas aux plus beaux airs.
Cet étonnement et ces regrets ne sont que l'effet de
la méprise ordinaire sur la nature de l'imitation en
général, et sur celle de la portion imitative qui est
propre de chaque art.

Mais, ce qui fait que les chefs-d'œuvre de la poésie, ne peuvent pas devenir encore ceux de la musique, c'est qu'ils sont déja des chefs-d'œuvre complets dans leur genre; c'est qu'ils ont déja toute la plénitude de vertu imitative, c'est-à-dire, tout ce qu'il faut pour que rien ne paroisse manquer à l'image, pour qu'on ne puisse pas y croire un supplément possible. Le musicien qui essaieroit de prendre ces chefs-d'œuvre, pour thème de ses inventions, éprouvant lui-même la difficulté de doubler, si l'on peut dire, par des images équivalentes en force ou en beauté, les images accomplies du poëte, se trouveroit comme vaincu d'avance, sans pouvoir combattre. Son charme reculeroit devant la vertu d'un autre charme.

Accordons un moment cette réunion sur un même sujet, et à un égal degré dans une exécution simultanée, des plus beaux morceaux de la poésie et de ceux de la musique, et admettons, ce qui est encore moins probable, que l'ame pût suffire, c'est-à-dire, prendre une part active à cette expérience. Voici ce qui arriveroit. L'espèce d'intimité des moyens d'exécution est telle entre les deux arts, que, comme (en les supposant ainsi rapprochés) il n'y auroit pas lieu à une succession assez sensible et réelle d'impressions, l'ame, en place d'un double plaisir, éprouveroit un tourment double, de la dispute que les deux arts feroient de son attention; et obligée de se partager,

sans interruption, entre l'un et l'autre, elle n'en re-
cevroit que des effets rompus, qui s'annuleroient réciproquement.

Aussi les exemples du passé, comme les faits modernes, prouvent-ils qu'il faut, de toute nécessité,
que l'un des deux arts cède la primauté. La musique
dans les drames antiques n'en fut que l'accompagne-
ment. Aujourd'hui le drame est devenu l'accessoire
de la musique. Effectivement plus la musique ga-
gnera de force, plus elle voudra des vers foibles, et
plus elle aura de richesses à elle, moins il lui faudra
de celles de la poésie. On ne met point de galons sur
des broderies.

J'entends dire, que l'on prend plaisir à des spectacles, à des scènes, où les uns chantent, pendant
que les autres dansent. D'abord ceci concerne deux
organes divers. Mais quels sont les personnages qui
s'y adressent? ce sont ceux qu'on appelle choristes.
A la bonne heure : il n'y a pas là de quoi occuper
l'ame activement, il n'y a que des demi-impressions,
et elles ont dans la partie instrumentale, un lien qui
les rassemble. Mais a-t-on jamais fait chanter et dan-
ser, en un même temps, le plus habile chanteur et
le danseur le plus habile? lorsque vous êtes tout
yeux, pouvez vous être tout oreilles? Il n'y a personne qui ne sache ce que fait souvent éprouver de
contrariété, l'alliance inopportune d'un grand mouvement d'effets décoratifs, avec la musique, lorsque

trop de spectacle vient faire diversion à l'action du chant. C'est que l'ame alors veut et ne peut pas se partager entre les impressions de deux organes.

Le principe d'unité de l'ame nous a prouvé la nécessité de l'unité d'imitation, et l'unité d'effet de l'imitation prouveroit, s'il en étoit besoin, l'unité de l'ame.

De là résulte, que quand plusieurs arts sont réunis dans un ouvrage commun, il faut, ou qu'ils se présentent à l'ame de manière à lui procurer par des images distinctes, des impressions successives, ou que dans leur rapprochement, l'un s'efface pour laisser briller l'autre, ou que les effets de chacun soient assez foibles, pour que semblables aux impressions d'objets éloignés, dont (comme on l'a déja dit) la forme individuelle s'atténue par l'interposition de l'air, ils semblent s'identifier entre eux. Car, ainsi qu'on l'éprouve, la facilité qu'a l'ame de passer rapidement d'une image à une autre, ou de l'impression d'un objet à celle d'un autre objet, facilité sur laquelle se fonde le système des réunions d'arts, tient précisément à ce qu'aucun des objets qu'elle parcourt ainsi, n'est à lui seul capable de la fixer ni long-temps, ni entièrement.

Aussi, dans ces cas, l'ame perd-elle réellement en force et en qualité, ce qu'elle gagne en nombre et en diversité d'impressions.

Tel sera généralement l'effet de toute combinaison

d'arts associés pour de grands travaux de décoration, par exemple, ou de spectacles. Mais cet effet moral, on le remarque encore jusque dans l'ouvrage d'un art seul, quand la multiplicité de composition fait le caractère d'un tel ouvrage; comme lorsque la peinture, par un déploiement extraordinaire des ressources du goût pittoresque, et des moyens de la couleur, prétend opérer dans de vastes enceintes, une telle réunion d'idées et d'objets, un tel concours de figures, de groupes, et de masses diversifiées, que leurs impressions s'effacent à mesure qu'elles se succèdent. On veut parler de ces immenses compositions suspendues dans les espaces aériens de nos pompeuses coupoles, où la peinture crut avoir agrandi toutes les sphères, et augmenté toutes les jouissances de l'art. Qui ne sait cependant, qui n'a pas éprouvé, qu'on peut recevoir une plus grande somme d'impressions, d'une seule figure à la portée de l'œil, que des cent figures d'une coupole, qui chacune, en échappant plus ou moins à l'organe de la vue, effleurent à peine celui du sentiment?

J'ai cru devoir insister, en traitant de la nature de l'imitation, sur un point de théorie qui est l'objet le plus ordinaire des méprises et des contradictions où l'on tombe, à raison de l'habitude où l'on est, de confondre ce qu'on appelle la réunion de plusieurs arts, concourant à un ouvrage d'assemblage, avec ce qu'il faut nommer le mélange des éléments de plusieurs, en un seul et même art.

J'ai voulu faire bien comprendre quelle différence il y a entre deux sortes d'union, dont l'une
est légitime, et l'autre est adultère; dont l'une n'a
pour objet aucune violation de propriété, ni aucune
supercherie pour moyen, et dont l'autre, établie sur
le faux, dément elle-même le titre de son droit à
l'existence.

J'ai dû sur-tout écarter l'équivoque du double
emploi des mots, *union* ou *association*, dans un sujet,
non encore éclairci par la critique, avant d'attaquer
plus directement la double erreur de l'artiste qui,
méconnoissant le principe élémentaire de l'imitation dans les beaux-arts, vise tantôt à multiplier
les moyens imitatifs de son art aux dépens des
ressources propres d'un autre art (voyez le paragraphe suivant), tantôt à forcer la mesure de ressemblance imitative qu'il lui appartient de donner,
en cherchant ce prétendu surcroît dans un système
de copie servile, (voyez le paragraphe x.)

PARAGRAPHE IX.

Des moyens erronés par lesquels on détruit la vérité imitative de chaque art, en voulant la compléter ou l'accroître.

PREMIÈRE ERREUR DE L'ARTISTE.

Elle consiste à chercher au-delà de son art un surcroît de ressemblance imitative dans les ressources d'un autre art.

La même théorie qui nous découvre la base sur laquelle reposent les conditions de l'imitation dans les beaux-arts, nous fait connoître la cause principale des erreurs qui portent à les enfreindre.

Partagé entre deux désirs, l'un de satisfaire la raison, en restant fidèle au principe élémentaire de l'imitation, l'autre de contenter l'instinct qui lui préfère souvent l'identité, l'artiste n'est que trop souvent entraîné à confondre le plaisir vrai de l'imitation avec le charme captieux de l'illusion, à sacrifier au seul suffrage des sens, l'approbation de l'esprit et de l'intelligence.

Sa première erreur (qui fait le sujet de ce paragraphe), consistera donc à chercher le moyen de procurer, tantôt à son image, tantôt à son art même, un surcroît d'imitation pris dans des ressources qui leur sont étrangères.

Nous avons avancé déja (voyez ci-dessus, paragraphe III), en analysant les éléments constitutifs de chaque art, que toute ressemblance étoit forcée d'être *incomplète*, et nous dirons bientôt, en revenant sur ce sujet, que toute ressemblance imitative est encore nécessairement *fictive*. (Voyez paragraphe 10.)

Avant de faire voir comment et par quels moyens ces deux prétendus défauts deviennent au contraire la cause des beautés et des plaisirs de l'imitation, il faut mettre l'imitateur en garde contre les faux et vicieux correctifs, qu'un zèle ignorant se croit autorisé d'y apporter, d'après l'opinion mal entendue, et plus mal définie, de l'espèce de communauté qui existe entre tous les arts.

De l'idée de cette communauté dérive généralement la tendance ambitieuse de l'artiste, à remplir ce que j'appelle l'*incomplet* de ressemblance dans chaque mode d'imitation. Ainsi, d'après l'interprétation abusive du passage d'Horace, *ut pictura poesis* (1), on concluera que ces deux arts, la peinture et

---

(1) Horace, dans ce passage, qu'on a l'habitude de tronquer, ne dit pas généralement que la poésie est en tout semblable à la peinture, encore moins le dit-il de la peinture par rapport à la poésie. Horace dit seulement, et sous un rapport très borné, qu'il en est en poésie, comme en peinture, où quelques objets plaisent vus de loin et d'autres vus de près. *Ut pictura poesis erit, quæ si propiùs stes, Te capiet magis, et quædam si longiùs abstes.*

la poésie, sont en droit de traiter les mêmes sujets, et dans les mêmes parties et sous les mêmes aspects; comme si, par exemple, il n'y avoit pas un beau physique, dont l'impression réelle est intransmissible par la parole, et un beau moral, dont la peinture, quelque génie qu'ait le peintre, est inhabile à faire même soupçonner l'idée.

On admire, et sans doute avec raison, les deux compositions de Poussin, où ce grand peintre a représenté la mort d'Eudamidas et celle de Germanicus. Mais le pinceau pouvoit-il rendre avec des figures muettes, le beau moral de ces deux sujets? Dans le premier, on voit bien un malade dictant ses volontés dernières, en présence de deux femmes affligées, chacune selon la différence de son âge. Mais comment la peinture, avec la seule pantomime qui constitue son langage, auroit-elle pu instruire le spectateur du vrai motif de l'action, et lui révéler le trait si touchant d'amitié, qui fait le beau moral de ce testament? Croit-on encore que le discours de Tacite trouve sa traduction, ou son équivalent, dans la scène du tableau de Germanicus mourant?

La peinture qui peut à peine faire voir que ses personnages parlent, au lieu d'ajouter à ses emplois, en traitant des sujets que le discours seul peut faire comprendre, trahit le secret de son insuffisance, bien loin d'en corriger le défaut.

On ne sauroit trop montrer combien cette vaine

ambition d'étendre la sphère d'imitation de son art,
induit souvent le peintre à se méprendre sur le
choix des sujets qui y sont propres. Le théâtre ne
laisse pas de contribuer à multiplier ses méprises.
L'habitude d'y voir des espèces de tableaux parlants,
formés par l'action jointe au débit dramatique, fait
croire à l'artiste qu'il peut transporter les mêmes
scènes sur la toile. Oui pour les yeux; mais le tableau est devenu muet, et alors les personnages ne
peuvent plus nous instruire de ce qu'ils sont et de
ce qu'ils font.

D'autres fois on verra tel grand événement, propriété du génie de l'histoire, ou matière d'un poème,
venir se rapetisser dans le cadre d'un tableau. Mais
comment y tient-il? Tronqué plutôt qu'abrégé, et
forcé de se concentrer dans l'espace d'un seul moment, le fait historique est devenu une énigme. Qui
pourra deviner, dans ce raccourci d'espace et de
temps, ce que signifie tel sujet, dont l'explication et
la valeur dépendent d'un ensemble d'objets, d'une
succession d'actions et de rapports moraux qui échappent au pinceau?

La peinture ne donne qu'un moment unique de
toute action: force à elle d'omettre ce qui précède
et ce qui suit. Ainsi les sujets dont la représentation
convient le mieux au genre de son imitation, sont
les sujets simples, c'est-à-dire peu compliqués dans
leurs ressorts, peu variés dans leurs effets. Nous di-

rons ailleurs en traitant des *moyens de l'imitation*
(voyez partie III, paragraphe 9 et 10), comment le
peintre sait, en transportant ses sujets dans une
sphère supérieure d'imitation morale, étendre la matière et multiplier les ressorts de ses compositions.
Mais il n'est question, dans cette *première partie*,
comme l'indique son titre, que d'établir ce qui constitue la nature de l'imitation en elle-même, et dans
ses rapports avec chacun des beaux-arts; objet qui ne
peut être fixé que par l'analyse des lois physiques
et morales qui bornent la sphère d'activité de chacun. Or, une de ces lois est celle qui interdit à l'art
du peintre, l'imitation positive des actions qui entrent dans le domaine exclusif du narrateur, du poëte
épique ou dramatique, par cela que la parole et le
discours peuvent seuls en être les interprètes.

Par suite de ces mêmes lois, le poëte se méprend
également sur les moyens et les intérêts de son art,
lorsqu'il lui demande de traiter certains sujets, dont
l'imitation doit tirer sa principale valeur, de la propriété qu'a la peinture de parler aux yeux.

Lessing a déja remarqué que l'expression des douleurs corporelles, que la représentation des passions
dépendantes du physique, font bien moins d'effet
en récit qu'en marbre ou sur la toile. Effectivement
le poëte peint mieux les affections douloureuses de
l'ame que les tourments des maux du corps: et la
raison en est évidente; c'est qu'il y a le discours et la

parole pour exhaler la plainte des peines intérieures,
mais les angoisses et les tourments extérieurs ne pro-
fèrent que des cris. Aussi le poëte dramatique grec
fait-il crier Philoctète sur la scène, et le poëte épique,
faute de la réalité des sons, a-t-il recours à une comparaison, qui substitue les mugissements du taureau
aux cris de Laocoon.

L'infériorité du poëte à l'égard du peintre, est tout
aussi sensible dans l'imitation des objets, dont la
propriété spéciale est de s'adresser à la vue. Tout ce
qu'il imaginera pour dérober à l'art de peindre le
principe et la vertu de ses effets sur nos sens, ne
consistera qu'en de foibles équivalents, dus à un
échange fort inégal d'impressions. Il remplacera l'aspect d'un soleil levant, d'un ciel sans nuage, d'un
site enchanté, par des idées plus ou moins analogues
de candeur, d'innocence, de situation tranquille de
l'ame, mises en corrélation avec les scènes de la na-
ure; car ce sont là les vrais moyens du poëte, moyens
bien supérieurs à ceux du génie graphiquement descriptif, dont je parlerai plus bas. Tout cela signifie,
que le sentiment excité dans l'ame par la sympathique liaison du moral avec le physique, nous porte
à nous figurer un site quelconque. Soit : mais chacun
fera le paysage à son gré ; et le poëte n'aura été peintre,
en produisant cet effet sur notre imagination, que de
la manière dont le peintre est poëte, lorsque son
image est propre à inspirer au génie de l'écrivain
d'heureux équivalents.

Voilà dans le fait à quoi se réduit cette communauté si souvent citée, et si mal comprise entre la
peinture et la poésie, et sur laquelle se fondent toutes
les prétentions réciproques de chaque art, à s'approprier, pour compléter ce qui lui manque, les
moyens de ressemblance, que sa nature désavoue.
(Voyez encore sur ce point, part. III, paragr. VIII.)

On a considéré l'union de ces arts comme une véritable communauté de biens, tandis qu'elle n'est
qu'un droit de partage dans le patrimoine universel. Or, la communauté de biens suppose la faculté
d'user des mêmes choses ; le droit de partage assigne
à chacun la sienne. Ainsi entendue, non seulement
la communauté dont on parle, ne favorise point l'u-
surpation, mais elle la prévient, en fixant les parts
respectives du modèle commun, dans les limites
que nous avons déja reconnues ; et la conséquence de
ceci doit sur-tout s'étendre aux qualités distinctives
des sujets qui appartiennent à l'exécution de chaque
art, puisque c'est particulièrement dans le choix des
sujets, que s'opèrent les méprises et les confusions
de propriété, dont chacun pense vainement s'enrichir.

Souvent en effet l'artiste s'appauvrit par ses larcins. Il est impossible que tel sujet, qui propre à un
art, deviendra fécond pour le génie, ne reste pas
stérile par la transplantation maladroite qu'on en
fera.

Pygmalion dans l'extase de l'amour, voit sa statue s'animer progressivement. Déja la couleur de la chair qui se répand sur le marbre, apprend à l'heureux amant et au spectateur, la métamorphose qui s'opère. Voilà un sujet que la peinture seule est en état de rendre, parcequ'elle peut très facilement, par des tons de chair gradués, faire circuler l'apparence de la vie sur le marbre. Qui le croiroit cependant? la sculpture sans couleur et sans mouvement (1), s'est aussi emparée de ce sujet, comme si elle pouvoit faire dire la même chose à un marbre blanc. Il y a plus, un fait aussi borné, et qui offre à peine la matière d'un monologue, a été mis sur le théâtre (2), où il est resté comme exemple d'un choix d'action la plus impropre à la scène, puisqu'il n'y a ni mouvement, ni intérêt, ni véritable péripétie.

La poésie est l'art qui occupe au milieu de tous les autres le plus vaste domaine. Rien sans doute n'échappe entièrement à l'espèce d'universalité de son pinceau. Mais cet art éprouve aussi les restrictions que le langage lui-même est forcé de subir, et la plupart de ces restrictions résultent de ce que nous avons appelé l'impossibilité morale (voyez ci-dessus, paragraphe 7). Or, beaucoup de sujets se refusent, moralement parlant, au pinceau du poète; la faculté de décrire les objets et leurs qualités par le discours,

---

(1) Groupe de Falconet.
(2) Par J. J. Rousseau.

est souvent très insuffisante : et c'est cette insuffisance qui pose la borne aux attributions de la poésie. Franchir ces limites, est de la part du poëte, usurpation et violation du principe de l'imitation, qui veut qu'*une chose soit représentée dans une autre chose qui n'en est que l'image.* Si le propre de l'image est d'être incomplète, l'image que donne la poésie manque à cette condition, quand le poëte, forçant la mesure des moyens qu'il a de représenter par leurs analogues, certaines qualités des corps sur-tout, ambitionne des moyens directs de description, qu'il semble vouloir dérober à l'art du peintre.

Lessing a parfaitement démontré, dans son Laocoon, que le poëte se trompe lorsqu'il croit pouvoir représenter les objets corporels, par le détail nécessairement successif de leurs parties, puisque ce détail-là même et cette succession des idées du discours, sont précisément ce qui s'oppose à ce que les parties ainsi découpées et décomposées, produisent l'image d'un tout pour l'esprit, c'est-à-dire l'ensemble de la chose qu'il voudroit se figurer.

De ce fait incontestable, il faut conclure que ce qui, dans la nature physique, doit sa valeur à ce qu'on appelle l'ensemble des parties (et de ce genre est sur-tout cette beauté corporelle dont l'œil seul est juge), ne peut qu'échapper aux traits partiels et incohérents de la description poétique, lorsqu'elle s'attache au matériel de l'objet ; d'où l'on peut induire encore, que dans de tels sujets le genre de description appartenant à la poésie, est celui qui embrasse les rapports moraux, les détails de sentiment, les effets qui ont prise sur l'ame, à l'aide d'analogies et de transpositions, et au moyen de ces comparaisons, qui, nous ramenant au principe élémentaire de l'imitation, nous font voir une chose dans une autre. Et tel fut en cette matière le goût général de toute l'antiquité.

Cependant plus d'un poëte moderne semble avoir pris à tâche d'accréditer le goût opposé, dans ce qu'on a appelé le style *descriptif.*

On seroit tenté de croire que l'opinion de la communauté abusive dont on a parlé, entre la poésie et la peinture, accréditée déja par le mal-entendu des rapports qui existent entre ces arts, se seroit encore fortifiée par le fait d'une influence réciproque de leurs ouvrages, influence devenue de nos jours plus active, soit sur les écrivains, soit sur les artistes.

J'ai parlé du penchant qu'a trop souvent le peintre de transporter sur sa toile les sujets du poëte dramatique, tels que la scène les fait voir. Qui nous dira qne plus familiarisé aussi avec les ouvrages et les effets du pinceau, l'écrivain n'y contracte pas l'habitude de cette sorte d'anomalie poétique d'un goût presque inconnu à l'antiquité, et pour lequel on a, si l'on peut dire, créé à la poésie un nouvel emploi, sous le nom de *poésie descriptive?*

Le poëte atteint de ce goût, choisit de préférence,
tantôt les sujets qui sont du domaine de la matière, tantôt dans les rapports divers de l'objet qu'il
traite, ceux qui sont de nature à éveiller les sens plus
que le sentiment. Rival impuissant du peintre, il affecte de calquer les découpures de ses images sur le
patron de la réalité, de disputer au crayon la multiplicité de ses traits, au pinceau la variété de ses
teintes, de suppléer au total par l'énumération, et
à l'ensemble des parties par leur dissection; soins
superflus d'une convoitise maladroite qui lui fait
perdre ce qui lui appartient, pour courir après ce
qu'il n'aura pas !

Qui ne voit qu'une telle manie dérive de l'opinion
où l'on est, qu'un art peut ajouter à ses moyens ceux
d'un autre, et qu'il peut compléter la mesure de sa
faculté imitative, par des emprunts faits pour dissi-
muler son *déficit* de ressemblance ?

D'habiles critiques avoient déjà combattu autrefois ce faux goût. Ils avoient montré que la vraie
manière pour le poëte de peindre les objets matériels, le spectacle de la nature et de ses effets physiques, n'étoit, ni dans la froide méthode d'inven-
torier les détails, ni dans les procédés du démonstrateur, qui analyse les propriétés de la matière ;
qu'elle consistoit au contraire dans l'art de ces heureuses transpositions, de ces échanges des images
physiques contre les idées morales qui leur corres-

pondent, et qui excitant en nous des affections analogues et sympathiques, mettent (comme on l'a déja
dit) notre ame en corrélation avec l'impression des
scènes de la nature sur nos sens.

Mais ce goût s'est reproduit de nos jours sous une
forme plus positive et plus générale, non plus comme
abus de détail dans le style, mais comme système
poétique, et avec la prétention d'être un genre nouveau, une invention des temps modernes.

Ce genre prétendu s'appelle *Romantique*.

Si l'on cherche à s'expliquer son nom, c'est-à-dire la
signification du mot, dans son étymologie, il se forme
de *roman*, espèce de conte ainsi nommé de la langue
Romane, parcequ'il prit naissance au temps où ré-
gnoit cet idiome bâtard ; et de là le mot *romanesque*
parfaitement semblable, à la désinence près, au mot
romantique qu'on a emprunté de l'anglois ou de l'al-
mand, parceque *romanesque* a déja en françois une
acception reçue, qui auroit, dit-on, mal rendu l'idée
du nouveau genre.

On conviendra cependant que ce nom donné chez
nos voisins à un système de drames, où l'auteur
prend pour modèle l'action sans limites d'un roman,
exprime assez bien ce genre de composition vraiment
romanesque, ou romantique, comme on voudra
l'appeler.

Ce qu'il y a ici de plus difficile à comprendre, c'est
qu'il puisse y avoir une manière de voir, de sentir, de

penser, d'écrire, un genre nouveau enfin qui ayant
eu besoin d'un nom, n'a pu en trouver un qui le caractérise sans équivoque: car on ne sait si c'est le
vague du mot qui se communique à l'idée, ou si ce
ne seroit pas le défaut même de l'idée, et pour mieux
dire du prétendu genre, qui empêcheroit de lui appliquer un nom intelligible. De tout on peut dire
avec Boileau: *Ce que l'on conçoit bien s'énonce clairement.* Si l'on dispute sur la signification du mot
Romantique, et si chacun l'interprète diversement,
c'est qu'il y a beaucoup d'obscur, d'indécis, et de
trouble au fond de cette idée, ce qui est le propre
des idées qui se forment dans la région nébuleuse de
l'imagination.

Que dire en effet d'une manière qu'on oppose,
pour la distinguer, *au goût classique?* car voilà, toute
négative qu'elle soit, sa définition la plus claire. Le
goût romantique est..... Quoi? on ne vous dira pas
ce qu'il est, mais ce qu'il n'est pas, c'est l'opposé du
classique. Qu'est-ce donc que le goût appelé classique?
C'est tout simplement celui qui règne depuis deux à
trois mille ans, celui qui a servi de modèle à tous les
peuples de l'Europe moderne, et selon lequel sont
composés tous les ouvrages que le monde a jusqu'à
ce jour admirés.

On voit qu'il se présenteroit ici, contre la prétendue découverte, bien des objections, mais qui me
feroient trop sortir de mon point de vue. Je ne ferai

que deux observations: 1° Comment une telle découverte a-t-elle échappé jusqu'ici à tant de siècles et
à tant de nations? 2° Ne seroit-il pas possible qu'on
prît pour découverte et nouveauté, une simple manière de voir louche et fausse tout à-la-fois ; une erreur de l'esprit, que l'amour du changement accrédite,
et que l'ambition d'une vaine originalité prétend revêtir des couleurs du génie?

Lorsqu'on presse de ces questions les partisans de
ce goût, ils le défendent précisément par les motifs
qui doivent le faire condamner. On avoue que « c'est
« une ressource qui supplée, en poésie, à l'inspiration
« morale chez les peuples vieillis ; que cette ressource
« est empruntée d'une *nature physique invariable* (1);
« et qu'il n'y a plus à décrire chez ces peuples que la
« nature qui ne vieillit jamais » , c'est-à-dire, dans le
sens de l'auteur, la *nature physique invariable.*

Voilà donc, de l'aveu d'un sectateur de ce goût,
le propre du prétendu genre romantique, c'est l'*esprit
descriptif* appliqué plus en grand à la *nature physique ;*
et voilà ce qui rattache cette digression au sujet que
je traite, et à l'objet de ce paragraphe.

J'ai déja fait entendre, mais il me faut répéter ici,
quelle est la vraie manière pour la poésie de traiter
la description des objets matériels. Comme les arts
du dessin, ou ceux qui parlent aux yeux, ont besoin

(1) Voyez Ch. Nodier, préface de Trilby.

le plus souvent de traduire les idées morales en formes
physiques, la poésie, qui peint à l'esprit, aime à convertir en impressions morales, les sensations corporelles. Elle désigne les objets matériels, plutôt par leur
effet sur l'ame, que par leur action sur les sens, plutôt
dans leur rapport avec les sentiments qu'ils produisent, que dans celui de leur configuration visuelle.
Son secret sur-tout est de transporter dans les espaces
indéfinis de l'intelligence, qui en agrandit l'image,
les sujets que l'art du dessin ne peut nous présenter
que dans l'étroite enceinte d'un lieu donné.

La poésie et le style du genre appelé romantique,
ont une toute autre prétention. L'écrivain, dans sa
manie pittoresque, semble aspirer à la copie immé-
diate et presque graphique des objets de la matière.
Il s'efforce de s'attacher à leur réalité, comme s'il
pouvoit s'en prendre à l'organe visuel. Comme si
l'idée de peinture appliquée à la poésie, n'étoit pas
une simple fiction du langage, il emprunte les yeux
du peintre pour considérer la nature, et l'imagination remplie de formes, de teintes, d'accidents de
lumière, et autres effets physiques, il se croit devant
une toile, il rêve qu'il a des crayons ou le pinceau
en main, et se figure que des mots et des phrases
vont faire sur l'auditeur l'impression que la nature
destine au spectateur. Il n'y a là pas moins que la
méprise d'un de nos sens contre un autre. La poésie
sans doute a ses tableaux, mais ce sont des tableaux

par métaphore; et comme il est interdit à l'œil de les voir, il est défendu au poëte d'aspirer à l'emploi d'éléments qui n'ont de valeur que par la visibilité.

Si Virgile nous peint la nuit, c'est par son effet général sur les créatures. Il n'a pas la vaine prétention de rivaliser avec le travail du paysagiste. Tantôt il fait dormir l'homme, les animaux, les vents, les flots de la mer; tantôt il place le voyageur au milieu de la forêt sombre, prêt à s'égarer à la lueur douteuse du flambeau des nuits.

Voulons-nous voir le même sujet? car voir est presque le mot propre, dans l'esprit du style romantique, tant on semble s'y étudier à recueillir les traits qui sont du ressort de la vue. *Ici la nuit aura des ailes de gaze noire. Elle tapissera le ciel de crêpes funèbres, et les étoiles en seront les cloux dorés.* — Ailleurs on vous fera *voltiger de petits nuages, comme de légers flocons de laine, fuyant sur le disque argentin de la lune; le miroir du lac voisin réfléchira sa pâle figure, et les ondulations causées par la brise du soir, en rideront la tremblante surface.* Ne croiroit-on pas qu'on ait pris à tâche de détailler, en démonstrateur d'optique, un clair de lune par Claude Lorrain? Est-ce le peintre qui a cru se traduire en récit, ou le poëte a-t-il imaginé se faire peintre en second?

Dans le prétendu genre dont je parle, on diroit que la muse du poëte auroit quitté sa lyre idéale, pour les instruments mécaniques de tous les arts du dessin, Ce n'est plus des objets même de la nature physique, que l'écrivain tire d'immédiates inspirations, mais bien des imitations et des procédés imitatifs de l'artiste. Son pittoresque est celui du crayon, ses descriptions sont formelles, ses métaphores sont techniques. Il allonge les corps en obélisques, les arrondit en coupoles, les creuse en calices. Il prétend modeler des formes, tracer des contours, profiler des lignes, projeter des ombres, grouper des masses. Il colore les fleurs de *minium*, peint le firmament d'outremer. Il drape les montagnes de neige, les coiffe de frimats; il déroule les plis des nappes d'eau. Il passe des glacis sur l'aurore, et des demi-teintes sur le crépuscule. Ne craignez pas qu'il oublie les vapeurs de la perspective aérienne dans les fonds, ni les repoussoirs sur le devant de ses sujets, ni le lichen ou la mousse des troncs d'arbres, ni le ton verdâtre ou la moisissure de la pierre tumulaire, ni la plante parasite de la ruine, ni les tons rembrunis de la tour, ni le jeu de la lumière dans ses vitraux, ni le balancement des ondes du lac, ni le reflet du peuplier qui se mire dans son cristal.

On diroit qu'on ait voulu épuiser le vocabulaire de l'art de peindre à paraphraser des tableaux.

Non cependant qu'on ait la pensée de disputer à la poésie l'expression de certains effets extérieurs de la nature. Ce que l'on reproche à ce goût, c'est de s'attacher aux images tirées des objets matériels, au

lieu de celles qu'il peut puiser dans les sentiments
moraux, de préférer les désignations, et, si l'on peut
dire, les signalements des corps, aux impressions de
l'ame, les rapports bornés des êtres visibles, aux rapprochements sans bornes du règne des idées ; c'est
l'affectation de parler aux sens une langue qui n'est
pas la leur, en refusant à l'esprit le langage qui est
le sien, de délaisser les ressorts de l'action la plus directe sur le cœur et l'imagination, pour fatiguer sans
fruit, et fausser les cordes d'un instrument, rebelle
à la main qui les touche, et inhabile à produire
l'effet qu'on lui demande ; c'est enfin de faire descendre la poésie des hauteurs d'où son génie dispose
du monde intellectuel et moral, pour se venir mesurer à armes inégales sur le terrain des réalités,
avec des arts dont le propre est d'exprimer les formes,
les couleurs des corps, et dont le but toutefois, en
employant la matière dans ses images, est de les éle
ver à ces régions mêmes de l'idéal, que le poëte semble
avoir voulu déserter.

PARAGRAPHE X.

Continuation du même sujet.

SECONDE ERREUR DE L'ARTISTE.

Elle consiste à chercher la vérité en-deçà des limites de chaque art, par un système de copie servile, qui enlève à l'imitation ou à l'image, cette partie fictive qui en fait l'essence et le caractère.

Puisque imiter, est produire la ressemblance d'une chose dans une autre chose qui en devient l'image, il est sensible que l'imitation propre des beaux-arts n'admet, et ne peut admettre que les apparences des choses. Or, toute apparence due à l'art est plus ou moins fictive. Autant doit-on en dire du genre de *vérité* qui appartient à la ressemblance imitative. C'est de la vérité, mais une vérité par fiction. (*Ex ficto verum.*)

On a vu comment la prétention à une ressemblance entière, interdite à l'image nécessairement partielle, porte l'artiste à convoiter hors du cercle de son art, des ressources étrangères, qu'il ne sauroit se rendre propres. Montrons maintenant, comment l'ambition tout aussi illusoire d'une vérité mal entendue, pousse l'imitateur dans un excès opposé, et le retenant en-deçà des limites naturelles de son art, lui fait abdiquer une partie de ses avantages et de ses moyens.

Cette autre erreur de l'artiste ne consistera plus à prétendre doubler ou multiplier les moyens de ressemblance propres de son art, par la cumulation abusive des moyens, ou des points de vue imitatifs d'un autre art; au contraire, resserrant, si l'on peut dire, le cercle de ses attributions, méconnoissant et la nature de l'imitation, et le caractère d'image qui la constitue, et l'espéce de ressemblance qui appartient à tout ouvrage fictif, il ne visera, dans son horizon rétréci, qu'à identifier l'ouvrage avec le modéle individuel. Il affectera de l'en faire approcher au point de lui donner l'air d'y avoir été calqué. Il échangera (moralement parlant) le charme qui tient à ce qu'il y a de fictif dans l'apparence, contre le désenchantement d'une fausse vérité; enfin, la liberté de l'imitation contre la servilité de la copie.

Voilà comment il arrive que de la même source, c'est-à-dire, de la confusion des idées sur ee qui est le principe élémentaire de l'imitation, sortent deux erreurs diverses, mais qui vont l'une et l'autre aboutir au même vice, celui de l'*identité*, ou de la prétention à en produire l'effet.

Cette dernière méprise a lieu également dans les arts du dessin, comme dans ceux de la poésie; mais la poésie est peut-être l'art où elle se montre le plus à découvert, celui où l'on s'est le plus efforcé de substituer l'idée de réalité servile dans les images, à celle de ressemblance imitative.

C'est par suite de cette prétention, que quelques uns ont essayé d'enlever entièrement à l'art du poëte ces moyens fictifs, ressorts nécessaires de son action imitative et du plaisir qu'elle procure. Les uns ont voulu rabaisser son langage au niveau de la prose, sous prétexte qu'il n'est pas naturel de s'exprimer par des paroles cadencées ou mesurées. Les autres lui ont contesté l'emploi de ces conventions, dont l'effet est de modifier, dans une multitude de sujets, la vérité qui est celle de la réalité, et de l'échanger contre la vraisemblance poétique.

Après avoir supprimé du langage de la poésie, le rhythme, le mètre et la rime, on a fait des poëmes en prose, par égard pour ce qu'on appelle la vérité.

Ailleurs on a contesté à l'épopée ses créations merveilleuses, sous prétexte qu'elles sont contraires aux lois de la nature physique, comme s'il n'y avoit pas la nature de l'imagination; comme si elle n'étoit pas un don de la nature, cette faculté donnée à l'homme de créer, à l'aide de la poésie, un monde d'images rivales de la réalité.

On a tenté de bannir du théâtre ces conventions fictives, sans lesquelles l'imitation dramatique ne seroit plus, ni séparée, ni distincte de la manière d'être positive du cours ordinaire des choses de la vie. On a prétendu que la nature n'étant assujettie à aucune

sorte d'unité ni de temps, ni d'action, ni de lieu,
dans les événements qui se passent sur la scène du
monde, l'art devoit faire comme elle, et procéder au
théâtre dans une représentation bornée, comme elle
agit dans ses opérations illimitées. Ainsi on a vu des
drames taillés sur la mesure d'un corps d'histoire, en
autant d'actes que l'historien auroit fait de tomes. On
a vu des actes de la longueur d'une pièce, des pièces
divisées en journées, comme le *Decameron* de Bocace,
des drames enfin devenir des romans dialogués.

Non seulement le poëte dramatique dans son respect pour la réalité, ou ce que quelques uns prennent
pour la vérité, a cru devoir multiplier les incidents,
et presser, dans l'espace de quelques heures, des faits
que la succession des années pouvoit seule développer; mais pour s'identifier davantage avec son prétendu modéle, il s'est étudié à soumettre tous les
détails aux yeux. De là ces pièces appelées depuis peu
mélodrames, où, par de continuels changements de
scènes et de décorations, on vous déroule tout le
matériel d'objets, qui n'auroient dû se montrer qu'en
récit abrégé; où l'on vous fait assister à des spectacles de meurtres, de jugements, de combats; où
tout s'adresse à la vue, d'où toute imitation morale
s'est retirée, pour faire place, dans l'expression vulgaire des passions, à la ressemblance identique; en
sorte qu'un tel drame n'est plus qu'un ballet pantomime expliqué par des paroles.

Dirai-je qu'on a vu, par une sorte de représailles, cette autre imitation de la nature, qui, dans l'action scénique, consiste à faire parler les gestes, à substituer au langage articulé des sons, les mouvements mesurés des corps, aller aussi, par zèle pour la vérité, jusqu'à donner de la voix à la pantomime et des paroles au danseur?

On trouvera dans les compositions musicales du théâtre, plus de traces de cette manière d'y considérer l'imitation, qu'on ne pense. Le commun des hommes en effet y prend goût à ces sortes de conceptions, où l'art se mettant lui-même en scène, est à-la-fois le sujet et l'objet de la musique; je parle de ces semblants de concerts, de répétitions, de leçons de chant, de défis d'exécution tant de fois reproduits sur le théâtre. Là on peut dire que l'imitation est tout-à-fait identique. (Voyez plus bas paragraphe xv.) L'emploi de certains instruments, comme des tambours dans une symphonie belliqueuse, des détonations d'armes à feu pour exprimer le combat, du tonnerre factice pour peindre l'orage, rentre évidemment dans la même classe de méprises. A vrai dire, trop de bruit pour exprimer le bruit, trop de cris dans le chant pour rendre la passion, détruit l'effet de l'imitation. Plus le genre du sujet la place près de la réalité, plus il convient de respecter le peu d'espace qui l'en sépare.

C'est encore par une fausse idée de vérité dans la

ressemblance imitative propre de la musique, qu'on demande à l'action du jeu ce qu'il faut attendre de l'action du chant, et à l'intérêt du drame, ce que l'intérêt musical est appelé à remplacer. (Voyez plus bas ibid.) Le chanteur ne s'abuse-t-il pas aussi, lorsqu'il se permet de mêler aux paroles rhythmiques et mesurées du chant, les inflexions ou plutôt les écarts de la déclamation libre, rompant ainsi le charme de son art par un contraste qu'il prend pour une vérité, lorsqu'il n'est qu'une dissonance?

Il n'y a pas jusqu'à certains acteurs qui prétendront que la déclamation doit mépriser la mesure, et faire oublier les vers. La recherche affectée d'un naturel en-deçà de la nature de l'imitation, leur fait confondre les nuances de chaque genre de simplicité : ils vont du simple au familier, et tombent dans le trivial.

Il en est ainsi de ce système dramatique auquel le génie sans règles du poëte anglais a donné l'appui de son exemple, si toutefois on doit donner le nom de système, à une manière d'imiter, produit d'un instinct ignorant, que la nature désavouera, tant que la raison et le goût seront dans la nature. Le génie peut bien s'emparer d'un genre vicieux, sur-tout s'il trouve dans son irrégularité, cette sorte d'indépendance, qui, propice aux écarts de la pensée, en favorise quelquefois la hardiesse et l'originalité. Mais le vrai génie de l'imitation, celui qui est de tous les siècles, sera le génie soumis à la nature et libre dans les entraves de l'art. Or, peut-on qualifier ainsi ce goût de composition dramatique, où tous les extrêmes se trouvent confondus, où la bassesse du langage contraste avec l'élévation des personnages, et la trivialité des images avec la recherche des pensées; où, pour paroître naturel, le poëte tragique descend jusqu'à la familiarité de la plus basse comédie, et dans les passages successifs de ses tons opposés, tombe, avec brusquerie, du style épique au style des trétaux?

La muse de l'histoire n'est pas moins en butte aux méprises de ce faux zèle pour la vérité. On ne peut pas mettre en doute que le premier devoir de l'historien, ne soit la véracité et la fidélité aux faits qu'il raconte. Mais la manière de les présenter rentre aussi, jusqu'à un certain point, dans le domaine de l'imitation poétique; et l'art de mettre en lumière les causes des événements, de faire ressortir dans des portraits bien tracés, toutes les variétés des caractères, de donner aux récits la couleur, la vie, et le mouvement, est un art rival de celui du poëte et du peintre. Cependant on a contesté à l'historien le droit d'user de ce genre de talent imitatif. On a voulu lui interdire l'emploi de ces discours fictifs, qui mettent en scène les personnages, et développent d'une manière en quelque sorte dramatique, les secrets ressorts de la politique. On a enfin été jusqu'à prétendre que tout art devoit être banni des relations histori- ques, et qu'elles devoient se borner à être des chro- niques et de simples gazettes.

Je dirai peu de choses ici des arts du dessin, pré- cisément parceque, sur ce point de critique, la ma- tière seroit très abondante, et parceque la seconde partie de cette théorie ramènera à leur égard le même genre de notions. Qu'il suffise de rappeler ces aber- rations du goût de certains temps, de certaines écoles, où l'artiste crut être imitateur fidèle de la nature, en reproduisant, comme dans un miroir, les défectuo- sités qui n'étoient que celles de l'individu, dont il avoit fait son modèle, en ravalant les œuvres de l'imi- tation à n'être que des empreintes, des espèces de *fac simile*, dépourvus de beauté, et privés de toutes les conditions de la véritable imitation.

Remarquons encore combien la contagion d'un faux principe est subtile, et comment, sans qu'on y fasse attention, elle corrompt de proche en proche les œuvres d'un siècle ou d'une nation, dans l'esprit qui les produit, et dans le goût qui les encourage.

Pourroit-on méconnoître que c'est à cet esprit vrai- ment matérialiste, à ce goût purement sensuel, que sont dues, et cette indifférence, en peinture, pour le genre des sujets *historiques*, c'est-à-dire de ceux qui doivent avant tout parler à l'ame ou à l'intelli-

gence, et cette préférence donnée à un genre flétri
dans l'antiquité par le nom qu'on lui donna (1), genre
devenu si cher aux temps modernes, genre où les
objets de la nature vulgaire, où tout ce qu'il y a de
bas et d'ignoble dans l'état de société, trouvent de si
nombreux admirateurs, depuis que les sens ne demandent aux arts que les jouissances de la matière?

L'effet de ce principe ne se trahit-il pas aussi par
la prédilection qu'obtient depuis long-temps sur la
scène, dirai-je la peinture, ou plutôt la réalité absolue de ces sujets pris dans la fange des ruisseaux, de
ces personnages ramassés au coin des rues, et qu'on
transporte sur le théâtre, non plus avec le masque
de la caricature, qui en deviendroit au moins l'image,
et prêteroit à la comparaison, mais avec la turpitude
d'une grossièreté si réelle, qu'on pourroit se dispenser
d'acteurs pour jouer de pareilles pièces, et encore
plus d'auteurs pour les composer?

---

(1) *Rhyparographie*. Peinture de vilenies.

PARAGRAPHE XI.

Qu'il faut reconnoître dans chaque art quelque chose
de fictif *quant à la vérité, et quelque chose d'in-*
complet quant à la ressemblance.

S'il est vrai que chacun des beaux-arts ne peut
embrasser qu'une partie de l'universalité du grand
modéle et si chacun ne peut reproduire cette portion correspondante aux moyens qui lui sont propres, que dans ce qu'on appelle image, on est forcé
de reconnoître que l'imitation accordée par la nature
à chaque mode imitatif, reste nécessairement incom-
pléte quant à la similitude, et encore fictive pour ce
qui est de la vérité.

Ces deux faits, dont les conséquences sont aussi
importantes que nombreuses, ne sauroient être con-
testés, dans tout ce qu'embrasse la région des sens
physiques. Comme, par exemple, à la figure dessinée
sous un point de vue, il manque sensiblement tous
les autres points de vue, sous lesquels la même figure
auroit pu être représentée; il est de même tout aussi
sensible pour l'esprit, que certaines qualités, certaines propriétés dépendantes de la nature spéciale
soit du modéle, soit de la matière, soit des instru-

ments de tel ou tel art, manqueront à l'art dont le modéle, la matière et les instruments seront divers. Voilà ce qui fait l'*incomplet* de chaque art pour la ressemblance.

Ce qui en fait le caractère *fictif*, consiste dans la nécessité pour chacun, de ne pouvoir produire que l'effet apparent et simulé de la chose imitable, effet qui s'oppose à celui de la chose même ou de la vérité absolue. Ainsi personne ne méconnoît la nature de cette vérité fictive, qui nous fait trouver du plaisir à voir le portrait d'une personne rendu par un morceau de marbre blanc, ou fondu en bronze noir; à voir l'acteur sur la scène nous représenter un être fort différent de lui ; à entendre le poëte remplacer, dans son langage artificiel et mesuré, la liberté du discours véritable, à entendre les sons des instruments, substitués aux effets du bruit réel, ou de l'articulation de la voix. Ce sont là tout autant de fictions que l'on ne sauroit méconnoître. Tout le monde est forcé d'en avouer l'existence, pour ce qui regarde la partie matérielle ou mécanique de tous les beaux-arts, puisque ce sont autant de faits dont le sens extérieur dépose.

Mais reconnoître que chaque art, par suite des lois physiques de la nature, est borné à une imitation incomplète et fictive, c'est reconnoître comme contraire à la nature tout moyen d'emprunt, par lequel un art, aux dépens d'un autre, s'approprieroit soit

un surcroît de ressemblance physique, soit un sur-
plus de vérité positive.

Ce qui est incontestable d'après les lois physiques
de l'imitation, nous avons vu (ci-dessus paragraphe
IV), qu'on ne sauroit non plus le contester dans
l'ordre des notions morales ou des qualités intellectuelles, dont l'esprit est juge.

Il faut donc montrer qu'en vertu des lois de la nature morale de l'imitation, chaque art est aussi réduit par les moyens qu'il tient d'elle, à ne produire
que des images *fictives* et *incomplètes* pour l'esprit.

Et, par exemple, dans quel art plus que dans l'art
dramatique, se manifeste au goût et à l'intelligence,
la nécessité de cette sorte de *faux* ou de ce *fictif* sur
lequel repose la vraisemblance au théâtre?

Peut-on donner un autre nom à cet arrangement
tout-à-fait conventionnel auquel le poëte est tenu
de subordonner tous les faits, tous les incidents qui
forment le fond de son sujet, ou pour mieux dire
de sa fable? Qu'est-ce que cet accord qu'il se plaît à
concerter entre les causes de l'événement qu'il modifie, et les effets qu'il leur commande de produire?
Qu'est-ce que cette combinaison de formes, de traits
contrastés, qu'il imagine entre tous les caractères
qu'il trace, pour les faire valoir et briller l'un par
l'autre? Qu'est-ce que ce rapprochement de circonstances ou de personnages, que le poëte opère exprès,
pour mettre l'auditeur au fait du sujet, par le récit

plus ou moins naturel de ses antécédents? Qu'est-ce
que cette pratique plus factice encore, des prologues
explicatifs, chez les anciens, qui visèrent beaucoup
moins qu'aujourd'hui, à la réalité d'illusion? Qu'est-
ce que tout cela, sinon un ensemble de procédés et
de moyens *fictifs* dans le véritable sens du mot?
Mais ce sujet sera traité plus en détail, à l'article des
conventions (part. III, paragraphe IV.)

Il n'est pas nécessaire de s'étendre plus longuement
sur les preuves de ce qui constitue l'*incomplet* de l'imitation dans l'art dramatique. On sait comment, limité
qu'il est par l'espace et la durée, il lui est interdit de
rendre la totalité des développements et des accompagnements réels de chaque sujet. A quelque degré,
de quelque façon que le poète essaie de franchir les
limites que lui donne la nature, et malgré toutes les
ressources de la visibilité dans ses images, du langage
dans ses acteurs, du mouvement dans ses figures,
son action ne sera jamais qu'un abrégé d'action, son
ensemble le fragment d'un tout, sa peinture une réduction obligée de l'original.

La poésie narrative, dont le ressort semble tout
embrasser, trouve pourtant (comme on l'a déjà dit)
d'invincibles obstacles à compléter l'effet de ses images, lorsque, par exemple, elle s'attache à la description soit des formes matérielles, soit de l'ensemble
des corps, et de beaucoup de propriétés du monde
visible. Faut-il faire remarquer, que ce qu'elle a de

fictif, se découvre moins encore dans ce qui constitue son langage, dans la mesure ou la cadence des mots, que dans l'emploi des formes de style étrangères à l'expression ordinaire du discours, que dans l'usage des métaphores, dans l'intervention d'êtres imaginaires, dans la création de certains caractères, de certains traits de physionomie morale, dont l'original est par-tout et n'est nulle part?

Aucun art considéré dans sa faculté imitative, ou celle de produire des ressemblances, n'offre plus sensiblement, que la musique, des images *incomplètes*, et par des moyens plus *fictifs*.

Et de fait où est le modèle de la musique? Où le prend-elle? Où nous est-il donné de le saisir pour y comparer son image? Peut-être ce modèle n'est-il lui-même qu'une fiction de l'artiste. Quel qu'il soit, chacun sait que la musique n'exprime les sentiments ou les passions, que par le langage inarticulé des sons, c'est-à-dire, par des équivalents toujours fort loin de la réalité du discours. Généralement, cet art n'a rien de fixe ni de fini dans ce qu'il représente. Il n'a aucun moyen positif de produire ses images, sous des traits qui nous forcent de les reconnoître. Son secret est de nous mettre dans le point de vue de ce qu'il ne peut pas montrer, et de nous déterminer à nous le figurer nous-mêmes. C'est effectivement notre imagination, qui, comme sous la dictée d'un programme, compose les tableaux dont il ne donne que l'idée.

Le pouvoir magique de l'art musical, est de nous contraindre à donner une forme aux conceptions les plus indéfinies, à terminer par des contours le vague de ses esquisses, à échanger ses idées contre des sensations, à traduire des sons fugitifs en images, et par des transpositions sans nombre, à compléter en nous les effets d'une imitation, dont le succès dépend peut-être autant de celui qui les reçoit, que de celui qui les produit.

Comme il est dans la nature d'une théorie, dont les notions quoique distinctes sont contiguës, de paroître ramener souvent le même sujet sous des aspects semblables, j'épargnerai d'autant plus volontiers au lecteur les applications du sujet de ce paragraphe aux arts graphiques, que les deux conditions imitatives dont je parle, y sont aussi faciles à distinguer dans ce qui est du ressort de l'esprit, que dans ce qui est tributaire des sens. Qui ne connoît les bornes des propriétés morales et des instruments physiques des arts du dessin ? Qui peut ignorer ce qu'il y a de nécessairement *incomplet* dans les ressemblances qu'ils produisent ? Inutile, je pense aussi, de montrer ce qu'il y a de *fictif* dans les moyens de la peinture, qui n'a que des superficies pour rendre l'effet de la rondeur et de la profondeur, des lignes fixes pour exprimer le mouvement, et qui, restreinte dans l'action à l'unité d'instant, doit représenter ce qui n'est déja plus, si l'on peut dire, et ce qui n'est pas encore.

Il n'y a rien à cet égard, de particulier pour la sculpture, qui n'ait déja été dit ailleurs, ou qui ne rentre dans les notions particulières à la peinture.

Mais l'instinct du grand nombre prend volontiers le change sur les deux points de théorie qui nous oc cupent, dans l'opinion qu'on se forme de la valeur imitative de l'art orchestrique ou pantomime. Comment croire en effet qu'il manque quelque chose à la vérité absolue d'un art, qui nous offre une imitation si voisine de l'identité ? Qu'y a-t-il là, dit-on, de fictif et d'incomplet ?

Heureusement pour cet art, on se trompe. Car si la ressemblance y étoit complète et la vérité sans fiction, il cesseroit d'être art d'imitation. Disons donc où est l'erreur : c'est qu'on oublie ou qu'on ignore, que ce qu'il y a dans cet art de sensuel et de corporel, à quoi beaucoup de gens s'arrêtent, n'est cependant comme dans les autres arts, malgré la contiguité du modéle et de l'image, qu'un instrument représentatif, un moyen fictif dans sa réalité même, d'exprimer des idées, de produire des images immatérielles, de rendre les sentiments et les affections de l'ame, et que sinon, il n'y auroit que des tours de force ou d'adresse. Mais on ne s'arrêtera pas à prouver ce qu'il doit y avoir d'*incomplet* dans un art qui a des gestes au lieu de paroles, qui est condamné au mouvement même pour donner l'idée du repos, comme la musique ne peut rendre le silence qu'avec du bruit.

Chercher à soustraire plus ou moins chaque art, aux conditions que lui impose sa nature fictive, pour donner à son imitation ce qu'on croit être une extension de vérité;

Chercher à compléter plus ou moins ce qui manque aux moyens naturels de l'imitation propre de chaque art, pour y rendre la ressemblance plus entière :

Tels sont les deux points auxquels ont visé et tendent continuellement d'ignorants novateurs. On a déja fait connoître et leurs efforts et leurs résultats. Comme c'est contre leurs tentatives que cette théorie se dirige, la suite donnera plus d'une occasion de les combattre.

Il suffira d'avoir puisé ici dans cet aperçu des deux conditions imposées aux arts par la nature de l'imitation, la démonstration du vice et même du vide des prétentions, que l'ignorance chez les uns, et l'impuissance du talent chez les autres, ne cessent d'accréditer.

~~~~~~

PARAGRAPHE XII.

*Que ce qu'il y a de fictif et d'incomplet dans chaque
art, est précisément ce qui le constitue art, et devient
le ressort même du plaisir de l'imitation.*

Dès que, par la loi de nature, un art ne peut être
autre chose qu'une manière de saisir et de présenter
un seul des aspects du modèle universel, rien de
plus vain que tous les efforts de l'artiste pour donner à son image un surcroît de vérité ou un supplément de ressemblance pris hors de la sphère de son
imitation. De quelque façon qu'il emprunte, et de
quelque part qu'il tire ses ressources, soit par des mélanges de genre, soit par des complications de ressorts, soit par l'affectation d'une fidélité identique,
soit par toutes les transpositions physiques ou morales du règne de la réalité dans celui de l'imitation,
l'erreur est la même, et son résultat sera par-tout
semblable. Ce qu'on croit ajouter à la vertu imitative, est précisément ce qui la détruit, et en ce
genre aussi le mélange des éléments les neutralise.

Oui, c'est précisément ce qu'il y a de *fictif* et d'*incomplet* dans chaque art, qui le constitue art. C'est
de là qu'il tire sa principale vertu et l'effet de son

action. C'est de là que vient le pouvoir qu'il a de nous plaire.

Il faut dire en effet qu'à ce double *défaut* s'attache la condition du plaisir que nous recevons de l'imitation. Cette condition est que l'ame doit être avertie, et voir clairement, que si on a le projet de la séduire, on n'a pas le moyen de la tromper (voyez plus bas au paragraphe XIV sur l'*illusion*), et que ce qu'on lui présente, est véritablement une chose qui est l'image d'une autre chose. Alors persuadée qu'on ne lui montre l'objet ou le sujet imitable que sous un seul de ses aspects, elle jouit d'autant plus, que captivée par l'art qui la concentre dans ce point de vue, ni elle ne desire, ni elle ne pense à soupçonner qu'il y en ait un autre.

Que l'on mette plus ou moins de réel à la place du fictif, dans l'œuvre de l'imitation, en la rapprochant de l'identité physique ou morale dont on a tant de fois parlé; que l'on complète de fait la ressemblance de chaque art, ou par un surcroît de vérité individuelle et vulgaire, ou par la cumulation de moyens dépendants d'un autre mode imitatif; qu'on remette, par exemple, au positif dans le langage, tout ce que l'art avoit revêtu de la métaphore poétique, que trouvera-t-on? Le désenchantement de la réalité, substitué au charme de l'imitation. Il y aura, dit-on, le plaisir de la nature. Soit: mais, dans l'art, il ne s'agit pas de ce plaisir-là. Il

ne s'agit pas de celui qu'on éprouve à voir la nature
elle-même, et en elle-même, mais bien la nature
dans son image. Pour jouir de la nature, on n'a
besoin ni des formes, ni des moyens de l'art. Annuler l'art, ou ce qui est la même chose, l'effet représentatif de son image, c'est faire ce que fait l'enfant,
lorsque brisant la glace, pour saisir sa propre apparence, il anéantit l'une en détruisant l'autre.

Tel est le résultat de ce complément qu'on a la
vaine prétention de donner à chaque mode imitatif,
et il est le même dans tous; seulement il sera plus
frappant à l'égard de ceux qui s'en prennent directement à l'organe extérieur, par des moyens matériels.
Introduisez, par exemple, dans les décorations
des scènes, la réalité au lieu de l'image des objets.
Faites-moi voir par un percé réel au fond du théâtre,
les montagnes du pays, et la mer avec des vais-
seaux (1) voguant sur ses flots, en place de la peinture de cette perspective. Remplacez les toiles de
fond, les *fermes* découpées des coulisses, par des
arbres naturels, par des colonnes et des bâtisses
solides, je ne saurois dire quel plaisir ce spectacle
de réalités me procurera, mais ce que je peux assurer, c'est que je n'aurai pas le plaisir qui doit résulter de l'imitation.

Supposons que dans les fictions pantomimes de

_____

(1) Comme au théâtre de Lisbonne.

combats, de siéges, d'attaques ou d'assauts, une réalité quelconque vînt à changer les combattants en gla-
diateurs effectifs.... On m'arrête ici, et l'humanité se
révolte.... Eh bien, le bon goût devra se révolter aussi
contre ces apparences trop voisines de la chose effective, lorsque des moyens d'une illusion grossière
viennent par trop heurter les sens. Ainsi on a vu au
milieu des spectacles de siéges, d'incendies, préci-
piter des mannequins dans les flammes, et l'imitation se mentir à elle-même par un excès de vérité,
jusqu'à faire accompagner ces chutes factices par
des cris réels, et cela lorsqu'il n'étoit permis de se
faire entendre qu'aux yeux.

On conçoit mieux, et l'on avoue plus volontiers
ces défauts, lorsqu'il suffit du sens extérieur pour
en juger. C'est pourquoi personne ne s'avise de justifier la menteuse illusion de ces statues peintes qui
de loin surprennent l'inattention du spectateur. Chacun sait que l'effet de cette cumulation imitative, est
nul, tant qu'il est inaperçu, et peut-être plus nul encore, dès qu'on le découvre. Car c'est bien le cas de
dire, *Tant qu'on ne le sait pas, ce n'est rien; dès qu'on le*
sait, c'est peu de chose.

Cependant ce qu'on s'accorde à blâmer dans tous
ces cas, comme détruisant, pour les yeux, l'essence
même de l'imitation, en la dépouillant de ses attributs fictifs, on l'approuve et on le fait pour l'esprit

dans les arts, et dans celles de leurs parties qui sont moins tributaires de la matière et des sens.

Et font-ils autre chose, qu'amoindrir et annuler souvent la vertu de leur imitation, par l'association soit d'une imitation étrangère, soit d'une réalité désenchanteresse, ceux qui se croient permis (comme nous l'avons fait voir précédemment) d'introduire par une alliance d'éléments incompatibles, le langage vulgaire dans une action héroïque; ceux qui mêlent aux sentiments sublimes des plus touchantes positions, les circonstances burlesques des situations sociales du plus bas étage; ceux qui veulent que tout puisse se faire et se dire en poésie et sur la scène, comme il se passe en réalité dans le monde; ceux qui pensent que la déclamation ne doit pas différer de la conversation, et l'action théâtrale de la familiarité des manières; ceux qui, dans les arts du dessin, ne sachant point distinguer le vrai imitatif de la servilité du calque, voudroient que la fidélité du pantographe ou de la chambre noire, fût la mesure de la vérité pittoresque; ceux qui ne reconnoissent d'autre ressemblance que celle de l'art du portrait, d'autre imitation de l'homme, que l'imitation d'un homme; ceux qui, se méprenant sur les notions de la variété imitative (voyez paragraphe VII), en placent le plaisir dans la promiscuité de genres; ceux qui croient servir chaque art, en lui supprimant la difficulté qu'il y a d'être vrai dans des images qui ne sont que fictives, et de satisfaire complétement à la ressemblance avec des moyens propres à favoriser la dissemblance?

Que peut-il résulter de toutes ces tentatives? c'est que lorsqu'on croit ajouter à la vertu de l'art, par des ressources propres à augmenter l'identité de l'image avec son modéle, on efface plus ou moins l'apparence de cette ligne qui doit séparer la nature d'avec l'imitation; et alors on n'a plus ni la vérité de l'art, ni celle de la nature. En délivrant l'art des entraves qui forment la difficulté de son action, on le dispense de l'effort qu'il doit faire pour paroître n'en point avoir besoin. En lui ôtant sa sujétion, on lui fait perdre le ressort de la résistance qui est la cause de sa force. C'est précisément comme si l'on affranchissoit le danseur des gênes de la mesure, tandis que le mérite comme le plaisir de la danse, résulte de cela même que son action est soumise à cette gêne.

Étrange ignorance et singulière maladresse!

Comment ne pas voir que ce qui fait en chaque genre le mérite et le plaisir de l'imitation, c'est de ressembler, nonobstant la dissemblance, c'est de donner l'effet du réel et de l'objet, malgré ce qui lui manque pour être l'objet réel; c'est de paroître la chose elle-même par des moyens d'apparence différents de la chose, et si distants d'elle; c'est de faire disparoître jusqu'au soupçon de la contrainte sous le joug même de la règle, de procurer le charme de l'aisance au milieu des difficultés, de produire l'impression du vrai avec les éléments du faux, de donner le privilége de la vie à ce qui n'est qu'une ombre, et du néant de la fiction faire sortir le miracle de l'existence?

PARAGRAPHE XIII.

Comment et avec quoi chaque art corrige ce qu'il y a de fictif *en lui, et compense ce qu'il a d'*incomplet.

Dans des matières du genre de celles-ci, on ne sauroit porter trop d'attention à être clair, et à se faire bien comprendre. Des erreurs grossières sont tout près de vérités subtiles, et une cloison presque transparente sépare souvent le raisonnable de l'absurde.

Ici, par exemple, le vrai et le faux semblent se toucher. Rien ne seroit plus facile à l'ignorance ou à l'inattention, que d'abuser des mots et de faire tout ensemble mentir l'expression à l'idée et l'idée à son expression.

En effet, de ce que nous avons avancé sur la nature de l'imitation, sur l'intérêt qu'elle a dans les beaux-arts, de ne pas cesser de paroître imitation; de ce que nous prétendons (*comme nous le développe-rons dans le paragraphe suivant*), que l'illusion telle qu'on a l'habitude de l'entendre, n'est pas le but de l'imitation, qu'enfin, quelque chose de *fictif* et d'*in-complet* doit faire partie du caractère de chaque art, on pourroit, de ces notions, tirer les conséquences les plus étranges.

Sans doute, on n'entend pas qu'il soit du devoir de l'artiste de rendre plus sensible encore qu'il ne l'est, ce *défaut* (1) inhérent à chaque mode d'imita-tion. On n'entend point que l'art doive faire parade, si l'on peut dire, de ce qui lui manque; que traître envers lui-même, il dénonce son impuissance, et mette l'ame en garde contre toute espéce de séduc-tion.

Certes s'il ne s'agissoit que de cela, la tâche de l'ar-tiste seroit facile. On ne sait que trop combien il y a de moyens, et à la portée de tout le monde, pour préserver les yeux et l'esprit de tout charme en ce genre. Cet art là n'a besoin ni de théorie ni de pré-ceptes.

Cette sorte de conséquence ne seroit, comme on le voit bien, qu'une exagération ridicule, pour ne pas dire une parodie.

Non seulement l'artiste doit se garder de forcer la mesure de l'espéce d'invraisemblable, de fictif, et

_____

(1) Ce mot pris dans le sens convenu.

d'incomplet, qui est la condition de son art, mais c'est encore à en atténuer le résultat et l'effet sur les sens ou sur l'esprit, que doit viser son talent.

J'ai déja dit que ce qui faisoit le mérite et le charme de chaque art, c'étoit de plaire, nonobstant ce qui est pour chacun un empêchement de plaire. Je vais dire maintenant comment chacun y réussit, malgré son obstacle, et par quel secret il en triomphe.

Ce secret est connu de tout le monde, et cependant il n'y en a pas d'autre.

Ce secret c'est la *perfection ;* et ce mot n'a pas besoin d'explication, puisqu'il sert à caractériser tous les genres de qualités et de mérites qu'un ouvrage peut réunir.

Oui, c'est la perfection qui doit compenser et qui compense en effet dans l'œuvre partielle de l'imitation, autrement dit dans l'image, tout ce que la nature refuse à chaque art pour être ou pour paroître son égal.

Cette perfection, lorsqu'elle existe dans un ouvrage, devient l'indemnité de ce qui manque à chaque art. Telle est la valeur de cette indemnité, que non seulement nous ne pensons point à nous plaindre de ce qui manque, mais que nous ne nous en apercevons plus, ou que si nous venons à l'apercevoir c'est pour nous en applaudir.

Non seulement la dureté de la matière dans une belle statue, et sa couleur noire ou blanche, ne nous

choquent point, mais si nous y pensons, c'est pour
nous un plaisir de plus, et loin de nous plaindre de
la dureté de la pierre, nous desirons que ce soit la
pierre la plus dure. Si ces figures entrent dans la toile,
la perfection de l'harmonie et de la perspective vient
effacer en nous l'idée de limite et de superficie. Ni
les invraisemblances du chant ne nous touchent au
théâtre, si le chanteur est excellent, ni les contraintes
de l'action dramatique ne font sentir leur sujétion,
si la perfection du langage des passions est là, pour
cacher tous les ressorts que le poéte fait jouer.

Chacun des beaux-arts trouve dans la perfection
de ses seuls moyens, un correctif à l'imperfection
prétendue de sa nature, une compensation à ce qu'il
doit avoir de fictif, un supplément à ce qu'il a d'incomplet. Mais il faut l'avouer, ce supplément c'est le
génie qui le découvre, c'est aussi le sentiment qui sait
en jouir. La médiocrité trouve plus court de dérober ce qu'elle ne peut acquérir, et l'ignorance plus
simple de s'abandonner à la réalité des émotions grossières.

Il n'y a personne toutefois qui n'ait reconnu cet
empire de la perfection, qui n'en ait sans le savoir
éprouvé l'action dans quelque art que ce soit, et
n'ait pu apprendre que cette action tire souvent sa
force de l'impuissance même que l'art doit dissimu-
ler, de la difficulté qu'il lui faut vaincre? Un avantage de la poésie pour peindre, est précisément de

manquer de couleurs ; c'est que son mérite est de n'en avoir pas besoin. Est-ce que le prestige de ses tableaux ne consiste pas à les rendre sensibles, et l'on pourroit dire visibles, sans matière, sans forme et sans coloris? S'est-on jamais plaint que les traits des personnages tracés par les grands poëtes restassent ignorés ou insaisissables? Qui est-ce qui ne connoît pas Achille, Hector, Ulysse, Énée? Qui jamais dans les descriptions des batailles ou des enchantements du Tasse, s'est aperçu que de tels tableaux manquassent de mouvement ou de réalité? Qui donc a jamais douté de les avoir vus?

Remarque-t-on qu'il y a de la matière dans les chefs-d'œuvre de la sculpture? Y desire-t-on l'addition de la couleur? Regrette-t-on que les belles scènes de la peinture ne se présentent à nous, que d'un côté, que ses figures soient immobiles? Quoi donc? Est-ce qu'ils ne volent pas, en fondant sur leur victime, ces deux ministres de la vengeance céleste, dans le tableau d'Héliodore? Est-ce qu'on ne tourne pas autour de l'Antiope du Corrége et de la Vénus du Titien? Manque-t-il des cris aux tourments de Laocoon, ou l'accent de la plainte aux angoisses de Niobé? Qui est-ce qui a jamais entendu du bruit dans le chœur des songes d'Atys, on n'a vu que du mouvement dans les pantomimes de Noverre?

Eh bien! à quoi chacun de ces arts doit-il ses prestiges? Il les doit précisément à ce qui lui manque pour nous tromper. Il les doit à l'effort même qu'il fait pour suppléer à ce que sa nature lui refuse. Comment donc lui reprocheroit-on des privations auxquelles il doit ses richesses, et une impuissance qui devient la cause de son pouvoir?

Heureuse impuissance! on lui est redevable des prodiges de l'art.

L'artiste obligé de surveiller sans cesse le côté foible de son art, qui, comme le point attaquable d'une place, exige qu'on y porte le plus de soin, use de tous ses moyens pour attirer notre attention du côté où il est le plus fort, et cette diversion, il l'opère par la vertu d'une perfection qui ne peut appartenir qu'à l'art. Nous verrons en effet qu'il n'y a point d'art, pour inférieur qu'il soit à son modéle, sur beaucoup de points, auquel il ne soit donné de le défier et même de le surpasser sur un seul. C'est que chacun, par cela même qu'il est imitation, est libre de subordonner son œuvre à des combinaisons qui n'ont pas pu influer sur les opérations de la nature. C'est que l'art dans sa création bornée, en soumet l'intérêt à un seul point de vue, quand la nature dans l'immensité des objets qu'elle embrasse, néglige des recherches de détail inutiles à son but. Mais ceci trouvera son développement ailleurs. (Voyez part. II, paragr. VII.)

J'en aurai dit toutefois assez, pour faire comprendre d'avance, comment les plus heureux résultats de l'imitation, dépendent de la fidélité à son principe élémentaire, comment l'art devra la seule supériorité que ses images peuvent avoir sur la réalité, à cela même qu'elles restent dans les termes de leur nature; comment l'artiste doit à ce qu'il y a de *fictif* et d'*incomplet* dans son imitation, précisément ce qui en fait la vertu; comment enfin il s'élève au-dessus de son modéle, par la cause même qui devoit le faire rester au-dessous.

Mais cela nous explique aussi comment et pourquoi les ouvrages foibles, où manque la perfection de l'art, sont, ou du moins paroissent d'un effet si inférieur à ceux de la nature, ont si peu d'action sur notre ame et sur nos sens, ce qui a fait dire avec raison, qu'*il n'est point de degré du médiocre au pire.*

Que reste-t-il à cette statue dont le génie, le sentiment, la science, n'ont ni créé le caractère, ni ennobli l'expression, ni perfectionné les formes, sinon la froideur de son marbre ou la roideur de la matière? Que reste-t-il à ces compositions peintes, de figures sans motif, sans vérité d'action, sinon le contre-sens de leur immobilité. Rien de plus plat pour les yeux qu'une peinture dont les lignes ne tournent point; rien de plus muet qu'une pantomime dont les mouvements n'expriment aucunes passions; rien de plus vain que des sons concertés pour ne produire que du bruit; rien de plus prosaïque que des vers qui n'ont pour eux que la mesure et la rime.

Il n'appartient qu'à la perfection imitative, à celle

que chaque art trouve dans ses propres moyens, de rétablir l'équilibre entre l'objet imité et l'objet imitant, entre l'original et l'image. Tout autre expédient tiré de ressources empruntées ou dérobées, non seulement aggrave le défaut qu'il déguise, mais prive l'art de la seule compensation qui peut le faire lutter avec succès contre la nature.

Imiter la nature ce n'est pas la contrefaire. On ne sauroit donner d'autres noms que ceux de *contrefaçon*, de *singerie* ou de *parodie*, à cette vaine prétention de similitude identique, qui se ment et s'échappe à elle-même. La réalité, la vie, le mouvement sont les prérogatives de la nature; c'est par là qu'elle plaît. Le privilège de l'art est de n'avoir besoin pour plaire ni de vie, ni de réalité, et de plaire comme la nature, nonobstant tout ce qui lui manque pour être la nature. Son privilège est non de donner, mais de suppléer la réalité.

PARAGRAPHE XIV.

De l'illusion dans les œuvres de l'imitation.

Tout ce qui vient d'être établi sur la nature de l'imitation dans les beaux-arts, sur ce qu'elle est, sur ce qu'elle n'est pas, sur ce qu'on veut la forcer, sur ce qu'elle doit se refuser d'être, s'applique si naturellement à l'illusion, qu'on auroit pu se dispenser d'en soumettre la notion à une discussion particulière. Peut-être même seroit-il difficile de ne pas y reproduire quelques unes des considérations précédentes.

Cependant le mot *illusion* existe, il n'est pas synonyme d'*imitation*, il exprime certainement une variété d'idée en cette matière. On l'entend de plus d'une façon. On fait souvent de cette qualité le but unique de l'imitation, et des ouvrages de l'art. Or, c'est cette prétention qu'il importe de réduire à sa juste valeur. Car en supposant qu'elle fût fondée, encore faudroit-il convenir et du degré de l'illusion, et du moyen de la produire. Nul doute, d'après ce qui a déja été développé, qu'il ne puisse y avoir une illusion vicieuse, produit de l'ignorance et du mensonge. Le mot même, qui, exprime cet effet ou cette vertu de l'imitation, doit faire aisément prendre le change sur sa signification : et cependant il se pourroit qu'il renfermât la meilleure explication de l'idée qu'il faut y attacher.

Le mot *illusion* emporte effectivement avec soi l'idée, que les ressemblances dues à l'imitation nous trompent. D'où il sembleroit résulter que puisque nous aimons l'illusion, nous nous plaisons donc à être trompés. Cependant la théorie élémentaire de l'imitation a mis hors de doute, que si l'objet à imiter et son image viennent à se confondre, cette confusion, par cela qu'elle nous dérobe la conscience de l'imitation, en annule pour nous l'effet et le plaisir. D'où il semble aussi résulter, que ne voulant point être trompés, nous ne devons pas vouloir de l'illusion.

La tromperie seroit ainsi, d'une part, le chef-d'œuvre de l'imitation, et de l'autre, elle en seroit le dissolvant. Comment concilier ces contradictions ? Comment résoudre cette sorte de problème ? Je l'ai déja fait entendre. C'est le mot lui-même qui nous en donne la solution, par l'idée seule de tromperie qui s'y attache. S'il y a deux genres de tromperie, il y aura aussi deux sortes d'illusion, et de-là l'équivoque.

On sait en effet quel est le double sens que la jurisprudence elle-même nous fait reconnoître dans le mot *tromper*, pris diversement, selon que l'homme trompé est censé devoir s'en prendre à lui-même, de la méprise qu'il auroit pu éviter, ou bien à une force directe et étrangère à lui. Le premier cas est celui de l'homme imprévoyant et mal habile qui à la guerre, en politique, en affaires, tombe dans certains piéges qui ne sont que des ruses légitimes, d'innocentes finesses, et non des violations de droit, des machinations perfides.

L'exemple du jeu expliquera plus clairement ce sujet.

Personne n'ignore qu'il y a en ce genre des manières de tromper légitimes ; c'est ce qu'on appelle les finesses du jeu. Il y a aussi des moyens de tromper illicites ; ce sont les supercheries du joueur. Dans Le premier cas, ou la tromperie a lieu selon les régles du jeu, autrement, dans ce cercle de conditions données où l'on est convenu de se pouvoir tromper réciproquement, l'erreur qui pouvoit être évitée, est réputée la faute de celui qui se laisse tromper. C'est de la nature du jeu. Dans le second cas, celui de la supercherie, l'erreur a été inévitable, puisqu'elle est du fait de la fraude, qui sort de la nature du jeu, et en est le néant.

J'applique ceci à l'illusion, en tant qu'on la considérera comme jeu de l'imitation, et l'on va voir qu'il peut y avoir erreur d'une part, sans qu'il y ait dol ou tromperie de l'autre.

En effet, chaque art, ou chaque mode d'imitation joue, s'il est permis de dire, avec nous, une sorte de jeu, qui a ses règles et ses conditions, conditions auxquelles nous devons, si nous voulons qu'il les observe, être soumis nous-mêmes. Pour que le jeu puisse se jouer, il faut bien que l'ame s'y prête, et nous verrons que ce qu'on appelle *conventions* dans chaque art, n'est autre chose que la part de concessions auxquelles nous nous obligeons, et en vertu desquelles, si l'art n'a le droit de chercher à nous tromper que d'une certaine façon, que d'un certain côté, que par tels moyens convenus, nous aussi nous n'exigerons pas d'autres effets que ceux qui dépendent de ces moyens, nous ne regarderons pas du côté défendu, et pour parler vulgairement, nous ne verrons pas le dessous des cartes.

Dès que cette espèce de jeu de tromperies par ressemblance (c'est-à-dire l'illusion) doit, pour avoir lieu, reposer sur certains artifices d'une part, et sur certaines concessions ou complaisances de l'autre, il est sensible qu'il pourra y avoir deux sortes d'illusion, l'une qui trompera en se conformant aux règles, l'autre qui les violera dans l'espoir de mieux tromper. Mais évidemment la première est la seule qui procure à l'esprit le véritable plaisir en ce genre, le plaisir du jeu.

En effet, les moyens de tromper qui caractérisent l'illusion légitime, sont tels, que nous sommes prévenus d'être en garde contre eux, et de nous défendre de la surprise. Nous sommes à moitié dans le secret. Si l'ame se laisse prendre elle se complaît dans sa méprise, parceque avertie du piége, il y avoit moyen pour elle de n'y pas tomber.

Mais l'artifice de tromperie, qui est celui de l'illusion illégitime, manque toujours son but, sous le rapport de plaisir imitatif. Je veux dire que cette illusion-là plaît d'autant moins qu'elle trompe plus. Si la supercherie est maladroite, loin de séduire elle révolte; elle repousse au lieu d'attirer. Si la fraude est complétement cachée, si par des ruses étrangères au jeu, la déception a été entière, l'ame qui ne s'est aperçue de rien, n'a pu avoir le moindre soupçon de son erreur ni des moyens qui l'ont opérée. L'illusion est comme non avenue pour qui ne s'est pas douté de l'artifice.

Il importe donc au succès de l'illusion que son effet ne soit pas immanquable, et ne puisse pas être complet. C'est pourquoi l'intérêt de chaque art, est de ne l'opérer qu'avec ses seuls moyens, moyens toujours insuffisans, pour substituer l'idée de réalité à celle d'image. Ce qui veut dire que chaque art est tenu de chercher à nous tromper, nonobstant tout ce qui semble devoir nous empêcher d'être trompés. A la condition de la difficulté est attaché le plaisir que nous trouvons à la voir vaincue. Telle est la cause de celui que donne l'illusion.

Mais telle n'est pas celle du plaisir que la plupart des hommes demandent aux beaux-arts, et attendent de l'imitation. Il ne faut pas s'en étonner. Tout le monde n'est pas habile à en jouir. Généralement, on doit dire que plus on a d'imagination, plus on a la capacité nécessaire pour remplir ce que nous avons vu devoir être l'espèce de *déficit* de chaque mode imitatif; et plus aussi on sait alors se contenter de l'illusion départie à chaque art. C'est qu'effectivement le plaisir de l'illusion résulte, plus qu'on ne pense, d'une sorte de travail par lequel l'esprit rachève en lui-même l'ouvrage de l'art.

Au contraire, n'apportant dans les jouissances qui demandent cette coopération que le sens externe, et encore un sens peu exercé, le plus grand nombre veut être non touché, mais heurté par les effets de l'art. Il faut à des organes grossiers une réalité en quelque sorte palpable, et plus l'imitation en approchera, plus elle aura de prise sur la multitude.

Quelques uns s'imaginent qu'on ajoute beaucoup à l'effet des représentations dramatiques en dispensant tout-à-fait l'esprit de suppléer à ce qui peut manquer, pour opérer en lui une sorte de croyance à la réalité. On croit beaucoup faire en portant, jusqu'au scrupule, l'observance du costume dans les moindres détails des habillements, des meubles, des lieux. On attache principalement, comme à la chose par-dessus tout importante, le plus grand soin au jeu mécanique des décorations. Il est pourtant fort à croire qu'il n'existoit pas à beaucoup près autant de susceptibilité sur ces objets dans la scène des anciens. Metastasio (1) me paroît avoir fort bien dé- montré que c'étoit chez eux, au spectateur à prendre, plus qu'on ne croit, la peine de se figurer les chan- gements de scènes qui, dans le cours de la pièce, étoient indiqués à l'esprit plus qu'aux yeux. Ce qui signifie qu'il y avoit beaucoup moins d'illusion par réalité, et beaucoup plus par imagination.

Effectivement plus on donne à travailler aux sens, moins il y a de travail pour l'esprit.

Ce que Metastasio a remarqué sur le matériel de la partie scénique du théâtre des anciens, on peut le dire également de la composition et de la récita- tion de leurs drames. Ni le poëte ne croyoit devoir au spectateur, ni le spectateur n'exigeoit du poëte que la représentation répéta comme un miroir fi- dèle, tout ce qui auroit pu faire croire à la présence de la réalité. Trop souvent dans le cours même de la pièce, le poëte se montre lui-même; trop souvent l'acteur aussi sort de son rôle, en s'adressant à l'audi- toire, pour qu'il soit permis de croire que, selon l'es- prit de l'art, on ait jadis entendu l'imitation drama- tique autrement que celle d'un tableau, dans lequel la peinture ne prétend pas aller jusqu'à tromper les

_____

(1) *Estratto dell'Arte poetica*, chap. v, pag. 147.

sens, puisque si cet effet d'illusion avoit lieu celui de l'art disparoîtroit.

Quand on examine sous ce point de vue le système du théâtre des anciens, on est convaincu que l'imitation y fut peut-être plus distincte de l'identité, que dans tout autre genre. De la seule méthode d'une récitation toujours mesurée, toujours accompagnée d'instruments, il faut conclure qu'on ne pouvoit pas, aussi facilement qu'avec la déclamation libre, se prêter à cette déception, dont l'effet seroit de supposer que ce que l'acteur dit ou fait, soit improvisé ou spontané. Là, plus évidemment que dans tout autre art, la chose imitée ne se montroit que dans et par une autre chose qui en étoit l'image. Là, plus qu'ailleurs, on ne voyoit la nature qu'à travers l'apparence et sous les formes de la fiction. C'est-à-dire que l'illusion y étoit ce qu'elle doit toujours être, un effet que l'art produit sur l'imagination ou le sens interne, en le forçant de se représenter la vérité des objets, nonobstant tous les ressorts fictifs et accompagnements étrangers qui pourroient l'en détourner.

Mais un tel effet ne devoit résulter que de la puissance véritablement morale de l'art, qui consistoit en cela, que le poëte donnoit à chaque situation des personnages sa vérité locale, à chaque passion son langage propre, à chaque état, à chaque âge, ses habitudes, ses mœurs, ses discours, et qu'enfin le débit et l'action se conformoient à toutes ces nuances. Or, cette illusion, malgré ce qui paroîtroit avoir dû la contrarier, pouvoît être d'autant plus vive, que le sens extérieur y avoit moins de part, que l'art avoit eu plus de difficulté, et par conséquent l'esprit plus de mérite à franchir la distance, qui séparoit l'objet à imiter du moyen d'imitation : car, comme nous le montrerons bientôt (voyez le paragraphe suivant), de cela, beaucoup plus qu'on ne pense, dépendent la valeur et l'effet de l'imitation.

Ce qu'on vient de dire du théâtre reconnu pour être le pays privilégié de toutes les illusions, combien n'est-on pas autorisé à le dire des autres arts !

S'il est vrai que chacun ne peut, au lieu de l'objet réel, en donner que l'image, s'il est tenu de produire cette image dans une *matière* distincte de l'objet, nous sommes tenus aussi réciproquement de n'apporter au jugement, ou ce qui est la même chose, à la jouissance de l'imitation, que la prétention de voir une image produite par une *matière* étrangère à son modèle. Voilà le principe du jeu de l'illusion. Voilà quelles doivent en être de chaque côté les conditions.

Nous avons déja vu (au paragraphe précédent) que, du côté de l'art, une de ses principales obligations étoit de racheter le défaut de sa matière, et de compenser l'incomplet de la ressemblance, par la perfection imitative propre de ses moyens ; que cette perfection, lorsqu'elle existe dans l'image, exerce sur nous un charme qui captive l'esprit, au point de l'empêcher de remarquer ce qui manque à la ressemblance pour être complète.

Mais lorsque, de notre côté, nous exigeons de chaque art qu'il reste ainsi lui-même, et en lui-même, nous nous prêtons aussi volontiers à lui faciliter les moyens d'une action plus libre, sous les liens qui le contraignent. De là ce qu'on appelle les conventions de chacun. Ce sont des concessions que nous lui faisons, et elles tendent sinon à élargir, du moins à rendre plus flexible le cercle de la chaîne où il est resserré.

Je ne ferai que citer ici quelques unes de ces conventions, et uniquement pour en fixer l'idée. (Ce sujet sera traité plus au long dans la troisième partie. Voyez paragraphe III.) De ce nombre sont au théâtre les prologues, les scènes d'introduction, les confidents, les *à-parte*, les monologues, etc.; tels sont en peinture les droits qu'a l'artiste de substituer la partie au tout, de changer l'ordre naturel des faits, de transposer les idées, et de métamorphoser les personnes.

Il est encore d'autres concessions de détail faites à l'imitation. On les appelle des *licences;* et le mot indique assez qu'elles sont autant de permissions données à un art de sortir accidentellement des entraves de sa règle, non pour la violer, mais pour en mieux suivre l'esprit, de simples exceptions dont l'objet est de l'aider à remplir les conditions auxquelles il est soumis.

Mais ces facilités rendront aussi plus rigoureuse l'obligation qui lui est imposée de vaincre, sans l'éluder, l'obstacle à l'illusion qu'il doit produire. Car non seulement il faut que l'obstacle existe, il faut encore, lorsque le génie a su le rendre inaperçu au sentiment, qu'il soit évident à la raison, et réel pour les sens. Il faut que j'en aie la certitude et que je puisse l'apercevoir. C'est, si l'on peut dire, un des enjeux de la gageure, et la cause du plaisir que j'aurai à la perdre.

Si, se dépouillant en quelque sorte de sa personne pour en revêtir une autre, l'acteur m'a fait croire un instant que j'ai vu un individu différent de lui, je jouis de ma méprise; mais c'est parceque je sais qu'il n'est pas celui que je crois voir, et parceque je connois la difficulté attachée à ce semblant de transformation. Trop de réalité dans la ressemblance, avec le secours d'un masque, par exemple, affaibliroit le genre d'illusion dont je parle, et en diminueroit le plaisir.

Si cette statue, quoique de pierre ou de bronze, matière brute et immobile, m'a fait presque croire à la réalité du mouvement, à la mollesse de la chair, mon esprit persistera d'autant plus volontiers dans cette erreur, que mon œil la lui dénonce. L'illusion de la vie et de l'action a fait d'autant mieux son effet, que je connois plus la dureté, l'immobilité de la matière. Il faut donc que je sache que ce que je vois est de la matière inerte.

Quand le peintre dans un étroit espace renferme une vaste étendue, quand il me fait parcourir les profondeurs de l'infini, sur une surface plate, et fait circuler l'air et la lumière autour d'apparences sans relief, j'aime à m'abandonner à ses illusions. Mais je veux que le cadre y soit; je veux savoir que ce que je vois n'est dans le fait qu'une toile, ou un fonds tout uni.

Lorsque le chanteur au théâtre se charge de remplacer par des sons mesurés les sons libres de la déclamation, qu'il se garde de rompre les liens qui assujettissent son débit à la contrainte sensible du rhythme et de la modulation ; car c'est à l'obstacle même de ses liens et à leur gêne évidente, qu'est dû le plaisir de l'illusion, c'est-à-dire celui qu'on éprouve à retrouver l'accent vrai de la nature, dans un langage si distant du langage naturel.

Que la musique de même ne me dérobe aucun de ces moyens qui sont les agents visibles et matériels de son exécution. Qu'elle ne me cache ni ses instruments ni son orchestre. Je veux que tout cela soit sous mes yeux, pour avoir le plaisir de le perdre de vue. Qu'on me laisse tout cet attirail désenchanteur, qui m'avertit de la fiction et de son artifice. L'art sera de me faire oublier l'artifice. Peu m'importe le lieu et son espace étroit. Plus ma vue sera bornée de toutes parts, mieux mon esprit s'élancera dans les régions idéales que les magiques accords savent lui ouvrir.

Et je dirai la même chose au poëte. Oui j'ai besoin d'apercevoir aussi et les liens qui le captivent, et les entraves des régles qui le gênent, et les sujétions de toutes ces *unités,* qui lui rendent l'illusion difficile. Je veux qu'au théâtre, par les seules ressources d'une imitation limitée dans la durée, dans l'espace, dans l'action, triomphant et de ces obstacles, et de la connoissance que j'en ai, il me force de voir ce qui n'est pas, et de croire le contraire de ce que je sais.

Quel intérêt, d'ailleurs, a-t-il d'invoquer, pour me séduire, les ressources d'une réalité maladroitement auxiliaire, cet art qui a le secret des véritables en-chantements, de ceux que produisent l'exaltation des sentiments, la puissance de l'admiration, les ressorts de la sensibilité, les accents de la langue des passions? Voilà les moyens d'illusion du poëte. Il est vrai que cette illusion-là le génie seul sait la pro-duire, et que les sens seuls ne suffisent pas pour la recevoir. Il faut que les yeux de l'ame y coopèrent. Aussi est-ce à ceux-là que le poëte dramatique doit sur-tout s'adresser, et l'illusion qu'il obtiendra par cette voie, sera plus efficace que celle des costumes et des décorations.

Non que je voulusse priver les représentations

scéniques de tous les accessoires qui favorisent l'accord du sens extérieur avec le sens interne. J'approuve, sans aucun doute, le concours des moyens
et des effets décoratifs. Mais, je l'avoue, je préfère-
rois les pièces dont le succès tiendroit le moins à ces
ressources. J'aime que l'illusion résulte de l'expression vraie des sentiments et des mœurs, plutôt que
de la fidélité aux costumes. Je prise avant tout, sur
la scène, cette peinture des caractères et des passions
qui n'a besoin ni d'optique ni de perspective. Et si
au théâtre le propre de l'illusion est de nous enlever
à nous-mêmes, j'aime mieux être ravi par la vertu
du poëte que par l'artifice du machiniste.

On voit, comme je l'ai dit dès le commencement,
que la théorie de l'illusion s'applique en grande partie les observations qui forment la doctrine de l'imitation. L'illusion n'en diffère effectivement, que
comme en étant l'effet, et suivant plusieurs, le but.
Mais sur ce dernier point il faut une explication.

Elle ne sera ni longue ni difficile, maintenant
qu'on s'est entendu sur la nature de l'imitation, et
sur les éléments qui la constituent.

Ainsi on devra dire, Non, l'illusion n'est pas le
but de l'imitation, si par illusion on veut entendre
la tromperie qu'un art opère au moyen d'emprunts
abusifs faits à d'autres arts, ou par la confusion avec
les éléments de la réalité, de quelque manière qu'ils se
mêlent à ceux de l'imitation. Non, l'illusion n'est pas

le but de l'imitation, s'il s'agit de celle qui ambitionne de capter les sens, de surprendre l'organe extérieur, de substituer l'idée de la réalité à la fiction de son image, et la similitude identique à la ressemblance imitative.

Mais si le but de l'imitation est (comme on le développera dans la partie suivante) de présenter aux sens et à l'ame, par l'entremise de chacun des beaux-arts, des images qui, dans chacune des diverses régions imitatives, doivent nous donner l'ensemble d'une perfection et d'une beauté idéale, dont les modèles particuliers n'offrent point l'égal, il est certain que de telles images exerceront sur notre ame, une action assez puissante, pour y opérer le prestige moral de l'illusion. Voilà le sens dans lequel on peut la considérer comme faisant partie des effets de l'imitation, et coopérant à ce qui nous paroîtra en être le but définitif.

Toutefois il résultera de là plus clairement encore, que l'illusion légitime se produit par des voies, et vise à une fin tout-à-fait opposée à la fin et aux routes que se proposent et suivent l'ignorance des uns en cette matière, et l'inadvertance des autres.

L'erreur ordinaire est de croire que l'illusion, dans les ouvrages des beaux-arts, est due uniquement à nos sens, que son action ne dépend que de ce qu'il y a de matériel ou de mécanique dans cette portion de ressemblance dévolue à chaque art, et correspondante à l'un ou à l'autre de nos organes. C'est par suite de cette opinion commune au plus grand nombre, qu'on tend à forcer ou à fausser le moyen de ressemblance, dans l'intention de s'approcher au plus près de la réalité ou de l'identité.

Au contraire, le propre de l'illusion, dans les beaux-arts, n'est pas de nous la faire voir cette réalité, mais de nous faire imaginer que nous la voyons; n'est pas de nous montrer ce qui est, mais de nous porter à en supposer l'existence, et de nous faire entendre ce que l'on ne nous dit pas. Toutefois on espèrera vainement cet effet, si l'on n'a point de quoi y correspondre, c'est-à-dire la faculté de sentir et celle d'imaginer.

Oui, il faut le dire, nous concourons, bien plus qu'on ne pense, à l'effet d'une action qui reste nulle, si elle n'est pas réciproque; et c'est à nous d'aider le pouvoir de l'illusion sur nous. Car, lorsque l'art a produit dans ses ressemblances la perfection qui doit suppléer à leur insuffisance, c'est encore à nous, c'est-à-dire à notre imagination, à notre sensibilité, qu'il appartient de réaliser l'image et d'en rachever les traits. Le génie donne la substance, reste au sentiment à l'élaborer et à la transformer. Voilà le dernier secret de cette théorie. C'est par et pour le sens intérieur qu'il faut chercher et produire l'illusion. La véritable ne s'opère ni par le moyen mécanique, qui n'est qu'instrument secondaire, ni pour l'organe physique qui se borne à être l'agent intermédiaire de son effet. C'est dire assez qu'on se trompe dans chaque art, lorsqu'on croit obtenir cet effet par les seuls moyens qui sont en rapport avec les sens.

Croit-on, par exemple, que ce soit par le moyen de l'onomatopée, par les effets accidentels de l'harmonie imitative dans quelques vers, par les détails minutieux du genre descriptif, que la poésie est réputée être le monde des illusions? Est-ce à quelques consonnances flatteuses pour l'oreille, à quelques rencontres de mots pittoresques, qu'elle doit ses prestiges? Ou n'est-ce pas plutôt au pouvoir moral qu'elle a de s'emparer de notre ame, d'y produire à son gré l'image immatérielle de tous les êtres, d'y faire naître l'idée de toutes les beautés physiques ou intellectuelles, d'y exciter ces mouvements passionnés, qui nous transportent en présence de tous les objets, qu'elle sait nous faire voir, sans le secours d'aucune réalité?

Ne seroit-ce pas en effet parcequ'elle manque de toute réalité, de toute apparence dans ses images, qu'elle produit le plus d'illusions?

Croit-on que la valeur et le charme de l'illusion en musique, soient dus à ce que cet art imite la parole par des sons, et le bruit par des effets bruyants? Ne sont-ils pas dus au contraire à ce que, par le secours de sons si étrangers souvent à la nature de ce qu'elle exprime, si distants de l'objet qu'elle représente, elle en produit pourtant en nous les plus

vives images, à ce que sans matière elle nous fait
créer des corps, et sans paroles entendre des discours, à ce que les paroles mêmes ne sont pour elle
que le motif ou l'occasion, et non le sujet de ses
conceptions? Et de là (pour le dire en passant) la
diversité des opinions sur l'alliance de la musique et
du chant, avec les poëmes et les paroles, selon le
plus ou le moins de faculté imaginative qu'on porte
dans la jouissance de cet art. Ici on tient à ce que le
musicien ne soit, si l'on peut dire, que le traducteur
des paroles : là on veut que les paroles ne soient que
l'interprète de la musique. C'est qu'ici on a moins,
et là on a plus d'imagination. Ici on demande davantage l'illusion à la réalité ; là on trouve davantage
la réalité dans l'illusion.

Il ne faut pas aller toutefois jusqu'à contester à l'art,
quel qu'il soit, la partie d'illusion qui résulte naturellement pour lui de l'accord de sa matière ou de son
mécanisme imitatif, avec la partie de la nature qui
est son modèle. Sans doute il doit s'en prévaloir, ne
seroit-ce qu'à l'égard de ceux sur lesquels l'impression des sens est ou la seule ou la plus forte. Qui
pourroit nier que la rondeur effective ou la réalité
du relief dans l'art du statuaire, ne soit un des éléments du plaisir de l'illusion que cet art peut produire, que la couleur des corps, la dégradation des
teintes, et le fuyant des deux perspectives, ne donnent
à la peinture de puissants moyens de séduction sur

les yeux? Mais on conviendra aussi que l'harmonie des compositions, les hautes pensées, l'expression des affections de l'ame, la beauté des formes et le caractère idéal, et bien d'autres qualités qui vont droit à l'ame, disputent à l'impression du sens extérieur l'effet exclusif de l'illusion. Que sera-ce encore si, dans la part qu'ils ont à ce plaisir, les sens jouissent moins de ce que l'imitation de l'art offre comme réel, que de ce qui lui manque en réalité, et de ce que le génie est tenu de faire pour y suppléer?

Après avoir désabusé l'instinct vulgaire de sa prétention à placer le mérite de l'illusion dans le complément de l'imitation identique, nous sommes conduits à un corollaire qui, sans ce qui précède, auroit pu sembler un paradoxe. C'est que chaque art doit son illusion, c'est-à-dire l'effet et la vertu entière des ressemblances que donne l'imitation, précisément à ce qui empêche ces ressemblances d'être absolues et complètes.

C'est que chaque art doit son illusion, moins à cette portion de réalité, qui entre dans la nature et tient aux instruments matériels de son imitation, qu'à ce qu'il met à la place de l'entière réalité qu'il lui est refusé de produire.

C'est que chaque art doit son illusion, beaucoup moins à son action sur les sens, qu'à celle qu'il exerce sur l'esprit.

C'est que plus il y aura pour les sens dans l'action

ou dans l'ouvrage de l'art, plus l'illusion y sera bornée.

De sorte que le mérite et le plaisir, soit de l'imitation, soit de l'illusion qui l'accompagne, sont en raison directe de l'éloignement ou de la distance qui existe entre la réalité du modèle effectif, et les moyens imitatifs que l'art peut employer à produire son image.

Mais ceci a besoin d'un développement nouveau, pour fixer avec encore plus de précision et la valeur des termes, et le sens auquel doit être restreinte la notion abstraite qui vient d'être énoncée. (Voyez le paragraphe suivant.)

PARAGRAPHE XV.

Que le plaisir de l'imitation peut se mesurer sur la distance qui, dans chaque art ou mode imitatif, et dans l'ouvrage de chacun, sépare les éléments du modèle des éléments de l'image.

On a dit que plus il y a pour le plaisir des sens, dans un art ou dans son ouvrage, moins il doit y avoir pour le plaisir de l'ame; et le paragraphe précédent nous a fait voir, que l'effet de l'illusion dé-

pendant sur-tout de la puissance morale de l'imitation, et de notre propre coopération, l'ame est réduite à d'autant moins d'activité, que l'imitation
participe plus de l'identité, et que l'image se borne
plus à la répétition de la réalité.

Le paragraphe suivant appuiera cette doctrine par
un fait assez peu aperçu jusqu'ici, je veux dire par
l'échelle comparative des rangs que l'opinion générale assigne aux différents arts, en raison des jouissances qu'ils procurent. Mais la chose se prouve d'elle-
même encore, par la simple analyse de la manière
dont l'ame jouit des œuvres de l'imitation.

Deux sortes d'opérations font nécessairement partie de l'espèce de travail sans lequel, restant inerte,
elle n'éprouve aucun plaisir : car pour elle agir, en
fait d'imitation, c'est jouir.

La première de ces opérations, dont on a déjà parlé
(au paragraphe I), est celle par laquelle l'ame juge
des ressemblances que les arts lui présentent. Toute
ressemblance de ce genre, emporte avec soi l'idée de
modèle et celle d'image. Le jugement que l'ame porte
entre ces deux choses, résulte du rapprochement
qu'elle fait de l'une et de l'autre, et par conséquent
de l'action de comparer. Puisque l'ame trouve du
plaisir à l'imitation, c'est une preuve qu'elle se plaît
à faire des comparaisons.

Nous avons déjà vu que l'ame ne se plaisoit point
à l'imitation prétendue, qui, n'étant qu'une répétition

de la chose imitable, redevient en quelque sorte la chose elle-même; et il nous a paru que la vraie raison de ce manque de plaisir, étoit dans l'état d'inaction où la laisse tout ouvrage réputé imitatif, qui ne donne aucun exercice à la faculté de comparer.

Par suite de cette observation, ou si l'on veut de ce fait incontestable, il sera vrai que tout ouvrage d'art, sans tomber dans l'identité matérielle, mais seulement conçu dans son esprit, et exécuté de manière à ne reproduire cue l'idée de la réalité positive d'un modèle individuel, présentant à l'ame peu de rapports à combiner, peu de distances à rapprocher, exercera peu la faculté qu'elle a de comparer, et lui procurera la plus petite somme de plaisir.

Dès-lors que le grand nombre de rapports à combiner, de rapprochements à opérer, est ce qui donne le plus d'activité à la faculté de l'ame qui jouit des ressemblances, par les comparaisons qu'elle fait, il sera certain que la plus grande somme de plaisir résultera, pour elle, de l'ouvrage ou du genre d'imitation, qui offrira à l'art et à l'ame le plus de parallèles à faire et sur les points les plus éloignés.

Ce plaisir, ou si l'on veut ce travail de comparaisons, provient dans la jouissance que chaque art procure à l'ame, non seulement de la distance qui sépare les éléments du modèle, des éléments de l'image, mais aussi de la multiplicité de leurs rappro chements. Or, il est certain que, selon que dans chaque mode imitatif, soit la matière de l'image, soit le moyen technique de l'imitation, participent plus ou moins de la nature du modèle, il y aura une moindre ou une plus grande somme de diversités à saisir, de sujets de comparaison ou de travail, et par conséquent de plaisirs pour l'ame.

La seconde opération qui entre dans son travail, comme principe du plaisir qu'elle reçoit de l'imitation, est celle dont le paragraphe précédent sur l'illusion, nous a déja révélé le secret. Je veux parler de cette action toute particulière de l'imagination, lorsque exaltée par la perfection et la beauté de l'image tout incomplète que puisse être sa ressemblance, (ainsi qu'on l'a vu plus haut), l'ame se trouve comme forcée d'en rachever l'effet, soit en suppléant à ce que l'imitation y a dû omettre, soit en secondant par une admiration sympathique la vertu fictive de l'art, de manière que nous nous prêtons nous-mêmes à donner tantôt de la pensée aux corps, tantôt un corps et de la couleur à ce qui n'existe qu'en idée.

C'est à cette coopération, ou à ses effets, que s'appliquent toutes les locutions métaphoriques qui expriment l'action par laquelle nous nous disons ravis hors de nous, transportés en présence d'objets sans existence, par laquelle nous assistons aux scènes que nous ne voyons pas, nous tournons autour de ce qui n'est qu'en surface, nous voyons marcher ce qui est immobile, nous franchissons enfin de toute part les limites où chaque art a renfermé son image.

Ces deux opérations qui procurent à l'ame le plaisir véritable de l'imitation, et en expliquent aussi la cause, consistent donc, de notre part, l'une à rapprocher l'image du modèle, l'autre à compléter ou à rendre insensible ce qui manque à l'intégrité de la ressemblance. Dès-lors on voit comment la mesure du mérite de chaque mode imitatif, et du plaisir propre de chaque art, peut se régler sur la distance ou la différence qui séparent ses éléments imitatifs, des éléments de la portion de nature qui est son modèle.

Ceci nous ramène toujours au principe élémentaire qui constitue l'essence de l'imitation, selon la définition que nous en avons donnée. Là où se trouve l'identité ou son esprit, là où le modèle et l'image sont de nature à se confondre soit positivement, soit par l'effet d'un goût qui recherche avec excès l'apparence de la réalité, là cesse d'avoir lieu, ou n'a lieu que foiblement la double action de rapprocher pour comparer, et de suppléer pour rachever.

La recherche de la nature abstraite de l'imitation, autrement dit du principe générateur de ses effets, devoit nous porter à en vérifier les conséquences, pour nous assurer de sa certitude, c'est-à-dire, pour voir si la cause et les effets se correspondent. Or, l'effet définitif de l'imitation, devant être le plaisir, nous avons été conduits à reconnoître que le moyen actif qui le procure, est la comparaison ; mais la comparaison nécessitant le rapprochement, l'idée de rapprochement force d'admettre celle de distance entre le modèle et la manière d'imiter qui en produit l'image, entre les éléments de l'objet imitable et les éléments de l'objet qui imite.

Ce qu'il peut y avoir de vague dans cette notion, va tout de suite acquérir plus de précision, par la notion contraire, rendue sensible dans des exemples qui feront voir certains cas, où la distance imitative disparoît et devient nulle, sans cependant que l'artiste ait manqué aux lois de l'imitation.

Supposons donc que le sculpteur, qui a droit d'employer à la représentation des corps toutes sortes de matières, imite en bois un tronc d'arbre, en pierre un rocher, en bronze un instrument métallique, on conçoit qu'il n'y aura là par le fait et pour l'œil, aucune distance entre la chose à imiter et la chose qui imite. On trouvera encore une extrême proximité entre l'original et l'image, dans certains ouvrages de peinture en tapisserie, où cet art rendant avec la matière même des étoffes de laine ou de soie colorée, les habillements de soie ou de laine des personnages, ne laisse, pour ainsi dire, aucune distance entre cette partie de l'objet qu'il imite et son imitation. On a déjà fait connoître (au paragraphe x) des cas assez nombreux, où sur la scène le poëte, le compositeur de musique ou de ballet, prennent pour sujet de leur imitation, leur imitation elle-même, en nous représentant la représentation même d'une pièce, la composition supposée du drame, la répétition simulée des symphonies, des airs de chant, des pas de la danse.

Je cite ces exemples comme à la portée de tout le monde, et sur-tout du sens extérieur, uniquement pour faire comprendre l'idée que j'attache, dans un cercle de théorie plus abstraite, à l'espèce de distance imitative qui existe entre tous les genres de modèles et tous les genres d'images, et pour faire sentir comment le plaisir doit avoir des mesures différentes, selon les distances qui existent entre les éléments de l'image et ceux du modèle, et selon le nombre ou la différence des rapprochements que l'ame doit faire.

Mais ce qui se dit et se fait entendre clairement, lorsqu'il s'agit de distance, de comparaison, de rapprochement, entre l'objet à imiter et l'objet imitant, dans la région positive et matérielle des procédés imitatifs de chaque art, pourquoi ne le diroit-on pas et ne le comprendroit-on pas avec une égale clarté, de chacun des beaux-arts, considéré dans les propriétés, les qualités, ou les moyens fictifs qui établissent une plus ou moins grande proximité entre le modèle et le mode d'imitation de chacun?

Si donc une opinion généralement reçue, et qui n'a pas même besoin d'être prouvée, avoit consacré

entre tous ces arts un certain ordre de préséance,
dont les degrés seroient entièrement d'accord avec
l'échelle des distances, qui séparent effectivement le
mode imitatif propre à chacun, de la réalité de son modèle, ne seroit-on pas autorisé à reconnoître dans cette
graduation une sorte de fait, qui confirmeroit notre
théorie sur la nature de l'imitation, et sur la mesure
du plaisir qu'il faut en attendre?

PARAGRAPHE XVI.

*Que le rang assigné par l'opinion générale aux diffé-
rents arts entre eux, semble confirmé par cette théorie, et la confirme.*

Quand on parle de rang entre les beaux-arts, ou
d'une préséance de l'un sur l'autre, il ne sauroit être
question dans cette théorie, d'une supériorité soit de
valeur d'invention, soit de difficulté d'exécution, soit
de mérite de la part de l'artiste, ni de disputer sur les
goûts, ni de contester à chaque homme l'inclination
qui le porte à mieux aimer un mode d'imitation
qu'un autre.

Dans l'espèce d'évaluation que l'on donne du plaisir
attaché aux effets de chaque art, il ne s'agit pas non

plus de ce que le grand nombre entend par plaisir, c'est-à-dire de la jouissance des sens : on n'entend parler que de l'action morale de l'imitation. Par
conséquent le degré de plaisir sur lequel on peut
établir le rang dont il s'agit, ne doit être que le résultat d'une mesure également morale et intellectuelle.

Au reste, le sujet de ce paragraphe se borne à reconnoître un fait, qui, s'il coïncide avec celui qu'on
a reconnu dans le paragraphe précédent, tendra à
démontrer de plus en plus quelle est la nature de l'i-
mitation, en prouvant, avec plus de clarté, que la
somme de plaisir qu'elle procure, est en raison de la
distance qui sépare les éléments d'un art, des éléments de son modèle.

On convient généralement que la poésie a le pas
sur tous les arts. Une sorte de suffrage universel lui
accorde le premier rang. Toutefois il n'y a personne
qui ne comprenne et qui ne sente que ce mode d'i-
mitation est de tous le moins matériel, est le plus
distant des objets sensibles, et aussi que la manière
d'en jouir, ainsi que de ses images, est celle où les
sens ont le moins de part. Il n'y a rien de moins matériel que l'instrument imitatif de la poésie, savoir, la
parole et l'ordonnance rhythmique et métrique des
mots. On ne sauroit, à l'égard des objets du monde
visible, imaginer une plus grande distance, entre ce
qu'elle peint, et sa manière de peindre. Cette distance

est celle qui existe entre l'idée de la chose, et la vue de la chose. La poésie ne produit les images des objets, que par des moyens abstraits et indirects, qui ne sauroient nous les faire voir, qu'autant qu'elle nous oblige de nous les figurer. Elle ne peut s'adresser qu'à cette vue interne, à cet organe moral, sur lequel les images n'ont de prise, qu'en raison de l'activité qu'elles y excitent.

Il n'y a certainement point d'imitation plus éloignée de la réalité effective, et moins susceptible d'être confondue avec son modèle, que celle qui, embrassant la nature entière, met à contribution le visible et l'invisible, dont les combinaisons n'ont ni terme de comparaison réel, ni cadre, ni mesure qui en bornent l'espace et la durée.

L'imitation poétique est donc celle, qui, par sa distance d'avec la réalité et par la variété des rapports qu'elle embrasse, fournissant à l'ame, dans l'exercice qu'elle lui donne, le plus de rapprochements à faire, le plus de compléments à opérer, doit occuper et occupe, comme l'opinion le confirme, ce que j'appelle ici le premier rang dans l'échelle imitative des beaux-arts.

S'il est vrai que le sentiment commun place la musique dans cette échelle après la poésie, il est facile de se convaincre que cet ordre est conforme à celui que notre théorie assigne aux différents arts, selon que leurs moyens d'imiter et leurs images s'éloignent

plus ou moins de la réalité, et que le plaisir y a plus
besoin de l'action morale du sentiment. La musique,
à cela près de son impression physique sur l'oreille,
est certainement l'art qui le dispute à la poésie, dans
la propriété qu'il a de créer, par la seule combinaison des sons, les images tout à-la-fois les plus variées
et les plus immatérielles. Comme la poésie, il nous
transporte dans une sorte de monde idéal, ou conver-
tissant en formes, en corps, en tableaux, de simples
suites de chants, d'accords d'instruments, et d'effets
sonores, l'imagination donne à ses propres créations
la valeur de l'existence. Aucun art n'a plus besoin,
sans doute, que l'action du sentiment coopère à la
vertu de ses images, supplée à ce qu'il y a de vague et
d'indéfini, soit dans ce qui lui sert de modèle, soit
dans ce qui en devient l'imitation. Aussi remarque-
t-on que cet art est celui auquel sont le plus indifférents les hommes privés d'imagination ou de sensibilité.

L'usage se trouve d'accord avec cette théorie lorsqu'il place ensuite la peinture, qui imite les corps
par l'apparence linéaire et par la couleur des corps ; et
immédiatement après elle, la sculpture, qui, dans la
représentation des corps, emploie l'existence même
et la réalité de la matière. On ne sauroit nier qu'il n'y
ait, dans les ouvrages de ces arts une sorte de contiguité effective, entre le modèle et ce qui en devient
l'image. Cette propriété est ce qui les fait volontiers

admirer du vulgaire ou de l'instinct grossier, tandis que ce qui fait leur valeur, et ce qui est leur vrai mérite, c'est bien moins de rendre les formes corporelles avec de la matière, que d'exprimer avec des corps, ce qu'il y a de plus immatériel; c'est de représenter le moral par le physique, de rendre par des formes sensibles les idées intellectuelles, les affections de l'ame; c'est de donner, non un corps à la pensée, mais la pensée aux corps.

L'architecture, qui n'imite rien de réel ni de positif, se classe toutefois à son rang dans cette échelle imitative, parceque sa propriété est d'employer la matière, ses formes, et les rapports de leurs proportions à exprimer les qualités morales, du moins celles que la nature met en évidence dans ses ouvrages, et par lesquelles se produisent en nous les idées et les sensations corrélatives d'ordre, d'harmonie, de grandeur, de richesse, d'unité, de variété, de durée, d'éternité; en sorte que le matériel de l'art, qui, pour le commun des hommes, est l'objet d'une admiration sensuelle, ne doit être de la part de l'artiste, qu'un moyen pour porter notre esprit à des jouissances intellectuelles.

Les arts que l'on comprend ordinairement sous les noms d'*orchestrique* et de *mimique*, se classent, selon l'opinion générale, après les arts du dessin, et ce rang que leur donne aussi notre théorie, leur convient, par cela que, de tous les arts, ils sont ceux qui s'adres-

sent le plus complètement aux sens extérieurs, qui
parlent effectivement le moins à l'esprit, ceux où
l'imitation est la plus circonscrite dans la réalité.

Il ne faut pas, à leur égard, s'en rapporter au suffrage de l'instinct, et à l'avidité du grand nombre
pour cette sorte d'imitation. Le goût ou la passion
dont on parle, est ce qui déposeroit contre eux. C'est
parcequ'ils obtiennent la primauté dans l'ordre des
jouissances sensuelles, en fait d'imitation, qu'ils doivent être relégués au dernier rang. Il ne s'agit point
ici des appétits ou desirs voluptueux, que quelques
uns de ces arts ont le privilége de satisfaire. Ces considérations sont étrangères à la nature, au mérite, ou
au plaisir de l'imitation proprement dite, et la théorie de l'art ne s'en occupe pas plus, que de l'abus qui
peut résulter pour les mœurs, des peintures lascives.
Ce qu'on entend par le mot *sensuel* dans l'imitation,
désigne tout ce dont les sens sont appelés ou exclusivement, ou en grande partie, à juger, lorsque
l'image et les éléments dont elle se forme, rentrent
plus ou moins dans le domaine de la réalité, ou de
la matière.

Et, en effet, il n'y a point d'imitation qui ait plus,
je ne dirai pas seulement de contiguité, mais presque
d'intimité avec la réalité, que celle des arts mimiques,
où le modèle, l'image, et l'imitateur même, se confondent ensemble. Dans le ballet pantomime, par
exemple, très peu de chose sépare l'être imité de

l'être qui imite. L'art s'y distingue si peu de l'artiste, que l'artiste y devient l'art lui-même. Ce n'est pas seulement par des corps, qu'on y représente les corps, mais les êtres vivants y sont représentés par des êtres vivants. C'est avec la vie et le mouvement, qu'on exprime le mouvement et la vie. Dès-lors le plaisir de l'esprit y est d'autant plus foible, que celui des sens y est plus vif; et l'action de la comparaison y trouve d'autant moins d'exercice que les rapprochements cessent d'y être possibles. Remarquons encore à l'appui de ceci, que ce genre d'art est l'art de prédilection de la multitude, et de ceux qui, dans les beaux-arts, mettent avant tout autre plaisir, celui de l'illusion des sens.

Si l'on se permet de citer à la suite des beaux-arts, ce qu'on n'est pas encore convenu d'appeler un art d'imitation, je veux dire le *jardinage*, sur-tout du genre irrégulier, c'est pour faire voir que, dans l'esprit de cette théorie, il se place de lui-même en dehors de l'échelle imitative. Là effectivement, tous les éléments de ce qui constitue l'imitation disparoissent. L'idée même de répétition s'y fait à peine saisir. La prétendue image de la nature, n'y est autre chose que la nature elle-même. Les moyens de l'art sont la réalité. En effet, tout le monde sait que le mérite de son ouvrage, est qu'on ne se doute pas qu'il y ait de l'art. A supposer un jardin parfait, dans le système du jardinage irrégulier, on

ne doit point se douter qu'on soit dans un lieu, sur
un terrain composé par art. Quel plaisir (j'entends
plaisir d'imitation) peut-il donc y avoir pour l'ame,
que rien n'avertit qu'il y a de l'imitation dans ce
qu'elle voit? De quoi jouit-on dans un semblable
ouvrage? On jouit de la nature, dit-on. Mais autre
est le plaisir de la nature, autre celui de l'imitation.
Autre est le plaisir que fait la peinture d'un paysage,
autre celui du paysage en nature : ce qui fait que ce
prétendu art de jardinage est le moins art qu'il est
possible, c'est qu'il donne le plus possible la réalité.
Or, on ne sauroit prétendre à être tout à-la-fois réalité et imitation.

On voit pourquoi j'insiste sur le caractère inimitatif, ou plutôt anti-imitatif de cet art de faire les
jardins. Ce n'est ni pour en nier l'agrément ni pour
contester le genre d'habileté qu'il comporte. Ces deux
points de vue n'entrent pour rien dans la recherche
de la nature de l'imitation. Mais je n'ai pas trouvé
d'exemple plus propre à faire sentir, par la vertu des
contraires, ce que doit être l'imitation pour être imitation, de quelle espèce est le plaisir auquel elle se
fait reconnoître, quelle est l'erreur de ceux, qui, par
une ambition mal entendue, cherchant à identifier
l'image avec son modèle, visent à échanger, autant
que cela est possible, l'effet de la ressemblance contre
celui de la réalité, et placent l'*illusion* matérielle des
sens, avant celle de l'esprit.

~~~~~~

PARAGRAPHE XVII.

Que le résultat des notions et des faits qui précédent,
nous conduit à reconnoître ce qui doit être le véritable
but de l'imitation.

En terminant cette première partie, je ne saurois
m'empêcher de prémunir de nouveau le lecteur
contre l'interprétation abusive qu'on pourroit faire
du paragraphe précédent. Il importe beaucoup que
le corrollaire auquel nous aurons été conduits, et
qui doit servir de texte à la partie suivante, ne laisse
aucune équivoque dans les esprits.

Comme je ne traite de l'imitation, et ne prétends
la faire considérer qu'en abstraction, c'est-à-dire sous
le point de vue de sa notion générale en théorie, et
non sous celui qui la particularise dans la pratique, on ne doit donner aux mots dont je me sers,
d'autre sens que celui qui se rapporte à la nature
d'une théorie abstraite, c'est-à-dire de celle qui généralise les notions.

Ainsi il doit être bien entendu, que je prends ici
en théorie le mot imitation dans le sens d'action ou
de vertu imitative, et non dans le sens d'ouvrage

d'art, ou d'objet imité. J'emploie encore dans un sens
général le mot *modéle*, qui, selon l'usage de l'école
sur-tout, se dit de l'individu, ou de tout être particu-
culier qu'on imite. Au contraire, on a vu que, selon
l'esprit de cette théorie, j'ai entendu par *modéle*
cette portion du régne de la nature, soit morale, soit
physique, qui forme exclusivement le domaine imitatif d'un seul art. On a dû entendre dès-lors dans
le même sens, et appliquer à une notion généralisée,
cette espéce de distance entre le modéle et son procédé imitatif, dont le paragraphe précédent a fixé
les proportions relatives pour chaque art. Il a dû
paroître clair que cette distance intellectuelle, est
d'un tout autre genre que celle, par exemple, qu'on
découvre entre un portrait mal fait et son original,
et qu'on appelle manque de ressemblance.

Pour peu qu'on voulût se méprendre sur le sens
convenu que cette théorie affecte aux mots dont il
s'agit, on pourroit conclure que le mérite d'un ouvrage d'imitation consistant dans la dissemblance,
le mérite d'une figure d'homme seroit qu'on la prit
pour un tronç d'arbre.

C'est ainsi qu'en appliquant à l'intelligence d'un
ordre d'idées les notions d'un autre, en transportant à un objet généralisé la mesure qui est celle de
l'objet particulier, en négligeant d'entendre les locutions et les termes de l'auteur dans la signification
qu'il leur donne, on pourroit travestir par un mal-en-

tendu continuel, la théorie la plus simple, obscurcir ce qu'elle a de plus clair, et en rendre les conséquences absurdes ou ridicules.

Il me semble donc que pour celui qui aura suivi cette théorie de la nature de l'imitation, dans ses prémisses, ses déductions, et ses applications, il sera clair que la ressemblance par identité ou la répétition de la réalité par la réalité, est le principe ennemi du plaisir de l'imitation, soit qu'on prenne cette notion dans le sens positif de l'abus, soit qu'on l'applique aux ouvrages conçus ou exécutés dans l'esprit de cette méthode; que dès-lors l'ouvrage produit par ce principe ou dans son esprit, ne sera propre à plaire qu'à l'instinct grossier, ou ne pourra jamais nous procurer d'autre sorte de plaisir que celle qui s'arrête aux sens.

Il ne sera par conséquent pas moins clair, que le principe de la ressemblance par image, qui reproduit la chose dans une autre chose, et qu'on a posé comme élément de l'imitation véritable, doit être celui d'une espéce de plaisir opposé au premier, en ce sens, qu'on jouit de l'imitation d'autant plus, que l'esprit et l'intelligence y ont à faire plus de rapprochements, et des rapprochements d'objets plus éloignés entre eux.

Cela étant, il a dû résulter, soit de la notion élémentaire de l'imitation, soit des faits qu'on en a déduits relativement aux propriétés de chaque art, soit

de l'analyse des opérations de l'ame dans la manière
d'en jouir, que l'artiste, en chaque genre, doit beaucoup moins viser aux effets matériels de cette action
mécanique, qui s'adresse par-dessus tout à l'instinct
ou au sens physique, qu'à l'effet moral de l'action intellectuelle, qui étend le pouvoir de l'art fort au-
delà des bornes de sa matière, et des impressions
physiques.

Dès qu'il est reconnu que chacune des deux manières d'imiter a sa mesure particulière de plaisir,
dès qu'on est forcé d'avouer que le plaisir augmente
ou diminue, et dans les arts considérés en eux-mêmes et dans chaque ouvrage d'un art, selon le plus
ou le moins de distance qui sépare le modèle, de son
procédé imitatif, qui sépare les éléments de la réalité,
des éléments de l'image, et l'effet opéré, des moyens
ou des instruments qui l'opèrent, il est nécessaire,
qu'en tout genre, le plaisir de l'esprit et de l'intelligence l'emporte sur celui des sens.

Ainsi nous regarderons le plaisir comme étant
aussi l'objet et le but de l'imitation. Mais on voit que
la valeur de ce *plaisir* et sa mesure augmenteront ou
diminueront, selon l'un ou l'autre système de ressemblance identique ou de ressemblance imitative, selon
que l'ouvrage, émanant plus ou moins de l'un ou de
l'autre principe, ou se bornera à plaire à l'instinct,
ou s'arrêtera aux sens, ou ne passera par les sens
que pour arriver à l'ame; selon que l'artiste, se con-

tentant d'un rapprochement plus ou moins effectif avec la réalité, fera de ce rapprochement le terme de ses efforts, ou n'usera de ce qu'il y a de réalité dans son modèle et de matériel dans ses moyens que pour s'élever à cette manière de voir le modèle d'en haut et en grand, pour en produire ces images généralisées, dont l'esprit seul peut mesurer les rapports et recevoir les impressions.

Il me semble enfin que cette théorie, après nous avoir fait découvrir, dans la nature même de l'imitation, le lien qui réunit tous les beaux-arts par un principe commun, nous fait encore reconnoître en eux une tendance commune à tous vers le même objet, et nous conduit à la connoissance de ce qui doit être leur véritable but.

FIN DE LA PREMIÈRE PARTIE.

SECONDE PARTIE.

___

DU BUT DE L'IMITATION DANS LES BEAUX-ARTS.

Poeta cum cepit tabulas, sibi
Quærit quod nusquam est gentium, reperit tamen.
PLAUT., *Pseudol.*, act. I, sc. IV.

PARAGRAPHE PREMIER.

Que plaire est l'objet de l'imitation. — Des deux genres de plaisir qu'elle produit. — Lequel des deux est son but.

La nature en accordant à l'homme la faculté d'imiter, a sans doute entendu qu'elle servît d'abord à ses besoins. C'est à elle que l'homme doit de former ces premiers sons qu'il apprend à modifier peu-à-peu, à mesure que son oreille lui transmet les rudiments du langage. C'est par elle que tous les actes qu'il voit faire, deviennent ses actes, et qu'il s'approprie les formes, les mouvements, les accents, les habitudes de tout ce qui l'a précédé, pour les communiquer de même à ceux qui le suivront dans la carrière de la vie.

La nature ayant en tout genre associé le plaisir au besoin, la faculté d'imiter devoit acquérir avec l'accroissement de l'état de société, des développements nouveaux. Après qu'on l'eut employé à fixer par les signes imitatifs des objets l'idée de ces objets, il arriva que des traits grossièrement tracés par et pour le besoin reçurent plus de perfection. Lorsque enfin, quittant l'entrave d'images figuratives, l'écriture en fut venue au point de représenter les idées par des signes abréviatifs, ou par des traits arbitraires désignant non les choses, mais les sons des mots qui les expriment, l'art de répéter les formes des corps fut appliqué à un autre emploi, dont l'objet principal fut de plaire.

Tout cela est trop connu, pour que je m'arrête ici à faire voir le berceau des arts d'imitation, dans les besoins de tous les genres de communication, que la société établit par degrés entre tous les hommes.

Le plaisir de l'imitation succéda ainsi par-tout au besoin de l'imitation.

Comme du besoin naquit le plaisir, le plaisir à son tour créa, dans un autre état de choses, des besoins nouveaux. Ce furent en effet de véritables besoins, pour les peuples civilisés, que de perpétuer la mémoire des bienfaiteurs ou des bienfaits; que de porter les esprits, par la v des monuments, aux idées d'immortalité; que de fixer et de consacrer, dans un langage sensible, les opinions morales et les sentiments religieux. C'est ainsi, sans doute, que l'on peut donner à l'imitation des beaux-arts un but aussi utile pour eux que pour la société.

Toutefois ce point de vue ne sauroit entrer ni directement ni nécessairement dans une théorie, où l'on ne considère l'imitation qu'en elle-même. Il en est de cette théorie, comme d'une poétique, où, sans contester la fin morale de la poésie, qui doit tendre à rendre les hommes meilleurs, on se donne pour but de montrer comment et avec quoi on fait de bons poëmes, et non comment de bons poëmes peuvent influer sur les mœurs des peuples. De même ici, ayant à faire comprendre ce que doit être l'imitation, envisagée théoriquement dans sa *nature*, dans son *but*, et dans ses *moyens*, nous n'avons pas dû joindre à ces considérations celle de l'action morale que les leçons contenues dans les ouvrages de l'art exercent sur les affections et les sentiments publics.

Nous avons donc donné à l'imitation pour but celui de plaire. Mais on verra que l'espèce de plaisir qui, selon nous, doit être sa fin, n'est pas dénué de toute action sur le moral de l'homme.

Et effectivement, pour entrer dans cette seconde partie, par les notions qui ont terminé la première, nous commencerons par rappeler ce qui a déjà été dit: savoir, que l'imitation des beaux-arts est capable de procurer plus d'une sorte de plaisirs, qui peuvent se graduer selon le plus ou le moins de part qu'y

prennent les sens. Celui des sens procède nécessairement dans chaque art, de cette partie qui le compose, laquelle, comme chez l'homme, est ce qu'on
pourroit appeler sa substance physique.

Il n'y a point d'art, ainsi qu'on l'a déja montré,
qui ne s'adresse plus ou moins directement à quelqu'un de nos organes extérieurs, et qui ne s'y adresse
par quelque moyen plus ou moins dépendant de la
matière. Le plaisir que l'organe en reçoit est bien, si
l'on veut, un des buts de chaque art, puisque, si ce
plaisir-là n'avoit point lieu, l'action de l'art seroit
comme non avenue. Mais que ce but soit le véritable,
c'est-à-dire le but essentiel et définitif de l'imitation,
c'est là une des méprises de l'ignorance ou de l'irréflexion : autant vaudroit prétendre que le plaisir
produit par le boire et le manger est le but ou la fin
de ce besoin. Certainement ce n'est qu'un moyen de
parvenir à un autre plaisir, celui de la santé, de la
force et de l'emploi de nos facultés.

Sans doute, le plaisir des sens doit accompagner
l'action de l'imitation sur nous, mais de la manière
dont la nature elle-même le fait entrer dans un autre
ordre de choses, c'est-à-dire moins comme fin, que
comme véhicule, lorsqu'elle en fait l'aiguillon des
appétits, qu'elle a placés sur toutes les routes qui
mènent à l'accomplissement de ses desseins.

De même dans l'action des beaux-arts, l'attrait de
la jouissance sensuelle ne doit que nous inviter et

nous conduire à des jouissances d'un ordre supérieur. Les sens n'y font que la fonction d'introduc-
teurs. Le plus grand nombre, il est vrai, ne soupçon-
nant rien au-delà de l'impression extérieure, s'y
arrête, à l'instar de celui qui prendroit le vestibule
du temple, pour le temple même. Mais ces sortes de
mécomptes ne prouvent autre chose que l'insou-
ciance ou l'ignorance de la valeur des beaux-arts.
Pour nous, sans contester que le plaisir des sens ne
soit une des fins de l'imitation, nous ne le regardons
que comme le prélude d'un autre plaisir, qui est le
but définitif des beaux-arts.

L'analyse élémentaire de l'imitation nous fait reconnoître trois degrés de plaisirs, correspondants
aux diverses facultés de l'homme.

Le premier est celui de cet instinct grossier, qui,
attaché à la matière, ne demande à l'image que la
répétition de la réalité par la réalité, et qui, se trompe
lui-même sur ce qu'il demande, comme sur ce qu'il
reçoit. Ce plaisir se trouve exclu nécessairement de
la théorie qui nous occupe.

Le second, se bornant aux impressions des sens,
produites toutefois par les moyens légitimes de l'art,
s'arrête aux sensations que procure une imitation
plus technique qu'intellectuelle. C'est celle où le
choix des sujets, et la manière servile de les représenter dans l'esprit de la réalité, réduisent aussi pour
l'esprit, la distance qui sépare le modèle de l'image.

(Voyez partie I, paragraphe IV.) C'est dans ce genre, comme on l'a montré précédemment, que l'action de rapprocher et de comparer devient presque nulle, et qu'il n'y a rien à voir pour l'imagination au-delà de ce que l'œil embrasse.

La troisième sorte de plaisir est celle qui, sans exclure la précédente, est le vrai but de l'imitation. En tant que produit par ce qu'il y a de plus relevé dans la sphère des objets imitables, de plus rare et de plus excellent dans le jeu des ressorts imitatifs, ce plaisir appartient à ce qu'il y a de plus noble en nous, je veux dire aux facultés qui distinguent le plus l'homme des autres créatures, à ces sortes d'organes intellectuels, si supérieurs dans leur nature et par leur action, à ceux du corps.

Le plaisir dont je parle n'exerce son empire, que par la coopération toute particulière de ceux qui l'éprouvent. Ses impressions ne participent point de celles de la matière. Il y faut d'autres yeux que ceux du corps pour voir, d'autres oreilles pour entendre. L'imitation d'où résulte ce plaisir consiste dans des rapports sur lesquels les sens n'ont point de prise. La distance qui sépare ses créations de leur principe générateur, ne peut être mesurée que par l'intelligence; et le sentiment du beau qui en est l'effet veut, pour être éprouvé, une sensibilité fort différente de celle des nerfs.

Le plaisir que nous donnons pour but à l'imitation, se place donc fort au-dessus de celui qu'on appelle *physique*, c'est-à-dire que c'est un plaisir *moral*.

Moral en fait d'imitation, je l'ai déja fait entendre, ne s'applique point à ce qu'il peut y avoir d'utile aux mœurs dans les ouvrages de l'art. Un drame pourroit offrir les plus beaux exemples de vertu, mais présentés dans un système d'imitation vulgaire, et tellement rapprochée de la réalité, que son impression se trouvât réduite à celle du plaisir physique.

Le sujet d'une peinture peut être une belle leçon de morale, et la manière dont il sera traité pourra ne nous faire éprouver que ce genre de plaisir qui s'arrête aux yeux. C'est ce qui arriveroit, par exemple, dans la représentation de l'apologue du laboureur et de ses enfants essayant de rompre le faisceau. Que la scène soit telle qu'elle nous fasse voir un intérieur de cabane pauvre et rustique, avec les costumes et les portraits de simples paysans, et que Teniers, si l'on veut, en soit l'auteur, cette imitation d'un trait fort moral en soi, ne produira que le plaisir physique de l'imitation. Qu'on suppose la même scène exprimée par le peintre d'histoire, avec la noblesse des caractères, la beauté des formes, la variété des expressions et des attitudes que le sujet peut comporter, l'esprit y jouira du plaisir moral de l'imitation. Il y a plus, le même effet se produira jusque dans la représentation des faits marqués du caractère de la plus grande immoralité. Je me contenterai de citer le Massacre des Innocents de Raphaël.

Au reste, si je me sers du mot *moral*, pour en opposer l'idée à celle de physique et de matériel, ce sera jusqu'à ce que le développement de cette théorie, sur le but véritable de l'imitation, m'ait mis à même d'y substituer un autre mot, mais dont l'emploi, non encore défini, seroit peut-être ici prématuré.

PARAGRAPHE II.

Comment, selon l'esprit de cette théorie, on doit encore entendre l'idée de réalité ou d'identité dans l'imitation, et celle du plaisir qui en résulte.

Si, comme on l'a vu (dans la première partie de cet ouvrage), l'emploi de la réalité considérée soit en elle-même, soit dans les moyens mécaniques de répétition qui lui appartiennent, annule l'effet de l'imitation qui doit être celle des beaux-arts, et par conséquent est contraire à sa nature, on ne sauroit se refuser aux conséquences de ce fait reconnu pour constant, c'est-à-dire aux analogies qui en sont la dépendance.

En théorie rien n'est plus dépendant de ce qu'on appelle la nature d'une chose, que ce qu'on appelle son esprit. De la nature de cette chose dérivent

les lois générales de son être ou de sa constitution.
Tel sera, par exemple, pour chaque pays, pour
chaque peuple, le caractère que les causes naturelles lui impriment. L'esprit de ce peuple résultera
ensuite de ce caractère, et se peindra dans les mœurs
et les opinions.

Il en est de même des beaux-arts, quand on a découvert le principe naturel de l'imitation, on peut
être certain que ce qu'on appelle son esprit, partici-
pera d'une manière plus ou moins évidente de la nature de son principe. Ce qui signifie que les mêmes
notions trouvent, dans la recherche de cet objet secondaire, les mêmes applications, avec la seule différence
qui distingue les lois positives de la nature, d'avec
les règles moins rigoureuses du goût.

Ainsi les notions d'*identité*, de *réalité*, de *proximité*,
que nous avons appliquées dans le sens simple et positif, à toute imitation prétendue, où *la chose se trouve
reproduite dans une chose qui n'en est que la répétition*,
ces notions, dis-je, nous trouvons qu'elles convien-
nent également, mais seulement dans le sens figuré
ou relatif, à ce genre d'images dont l'esprit est de
nous représenter les objets tels qu'ils sont, sans prétendre nous faire rien voir ou concevoir au-delà : et
le plaisir qui résulte d'une semblable imitation, est
celui que nous appelons le plaisir des sens.

Cela étant bien entendu, lorsque, par les conséquences de notre théorie, nous employons les mots

de *ressemblance identique*, on peut prendre cette notion, non plus dans le sens de répétition de la réalité par la réalité, mais dans le sens d'une imitation qui en fait naître l'idée, qui aspire à n'être qu'une espéce de miroir ou *fac simile* des choses et des objets. C'est-à-dire qu'on est en droit de prendre simplement ces mots et ces idées, dans leur esprit, et selon le sens convenu, et non plus selon la rigueur grammaticale des termes.

Quoique, dans ce qui précéde, on ait souvent raisonné, en vertu d'une liaison nécessaire entre la nature de l'imitation, et ce qui en est l'esprit, on a cru devoir fixer ici avec plus de précision encore, ce point de théorie, pour éviter l'abus d'une manière d'entendre les choses dont il s'agit, dans un sens qui seroit par trop matériel.

Je prétends, par exemple, qu'une action est représentée dans le système de l'identité, ou dans l'esprit de la réalité, lorsque l'imitateur poéte ou peintre, en raconte ou en reproduit les détails et les circonstances, de façon à en faire bien reconnoître la vérité matérielle, mais en se bornant à ce simple caractère, et sans que rien puisse porter notre esprit à y saisir aucun rapport sur les causes morales du fait, sur les affections propres à y répandre de l'intérêt, sur les effets qui lui donneroient de l'importance.

Mais j'aime mieux encore m'arrêter à l'idée de portrait, idée que j'aurai plus tard l'occasion de prendre pour démonstration en sens inverse, de ce qui doit être le but de l'imitation. (*Voyez ce qui est dit sur l'effet du portrait*, au paragraphe suivant.)

Celui qui peint un portrait, ne se propose autre chose, sinon de faire reconnoître tel ou tel individu dans son image. Pour y parvenir, il s'étudie à répéter avec une extrême précision les traits particuliers, les défectuosités mêmes de son modèle. Ainsi, l'éloge ordinaire d'un portrait (*c'est lui-même*), définit mieux qu'on ne pourroit le faire, l'esprit d'*identité*, de *répétition*, de *réalité* propre à ce genre d'image; ces mots ainsi entendus et pris hors de leur sens positif, on les applique en théorie générale, soit à l'imitation, soit à son ouvrage, selon que le plaisir y reposera plus ou moins sur des sensations plus ou moins restreintes aux effets physiques.

Effectivement, pour ne pas quitter la comparaison, il n'y a rien de plus borné que le plaisir, qui en général résulte d'un portrait. Si l'on veut bien faire abstraction de tout ce que les affections particulières et publiques, ou le talent du peintre y ajoutent d'intérêt, il est certain que l'esprit et l'imagination prennent peu de part à ce genre d'imitation. C'est que véritablement les rapprochements à faire, y sont peu nombreux, et le travail de l'esprit de comparaison y est très peu actif.

Concluons de cet exemple, auquel chacun en ajoutera facilement beaucoup d'autres, que l'imitation qui s'exerce dans la sphère la plus bornée par la réalité, est celle qui se prête le plus au plaisir que nous avons appelé le plaisir des sens, le seul, à vrai dire, que le vulgaire demande aux arts, et le seul aussi qu'il en reçoive.

Par vulgaire, il faut entendre ici et tous ceux dont l'esprit n'a point été cultivé, ou ne l'a point été en ce genre, et tous ceux chez qui la partie sensuelle a pris l'empire sur les autres facultés. Voilà ce qui nous explique la vogue de ces spectacles, où le vulgaire dont je viens de parler, court chercher en tout genre des impressions tellement voisines de celles de la réalité, qu'il n'y a presque aucune comparaison à faire.

Voilà ce qui nous explique la prééminence donnée dans certains temps à certains genres d'imitation, à certaine classe de sujets, qui ne peuvent affecter que les sens, et n'ont besoin pour être goûtés ni d'imagination ni d'intelligence.

Et voilà ce qui nous explique comment, dans ces mêmes temps, on voit délaisser les genres d'imitation, de sujets et d'ouvrages, dont les modèles et les comparaisons sont hors de la portée de ce vulgaire.

Nous ne voulons pas inférer de ceci, que le plaisir des sens doive être exclu du cercle des plaisirs de l'imitation. Le précédent paragraphe a dit assez comment et à quel titre il devoit y entrer. Nous prétendrons seulement que l'espèce de ce plaisir, par sa contiguïté avec les impressions de *réalité* et d'*iden-*

tité, qui sont les plus contraires à la nature de l'imitation, est essentiellement propre à la détourner de
son but.

Nous conclurons donc que l'imitation qui ne
nous présente les objets que dans l'esprit de la réalité, étant celle qui produit le plaisir borné des
sens, ce plaisir ne sauroit être la fin véritable des
beaux-arts.

PARAGRAPHE III.

De la supériorité du plaisir de l'esprit dans l'imitation,
sur celui qui ne s'adresse qu'aux sens.

Pour bien apprécier ce que doit être le but de
l'imitation, c'est-à-dire le genre de plaisir auquel
elle doit tendre, il faut se rendre compte encore de
ce plaisir, non plus en lui-même, mais dans ses effets et j'entends ses effets utiles.

On sait déja de quelle utilité je veux parler, et
qu'il ne peut être question, dans cette théorie, ni
d'utilité politique, ni de celle qui se rapporte à la
morale.

L'effet utile du plaisir de l'imitation, doit consister
dans ce que nous acquérons par elle, en connois-

sances, en sensations, en idées, en images, autrement dit, dans ce qui augmente le domaine de notre intelligence, enrichit notre esprit de conceptions nouvelles, ouvre à notre imagination des routes sans nombre vers des points de vue sans terme.

Or, je demande à l'imitation bornée au plaisir des sens, dans le choix de ses sujets et dans la manière de les représenter, je lui demande quels sont ses effets utiles, qu'est-ce que m'apprennent ces images qui se contentent de flatter mes yeux. Je demande ce qu'elles me montrent que je ne connoisse déja, ce qu'elles me font apercevoir au-delà de leur modéle, quelles impressions dépendantes de l'art elles me communiquent; en un mot, quelle acquisition ce genre d'imitation peut me promettre ou me faire espérer.

Il vous donne, me dira-t-on, ce que vous donne la nature dont il est le portrait. Je réponds, Non. Il ne me le donne point, précisément parcequ'il n'en est que le portrait, et parcequ'un portrait n'est qu'une partie de la ressemblance de l'objet naturel, et n'en offre qu'un seul aspect; parcequ'une telle image ainsi limitée, et qui ne peut faire sortir mon imagination du cercle de la réalité, ne me donne que du fini, en place de l'infini, auquel l'ame aspire.

Il n'en faut pas douter, ce que nous devons exiger de l'imitation des beaux-arts, c'est de satisfaire cet appétit qu'a notre ame, d'impressions illimitées, de sensations toujours renaissantes, c'est-à-dire iné-puisables dans leurs effets, comme l'est la nature dans ses combinaisons. Telle est la jouissance que nous demandons à l'art; et telle ne sauroit être celle d'une imitation dont la propriété se réduit à nous montrer les objets, précisément et uniquement com-me ils se montrent par-tout, et en tout temps à nous. Il y a dans cette imitation, qu'on me passe l'excès de la comparaison, quelque chose qui appartient à celle de cet animal dont l'instinct est de répéter les mou-vements et les signes extérieurs des actions qu'il voit, sans en comprendre la raison et le motif, sans en soupçonner le principe intelligent.

Est-ce là tout ce qu'on attend de l'imitation? Et paierons-nous de notre admiration un résultat aussi stérile pour l'esprit?

Et cependant, y a-t-il autre chose à dire de l'ou-vrage de l'art, lorsque, borné à n'être que le miroir de l'objet, il ne peut, à l'instar du miroir, rien ajou-ter, rien retrancher, rien corriger, rien modifier, rien perfectionner, rien généraliser, et que dans la vérité il ne nous donne, moralement parlant, rien, puis-qu'il ne nous donne qu'une seconde fois la chose, et que, selon l'esprit du principe de l'imitation, il tend à être, le moins qu'il est possible, imitation?

On a déja eu l'occasion de dire (voyez part. I, pa-ragraphe IV) ce qu'on doit penser de tout système d'imitation, dans lequel on ne feroit que répéter soit des mœurs vulgaires, soit des locutions triviales, soit les lieux communs du langage populaire, soit les scènes prises dans les bas étages de la société, soit des images qui ne présentent que l'individualité des personnes et des corps, toutes représentations qui ne peuvent passer que pour autant de copies, dont le type et les épreuves sont par-tout, au lieu d'être de vrais originaux, dans le sens propre ou figuré de ce mot; car il n'y a de vraiment original, que ce dont on ne peut pas montrer le modèle.

Copie, que me veux-tu? puis-je lui dire. Quel besoin ai-je de tes apparences, quand leur réalité m'est indifférente? Quelle valeur peut avoir pour moi cette image dont je dédaignerois le modèle, lorsque rien sur-tout n'y compense la privation de toutes les propriétés que la nature lui refuse?

Quelle que puisse être dans de pareils ouvrages la part du plaisir sensuel, si ce devoit être là le but de l'imitation, y auroit-il, je le demande, de quoi mettre un si haut prix à ses œuvres? Une telle fin vaudroit-elle la peine qu'elle coûte? A quelque degré même qu'arrivât l'exécution de semblables travaux, pourroit-on se dispenser d'en ranger les résultats, parmi ces produits d'une industrie dispendieuse, frivoles inventions du luxe, destinés à être l'aliment d'une curiosité plus frivole encore?

Je n'ai pas besoin sans doute de désigner plus clairement les œuvres de l'imitation auxquelles je prétends appliquer ces considérations. L'esprit du lecteur a dû se porter vers ces productions d'une certaine école de peinture, aussi remarquable par le précieux, le fini technique et la fidélité des tons, que par l'insignifiance des sujets, la bassesse des formes, des expressions, des personnages et la nullité d'invention. Sans contester tout ce qu'il y a soit de difficulté, soit d'habileté, soit de mérite dans ces images d'une nature vulgaire, je me contenterai de faire observer quels sont ceux qui s'y plaisent le plus. Présentez un tableau de Teniers et un tableau de Poussin à ce vulgaire dont j'ai parlé plus haut; vous ne doutez pas lequel des deux aura la préférence.

Il y a toutefois quelque distinction à faire sur ce point de critique, c'est-à-dire sur le plus ou le moins d'estime due aux ouvrages, dans lesquels l'art est borné à cette vérité locale, partielle, ou individuelle que je prétends n'être pas le but définitif de l'imitation. Et d'abord il faut distinguer ce qu'on appelle *genre*, en fait d'imitation, de ce qu'il faut appeler *style*, *goût*, *manière*. Ainsi les tableaux flamands sont des tableaux de *genre* qui, en nous présentant la plus grande perfection du mécanisme de l'art, n'ont toutefois que la prétention de parler aux yeux sans rien dire à l'esprit. Voilà les ouvrages dont le plaisir n'est pas celui qu'il faut demander uniquement à l'imitation. Mais il n'y a rien de plus à exiger d'ouvrages qui ne promettent et ne peuvent rien donner de plus.

Il en est d'autres, quoique destinés à un emploi plus relevé, dont la manière et le goût sont loin d'y répondre. J'en citerois de toutes les époques. Mais, pour me faire mieux entendre, je m'arrêterai à ceux des premiers temps de l'art non encore perfectionné. Dans ces ouvrages, malgré tout le charme de naïveté et de simplicité qui leur est propre, on découvre encore une nouvelle preuve de ce que nous avançons : savoir, que ce qu'on est trop souvent porté à prendre pour le but de l'imitation, ne l'est pas, puisque le plaisir de cette vérité individuelle n'existe, dans les productions de ce temps, qu'à défaut de celui que l'art n'avoit pas encore eu les moyens de produire.

Si en effet on veut bien achever le parallèle, on y trouvera la démonstration de ce qu'on vient d'avancer. Qu'à ces ouvrages conçus et exécutés dans l'esprit du portrait qui consiste à rendre ce qui est, tel qu'il est, (je parle de ceux du quinzième siècle, par exemple), on compare les ouvrages du seizième siècle (tels que ceux de Michel-Ange, de Raphaël, et de leurs écoles), il ne sera pas difficile de prendre une idée claire et distincte de l'espèce de plaisir que je prétends devoir être le but véritable de l'imitation.

Que sont ces peintures des premiers temps du renouvellement de l'art? Des portraits sans doute fidèles des hommes de cette époque. Physionomies, attitudes, ajustement, caractère, forme et expression,

tout est l'image exacte des personnages existants alors,
d'après la manière d'être réelle, la mode des habillements, des costumes et des accessoires du temps. Eh
bien! ces peintures n'ont eu pour les contemporains,
et n'ont encore pour nous (à part l'intérêt que l'an-
cienneté leur donne), d'autre valeur que celle qui
appartient à la répétition de ce qu'on voit; l'impression qu'elles font, n'est autre que celle du portrait.
Il n'y a rien de plus à en attendre, et l'imagination la
plus vive leur demanderoit en vain un autre plaisir.
Les sujets même d'histoire soit ancienne, soit étrangère au pays, les personnages de quelque siècle ou
de quelque nation qu'ils soient censés être, assujettis
à la même localité de costume, à la même réalité de
portrait, ne sauroient tirer le spectateur de ce point
de vue borné, et quelques utiles leçons que l'artiste
y puisse recevoir, ces ouvrages nous laissent vides
d'idées, d'impressions, d'images, d'affections, et de
desirs.

Transportons-nous à un siècle de là, devant les
œuvres de l'art entièrement développé. Quel autre
monde Raphaël et les grands maîtres de son âge nous
découvrent! Que d'idées et d'images qui nous seroient inconnues, si l'imitation n'avoit point atteint
son but! quel autre genre de vérité et dans quelle autre
sphère s'est-elle révélée à l'artiste! quelle nouvelle manière de voir la nature, en a pour nous agrandi le
domaine! Combien d'aliments nouveaux pour l'i-

magination, d'objets de connoissances et d'observations pour l'esprit, de sujets féconds pour la critique
du goût! quelle source intarissable de plaisirs pour
l'intelligence et le sentiment! que de créations enfin
dont nous devons l'existence à cette imitation, **non
pas celle qui se borne à nous montrer ce qui est réel,
mais celle qui, à l'aide de ce qui est, nous montre ce
qui n'est réellement pas!**

Je laisse à porter la même mesure de critique dans
tous les beaux-arts, et je me contente d'y faire apercevoir le même résultat.

Quelles sont en effet les œuvres dont la succession
des années et des siècles n'a pu encore ni scruter tous
les mérites, ni dénombrer toutes les beautés, ni épuiser l'admiration? Quelles sont les conceptions soit
épiques, soit dramatiques, dont on reçoit, avec des
impressions inépuisables, des plaisirs toujours nouveaux? Quelles sont les productions du ciseau qu'on
revoit sans cesse, comme si on ne les avoit jamais
vues; parceque l'esprit y découvre de quoi y découvrir toujours?

Pour moi, je n'hésite point à dire que ce sont **les
ouvrages conçus dans ce genre d'imitation dont on
ne peut pas montrer le modèle.**

PARAGRAPHE IV.

Ce que c'est que l'imitation dont on ne peut pas montrer
le modèle, et quel nom on lui donne.

Le poëte, dit Plaute *, lorsqu'il se met à composer,*
cherche ce qui n'est nulle part, et cependant il le trouve.
Qu'est-ce que Plaute entend par *chercher,* et *par trou-*
ver ce qui n'est nulle part?

La réponse à cette question, contient l'élément
de notre théorie, sur ce qui est le *but* de l'imitation.

On est, je crois, d'accord, d'après tout ce qui précède, que plaire, et par conséquent plaire le plus
qu'il est possible, est le terme auquel tend l'imitation ;
que le plaisir le plus grand ne sauroit être celui des
sens, mais bien celui de l'esprit, autrement dit celui
que procure l'intelligence ou l'imagination. Or, comme on le voit, ce qui est l'objet du plaisir physique ou
sensuel, est de nature à être rencontré en tout temps,
en tous lieux, par l'organe des sens, et par l'instinct
qui le conduit : et ce qui est l'objet du plaisir moral
ou intellectuel, ne sauroit être ni cherché ni trouvé
que par ce sens intérieur qu'on appelle le *génie.*

Il y a en effet pour chaque genre d'art, un modèle que l'artiste trouve par-tout, et qu'il n'a point même la peine de chercher ; ce modèle est la réalité ; et on connoît la manière de le reproduire, par une conformité plus ou moins sensible. Il y a pour le copiste la *réalité* des actions : c'est de suivre, par exemple, dans leur représentation, sans modification aucune, ou ce que l'histoire en rapporte, ou ce que l'on a vu arriver, et de la manière qu'il est arrivé. Il y a la *réalité* des discours, dont l'imitation consistera dans la copie servile des formes banales du langage familier. Il y a la *réalité* des mœurs et des caractères, dont le type et l'empreinte peuvent être répétés sans aucun des changements, propres à les faire mieux ressortir. Il y a la *réalité* des personnes et des physionomies, dont l'art du portrait nous donne suffisamment l'idée. Il y a enfin autant d'espèces de *réalités* que d'espèces d'objets imitables en chaque genre. Ainsi il y aura en peinture la *réalité* des sites et des points de vue, celle des costumes, des formes, des expressions, etc. Mais j'en ai dit plus qu'il n'en faut pour être compris.

On a fait assez entendre (voyez paragraphe II), que le plaisir produit par cette sorte d'imitation qui reste dans l'esprit de la réalité, étoit en tout genre le plus foible de tous.

Il paroît que ce n'étoit pas là le plaisir que Plaute prétendoit procurer à ses auditeurs ; car il en auroit

trouvé le sujet par-tout. Or, il en cherchoit un dont le sujet et l'objet n'étoient nulle part. Qu'est-ce à dire? Le voici, c'est qu'il se donnoit pour modèle en composant ses pièces de théâtre, une action dont les éléments et les détails tous vraisemblables, ne se pouvoient trouver nulle part réunis dans un fait vrai et réel: c'est-à-dire qu'il mettoit dans la bouche de ses acteurs des discours conformes à leur situation convenue, discours dont il n'avoit dû la vérité à personne, mais bien à une observation générale du langage expressif des affections de l'ame: c'est-à-dire qu'il mettoit en jeu et en opposition dans les ressorts de sa fable, des caractères dont la physionomie n'étoit celle d'aucun particulier; qu'il donnoit enfin l'être à des personnages que tout le monde croyoit reconnoître, et dont nul n'auroit pu montrer en réalité l'original, original inconnu au poëte lui-même.

Le poëte a donc eu raison de dire que ce qu'il cherchoit, n'existoit nulle part. C'est ce qu'on peut dire de toute invention; et voilà peut-être la meilleure distinction à faire entre les mots *inventer* et *trouver*. Ce qui existe peut se trouver. On n'invente que ce qui n'existe pas.

Il pourroit y avoir peu de justice à presser d'une argumentation trop grammaticale cette sorte de synonymie, qui repose sur une notion de goût que le sentiment ne doit se flatter de faire entendre qu'au sentiment. Quoiqu'on puisse objecter, qu'*inventer*,

au sens simple, signifiant la même chose que *trouver*, ce qui est l'objet de la recherche, doit de toute nécessité être quelque part, je n'en persiste pas moins à prétendre que si l'on veut se rendre compte de la chose cherchée par le poëte, on peut encore laisser à ses paroles la rigueur de leur sens littéral.

En effet, ce qu'il cherche, c'est une action où tout concoure vers un but, à laquelle se mêlent des intérêts et des discours conformes au sujet, dont les personnages soient placés dans des situations propres à exciter la curiosité, où les caractères trouvent des oppositions qui les fassent valoir, où toutes les circonstances, tous les incidents, se mêlant sans se confondre, entretiennent la variété, et produisent l'unité d'impression, dont il s'est proposé l'effet.

Eh bien, c'est ce tout, c'est cet ensemble de ressorts, c'est ce concert harmonieux de rapports, que la nature ne lui présentera jamais, dont il attendroit vainement d'elle un modéle complet et en toute réalité, et qui n'existe nulle part. Voilà cependant ce qu'il trouve. *Quod nus quam est gentium, reperit tamen.*

Et ce qu'il trouve ainsi, ce n'est pas un de ces êtres capricieux, fruits d'une imagination déréglée et que l'on range dans la classe des rêves ou des monstres. Ce qu'il trouve, non seulement n'est pas hors des lois de la nature, mais en est au contraire l'esprit et le sommaire : car ce que chacun prend ordinairement pour la nature, est fort loin de répondre à ce nom, dès qu'il faut entendre par là, non tout ce qui est comme il est, mais ce qui est tel qu'il peut ou doit être. Tant de choses, ainsi qu'on le dira par la suite, existent dans la nature comme exceptions à ses lois générales, qu'on est forcé de convenir que tout ce qu'elle produit en détail, n'est pas toujours l'expression fidèle et entière de sa volonté; en sorte que l'étude de la nature en fait d'imitation, consiste moins dans la recherche particulière d'une réalité individuelle et stérile, que dans l'observation des principes féconds d'un modèle idéal et généralisé.

Or, il faut dire ici d'avance (voyez ci-après, paragraphe VI), que ce que l'artiste doit chercher, il ne le trouve que dans ce modèle général qui n'est véritablement nulle part, en tant qu'il est général. Ce qui est individuel et particulier peut se trouver par-tout, et toujours se montrer aux sens; mais on ne sauroit saisir qu'avec la pensée ou l'action de l'esprit, l'*universel* et le *général*.

Ce *général*, en fait d'imitation ne peut être défini que par l'intelligence, et ne peut être imité que par le génie.

Et voilà le mot de l'énigme de Plaute. C'est que, dans tout art, ce qui est du domaine de l'intelligence, du sentiment et du génie, n'existe réellement nulle part, n'a ni corps, ni lieu, n'est tributaire d'aucun sens; et celui qui le trouve ne sauroit indiquer où il en a vu le modèle.

Ce que le génie trouve, et qu'on appelle invention, il nous le montre tout trouvé dans ses ouvrages, mais il ne nous enseigne point à le découvrir; autrement le génie s'enseigneroit. La seule chose que nous puissions faire, c'est de deviner sa route, en épiant ses pas, et d'établir sur l'analyse de ses effets la théorie systématique de l'imitation.

Car remarquons que ce que le poëte nous a dit de l'opération mystérieuse de son esprit dans ses inventions, tout autre artiste nous le dira lui-même, ou nous l'apprendra par les œuvres de son génie.

Si l'on demande à Phidias où il a trouvé la grande conception et le caractère sublime de son Jupiter, il vous répond de même *nulle part*. Car qu'est-ce que ce modèle renfermé, dit-il, dans les deux vers d'Homère? Et s'il y étoit ou s'il y est, pourquoi d'autres avant et depuis Phidias, ne l'y ont-ils pas vu.

Si Zeuxis fait de son Hélène une beauté accomplie, ou nous raconte qu'on lui avoit procuré cinq des plus belles femmes de la ville. Admettons ce fait. Quoi donc, un de ces modèles de moins ou tout autre à leur place, l'Hélène n'eût pas été un ouvrage achevé? Et pourquoi tant d'autres peintres, avec les mêmes moyens, n'ont-ils pu avant et depuis Zeuxis, arriver à la même beauté? Ils n'avoient pas le même génie, dira-t-on. Qu'est-ce donc alors qu'un modèle en réalité, s'il faut encore le génie pour l'imiter? Qui nous dira si c'est le modèle qui fait voir l'image de la beauté au génie, ou si c'est le génie qui voit sa propre idée dans le modèle.

Non, ce que cherche et ce que trouve le génie de l'artiste, n'est nulle part. En veut-on la preuve dans un fait qu'on ne sauroît contester? Posez dans l'imitation du corps humain, le modèle qu'il vous plaira choisir. Soumettez-le à la copie la plus exacte de tous les dessinateurs du monde. Eh bien! vous aurez autant de différences dans les copies, qu'il y aura de copistes. Preuve certaine qu'outre le modèle local et individuel que chacun contemple, chacun en a encore un autre en soi, qu'il consulte et qu'il imite.

Qu'est-ce donc enfin qu'on cherche et qu'on trouve, quoiqu'il n'existe nulle part?

Ce ne peut être qu'une chose dont l'existence sera immatérielle. Ce ne peut être que cette idée du vrai, du beau, du convenable, du parfait, dont la nature fournit sans doute les éléments à l'imitateur, mais qu'elle ne peut lui présenter réalisée, comme type complet pour l'imitation, parceque la nature, ainsi qu'on le redira, n'a rien fait en vue de l'imitation.

Ce ne peut être, en chaque genre, que l'image d'un tout, dont le génie découvre les éléments, les coordonne, les perfectionne par l'étude, la science et l'observation, au gré et dans les intérêts de l'imitation; c'est-à-dire dans le dessein de porter l'ouvrage sur un seul point, à ce degré de perfection généralisée qui puisse défier le modèle individuel de la nature.

Il y a donc une manière d'imiter la nature partiellement dans un modèle qui est par-tout. C'est celle d'où résulte uniquement le plaisir que les sens trouvent à des ressemblances qui ne s'élèvent point au-dessus de la réalité des objets. C'est cette imitation qui donne à l'esprit le moins de travail qu'il est possible pour juger, qui laisse l'imagination oisive, où le sentiment a peu de part, le raisonnement peu d'exercice, qui a pour partisans le vulgaire, et le plus grand nombre de ceux, chez lesquels l'organe extérieur est seul à recevoir les impressions des arts.

Et il y a une manière d'imiter la nature dans ce qu'elle a de général, c'est-à-dire dans ce modèle qui n'est ni local ni individuel, qu'on ne saisit en aucun lieu séparé, ni en entier sur aucun objet distinct, parcequ'il réside dans la région supérieure et invisible des principes, des causes, et de cette raison intelligente, véritable source de tous les effets qui agissent sur les facultés de notre ame.

C'est cette imitation dont les œuvres ne sont l'image d'aucun objet, qu'on puisse dire réel, puisqu'elle se forme par les études de l'artiste, et se manifeste dans ses productions, à l'aide d'un ensemble d'idées, de formes, de rapports, de perfections qu'aucune réalité ne pourroit nous montrer réunies sur un seul être, en un seul sujet.

C'est enfin cette imitation qui ne se conçoit qu'en idée et que l'on appelle *idéale*.

Ainsi semble s'établir entre les notions déja déve-
loppées, et celles qui en seront la conséquence, une
concordance tellement réciproque qu'elles pourront
se servir respectivement de preuves. Si d'une part,
ce qu'on a reconnu comme corollaire de la théorie
sur la nature de l'imitation (savoir que le plaisir
qu'elle donne, est en raison de la distance qui la
sépare de la réalité) nous a conduit à regarder l'i-
déal comme devant produire le plus haut degré de
plaisir, et dès-lors être le but définitif des beaux
arts, d'autre part, ce que nous serons forcés à reconnoître de supériorité dans le plaisir de l'image idéale,
nous confirmera la vérité du corollaire précédent.

PARAGRAPHE V.

*De l'idéal. — Définition de ce mot. — Du sens qu'on
doit y attacher.*

On entend et l'on interprète souvent d'une manière aussi incomplète qu'abusive le mot *idéal*, sur-
tout dans l'application qu'on en fait aux arts d'imitation corporelle, c'est-à-dire à ceux dont le modèle
appartient en partie, et semble à quelques uns appartenir en entier, au règne de la matière.

Le mot *idéal* étant formé du mot *idée*, qui exprime

sans doute ce qu'il y a de moins matériel, on s'imagine qu'il ne doit jamais se trouver associé aux mots qui désignent, soit les corps, soit leurs images : comme si l'imitation des corps n'embrassoit que des rapports matériels : comme si les propriétés et les qualités de ces corps ne tenoient pas par plus d'un point à un ordre moral et intellectuel ; comme si leurs impressions étoient de nature à ne pouvoir s'adresser qu'au sens externe.

Les acceptions diverses du mot *idéal*, n'ont pas laissé aussi que de jeter quelque confusion dans ce sujet. On prend effectivement parfois ce mot, dans le sens d'*imaginaire*, de *chimérique*; et comme, en tout genre, il se donne, ainsi que chacun sait, de ces productions inventées par le caprice, badinages d'une imagination fantastique, et auxquelles on applique le nom d'idéal, ce nom paroît à plusieurs synonyme de tout ce qui est faux ou contre nature.

Par une inconséquence assez étrange, ceux qui repoussent de la théorie des arts du dessin, la notion de l'idéal, ne font aucune difficulté d'associer ce mot à celui de beau ou de beauté. Ainsi tout le monde s'accorde à dire *le beau idéal*. Si cependant idéal devoit signifier quelque chose qui fût ou contre nature, ou hors de la nature, le beau qu'on appelle ainsi, ne seroit donc ni vrai ni naturel, ce que personne sans doute n'entend et ne veut faire entendre. Mais s'il y a quelque chose qui soit conforme à la nature et à la vérité, et qu'il soit permis d'appeler idéal, je

demanderai pourquoi ce seroit le privilége du beau.
(Voyez plus bas à la fin de ce paragraphe.)

Il est clair qu'il y a malentendu dans tout ceci.

L'étymologie, en nous indiquant la formation des
mots, ne donne pas toujours la clef de leur vraie signification : cependant lorsqu'un mot porte avec soi
d'une manière sensible, l'empreinte du type qui l'a
formé, il est difficile de se méprendre sur son sens
propre, et sur la notion qu'il exprime.

Idéal n'est pas, à proprement parler, un mot formé d'un autre. C'est l'adjectif d'idée. Ainsi la manière
d'entendre le substantif, nous donnera celle d'expliquer son adjectif. *Idée* venue du latin *idea* et du grec
εἶδος ne veut dire autre chose qu'*image*. Ces deux mots
expriment l'un et l'autre, et souvent indistinctement,
les notions des choses qui se gravent dans notre esprit (car il a fallu emprunter à la matière de quoi
exprimer l'opération la plus immatérielle). Les mots
idée et *image* étant synonymes, quelques métaphysiciens ont proposé d'en déterminer la variété, en appliquant le mot *idée* aux notions des objets intellectuels, et le mot *image* aux notions des objets corporels. Mais cette distinction ne se rapporteroit qu'à
l'objet des notions, et non à la faculté de les recevoir.

Idéal est donc l'adjectif dont on se sert pour désigner et caractériser, soit les notions qui existent dans
l'esprit ou l'entendement, soit les ouvrages dans les-

quels semble être entrée plus particulièrement, ou
l'opération de l'esprit, ou l'emploi des moyens intellectuels propres à faire naître des impressions autres
que celle du sens physique.

De quelque manière qu'on explique la formation
des idées (et je déclare ne pas prétendre effleurer
même cette question) tout le monde est d'accord que,
l'esprit de chacun reçoit de chaque objet, de chaque
genre d'objets, ou de rapports d'objets, des notions ou
ce qu'on appelle des idées fort différentes, selon les
facultés morales des individus, et l'on est d'accord
aussi, que selon la diversité des facultés physiques, l'impression des sens produit dans l'esprit de chacun, des
images fort différentes du même objet, ou du même
genre soit d'objets soit de rapports.

Nous reconnoissons donc deux principes d'action
divers dans la formation des idées : celui de l'esprit,
et celui des sens.

Nous reconnoissons aussi et par le raisonnement
et par l'expérience, que certains hommes reçoivent
autrement que d'autres, les impressions des objets,
les reçoivent avec plus ou moins de force ou de vi-
vacité, de légèreté ou d'étendue ; que ces impressions
produisent chez les uns plus que chez les autres, des
rapprochements nombreux, variés, simples, composés, source de ces combinaisons auxquelles, selon
le genre et la nature des ouvrages qui en résultent,
on donne des noms différents.

Il n'y a personne qui ne soit à même de reconnoître que selon la mesure des facultés de chacun, le même objet, dans quelque région physique ou morale qu'il réside, va être envisagé par l'un sous un point de vue borné, par l'autre sous un aspect étendu, et sous les rapports les plus variés.

Que le même fait soit vu et raconté par deux hommes d'une intelligence diverse, on a peine à concevoir la différence des deux récits. C'est que l'homme borné n'a vu dans l'action, que ce qui en est le matériel, et l'autre a saisi dans les circonstances du fait, et dans le rapprochement des effets avec leurs causes, ce qui attache l'esprit, ce qui excite la curiosité et soutient l'intérêt. Il y aura de la vérité dans l'un et l'autre récit. Mais la vérité de l'un bornée à la forme extérieure de l'action, est stérile. La vérité de l'autre sera féconde en impressions, comme la source d'où elle émane.

Ceci nous montre la différence des ouvrages où domine le principe d'action de l'esprit et de l'intelligence, d'avec ceux où il manque; et ces ouvrages à leur tour nous font comprendre par leurs effets, la différence des deux manières de recevoir les impressions des choses, et des deux facultés d'en produire les images.

Il est fort naturel que l'ouvrage qui émane de la faculté de recevoir un grand nombre d'idées, de les élaborer sous le plus grand nombre de rapports, et

sous les rapports les plus étendus, que cet ouvrage
mis en opposition avec celui que produit la faculté
bornée à la simple réalité des choses, ait été appelé
du nom qui exprime les éléments dont il se compose,
c'est-à-dire les idées ou les images par excellence. Car
quoiqu'il y ait, à proprement parler, *idée* dans tout
ouvrage d'art, on appelle ouvrage sans idée, et par
suite, artiste dépourvu d'idées, l'ouvrage et l'artiste
qui ne produisent que des impressions foibles, communes et bornées dans un très petit cercle. On appelle au contraire homme riche d'idées, ouvrage fort
d'idée, composition pleine d'idées, l'homme, l'ouvrage, la conception, qui se font remarquer par la
puissance de l'esprit et de la faculté morale.

Et comme idée, selon la définition métaphysique
du mot, est la notion gravée dans l'esprit, *idéal* appliqué aux œuvres de l'imitation, désigne la qualité
caractéristique de l'ouvrage, en tant que produit par
le principe des notions qui appartiennent au travail
de l'esprit et de l'intelligence.

La liaison de nos sens et de notre esprit est telle,
et telle est la connexion qui existe entre les opérations de l'une et de l'autre de ces facultés, que
la raison humaine doit renoncer à en expliquer le
mystère. Mais la théorie des beaux arts n'a pas besoin de cette solution; il lui suffit de reconnoître ce
double fait, qu'il y a une action propre des sens, et
une qui est propre de l'esprit, dans la formation des

idées. Dès-lors, en laissant de côté toute question sur l'origine des idées, notre théorie d'accord avec le langage, qui est une sorte de raison universelle, reconnoît, dans les œuvres de l'imitation, comme dans la double faculté dont le concours leur est nécessaire, deux esèpces de qualités qui les divisent en deux classes.

Les ouvrages de la première classe, produits particulièrement par l'action des sens, ont pour modéle positif et exclusif l'œuvre individuel de la nature, et il est de l'essence de cette manière d'imiter, de se conformer à ce qu'elle prend pour son modéle, sans prétendre y rien ajouter, en rien retrancher, y rien changer. C'est l'imitation dans le monde des réalités.

Les ouvrages de la seconde classe sont spécialement le produit de cette faculté de l'intelligence, qui leur donne pour modéle, non seulement ce que le sens extérieur voit dans la réalité, mais ce qui ne peut être découvert que par cet organe scrutateur des causes et des raisons de la nature, dans la formation des choses et des êtres. Comme un semblable modéle n'existe matériellement nulle part, et que l'esprit qui le copie est aussi celui qui le découvre, on a donné aux ouvrages qui en sont le résultat, les noms de création, d'invention. C'est l'imitation dans le monde des idées. C'est *l'imitation idéale*.

Ainsi idéal signifiera ce qui est composé, formé, exécuté dans l'imitation des beaux-arts, par la vertu de cette faculté qu'a l'homme, de concevoir en esprit, et de réaliser ce qu'il a conçu, c'est-à-dire un tout tel que la nature ne le lui présentera jamais en réalité.

Il est facile de voir maintenant, combien on a tort d'appliquer la notion de l'idéal (comme on a trop l'usage de le faire dans les arts du dessin), uniquement aux ouvrages qui comportent l'imitation du beau, j'entends de la beauté corporelle bornée, soit aux figures juvéniles, soit aux figures de femme. L'idée de beau ou de beauté, ainsi restreinte, resserreroit l'idéal dans un cercle trop étroit. Il y a une sorte de beau corporel qui appartient à tous les âges, même les plus éloignés de celui où brille le charme de la beauté vulgairement entendue. L'usage de toutes les langues le prouve. On dit un beau vieillard, comme on dit un beau jeune homme. C'est que l'idée de beauté se compose de celle de la perfection, propre à chaque chose, à chaque être; c'est pourquoi chaque espéce d'objets, chaque sorte de qualité pouvant avoir sa perfection, peut aussi avoir son idéal. La laideur aura le sien comme la beauté; un satyre dans l'ouvrage de l'art, comme une Vénus. On peut faire de l'horrible idéal. Le Satan du paradis perdu est du genre le plus idéal qu'on puisse concevoir; mais son caractère n'est pas de ce *beau* idéal corporel que l'imagination joint à la jeunesse, quand elle veut se figurer ou représenter un ange. Il y a de même en poésie un idéal pour toutes les qualités les plus opposées entre elles. S'il y a l'idéal du courage dans Achille, Thersite nous offre l'idéal de la lâcheté.

~~~~~~

PARAGRAPHE VI.

Que l'imitation idéale procède d'une étude généralisée de la nature.

Entre toutes les idées ou notions qui se forment dans notre esprit, une des premières, des plus faciles à recevoir, et dont l'application a le plus d'emploi, est, sans doute, celle qu'on désigne par le mot *individualité*. On ne sauroit dire la même chose de l'idée ou notion opposée, celle de *généralité*.

Comme l'œil commence à voir par détails, avant d'embrasser l'ensemble, ainsi l'esprit dans ses opérations particularise avant de généraliser. Ce qui a lieu dans le travail habituel de l'intelligence d'un homme, est arrivé en grand dans les travaux successifs de l'esprit humain. C'est ainsi que peu-à-peu et par degrés, le travail de l'imitation, en tout genre, s'est élevé de l'observation particulière à la connoissance générale, et du simple au composé.

Ceci semble exiger une explication : car on pourroit croire que le simple doit ici se trouver dans le général qui produit l'ensemble, et que le composé doit appartenir à ce qui est détails. L'explication est dans les mots eux-mêmes. Or, nous ne parlons point ici de l'ouvrage, mais uniquement du travail de l'imitation, de l'opération de l'esprit. Il est certain que le premier procédé de cette opération, qui est celui de l'instinct, s'adresse toujours dans le travail de l'imitation, à ce qui est partiel ou individuel, et dès-lors se renferme dans le cercle le plus étroit; c'est pour cela que l'idée de simple s'y applique. Dès-lors l'idée de composé convient à ce travail de l'esprit et de l'intelligence qui embrasse les grands rapports des objets, et leurs points de vue les plus étendus, travail d'où résulte l'imitation généralisée.

Il n'est point nécessaire d'aller se perdre dans la nuit des temps, pour apprendre comment a commencé l'imitation. Des essais divers ont pu établir, selon les pays, quelques différences dans son point de départ, et dans la direction de sa marche; et nous le ferons remarquer sur-tout pour l'art chez les Grecs (voyez ci-dessous paragraphe x); mais cet exposé historique de la cause originaire, qui constitua sur l'idéal le système imitatif de la Grèce, ne contredira point ce qu'on avance ici de la marche naturelle de l'esprit, dans ce travail d'observations successives procédant du particulier au général, et dont plus d'un ouvrage grec nous montre également les effets.

Au reste ces effets se manifestent journellement sous nos yeux, dans les travaux des élèves et des commençants. Il est certain qu'en grand, comme en petit, et à quelque point d'observation qu'on se place, on remarquera que l'imitateur prend d'abord pour modèle, l'individuel ou le partiel. Son premier, son unique soin est, à l'époque dont on parle, de rendre le résultat de son imitation, le plus semblable qu'il est possible à son original, sans s'inquiéter ou songer à s'informer de ce que cet original pourroit avoir de défectueux ou d'imparfait.

Effectivement, juger des qualités et des défauts de l'individu, ou du modèle particulier, exige et fait supposer la connoissance du genre, ou du modèle général. Or, cette connoissance n'arrive qu'à la suite de nombreuses comparaisons, toujours dues à une expérience nécessairement tardive.

En suivant, soit par le raisonnement, soit dans les exemples, la marche des opérations de l'esprit, on comprend que cette expérience, acquise enfin par le parallèle d'un grand nombre de modèles, dut faire apercevoir à l'imitateur,

Que l'extrême fidélité à rendre la réalité d'un seul modèle, pourroit bien n'être qu'une extrême infidélité envers la nature;

Que la nature n'avoit pu destiner ni préparer aucun être en tant qu'individu, aucune chose en particulier, à servir les intérêts de l'imitation;

Que dans l'organisation des créatures et la direction des choses humaines, l'ordonnateur suprême avoit dû avoir d'autres points de vue, que ceux qui se rapportent à l'étude ou aux besoins de l'art;

Que dès-lors l'artiste devoit chercher la règle d'imitation de la nature, et le principe de la perfection à laquelle il aspire, non dans le détail toujours variable de la créature individuelle, subordonnée à tant de conditions étrangères au but de l'art, mais bien dans l'ensemble du système, ou du type original de la création, que la vue bornée des sens est incapable de saisir.

Dès que la connoissance des moyens propres de l'art, et des lois de la nature, dans la production respective de leurs ouvrages, eut appris à bien discerner le particulier du général, à voir le premier par le second, et dans le second, c'est-à-dire à rapporter l'épreuve individuelle à son type originaire, l'idéal prit naissance.

Il fut par conséquent reconnu que dans la région matérielle ou celle des corps, aucun individu ne pouvoit réunir l'ensemble de perfections extérieures qui se rapportent à chacune de ses parties, et que la nature s'est plu à distribuer plus ou moins inégalement entre tous. (Voyez le paragraphe suivant.) Il fut reconnu que dans la région morale, on attendroit aussi inutilement d'un seul caractère, l'universalité des qualités dont notre esprit peut se former l'idée, qu'on chercheroit en vain dans un seul homme, le composé parfait de tous les mérites dont

13.

chacun est diversement pourvu. Il fut reconnu que
dans le cours naturel des choses, les sujets d'action
historique propres à l'imitation poétique, ne peuvent
jamais se présenter au poëte, avec cet accord de circonstances, et cet ensemble de conditions nécessaires à l'effet que l'art du poëte est tenu de produire.
On comprit enfin que la nature n'ayant point à donner à l'imitation, et ne lui devant point un modèle
parfait et complet dans le sens de l'art, c'étoit au
génie de l'artiste à compléter lui-même, par une
savante combinaison, les qualités du modèle particulier.

Voilà ce que fit le véritable imitateur: et il ne put
le faire, qu'en généralisant, par une observation
étendue, l'étude de la nature, et en la réduisant en
système. Or, ce système n'est autre chose que le type
idéal de l'imitation, type formé non sur tel ou tel
ouvrage isolé de la nature, mais sur la généralité
des lois et des raisons qui se manifestent dans l'universalité de ses œuvres.

Ce ne fut donc plus l'ouvrage particulier, mais la
raison générale du suprême Ouvrier, qui devint le
vrai régulateur des opérations de l'art, et voilà comment l'imitation idéale doit passer pour être, par excellence, l'imitation de la nature. Si on passe pour
l'imiter, lorsqu'on ne fait que se régler sur une de ces
productions partielles, qui ne sont souvent que des déviations de son plan, ne l'imite-t-on pas beaucoup plus,

et beaucoup mieux, en s'appropriant le principe
même de ses lois, et en l'étudiant dans l'ensemble de
l'ordre universel où elles sont gravées?

On conçoit que dans ce nouveau cours d'études
imitatives, l'esprit de l'homme dut rechercher, non
pas seulement, si telle ou telle production de la nature plaît, mais encore pourquoi elle plaît. Il fut nécessaire d'interroger la cause de ce plaisir, soit dans
la corrélation de nos sensations avec chacun des objets créés, soit dans la conformité de leurs propriétés,
avec la fin principale qui leur est affectée.

Mais la nature, comme on le dira par la suite avec
plus de détail, en donnant à ses créatures une multitude de fonctions diverses, n'a point pu se proposer pour fin, ni unique, ni même principale, celle
de nous plaire, dans le sens où nous entendons le
plaisir qui résulte de l'imitation. Ce fut au contraire
en concentrant tous ses moyens sur ce seul point, en
les dirigeant vers ce but unique, que l'art devint
en quelque sorte rival de la nature.

Avant d'entrer plus avant dans la recherche de la
notion de l'idéal, et d'en faire connoître plus particulièrement le principe, c'est-à-dire avant d'indiquer à
l'intelligence les routes que parcourt le génie pour y
arriver, j'ai eu besoin de détruire les fausses impressions que le mot d'idéal fait naître dans l'esprit de
plusieurs, et de combattre les conséquences abusives
que le malentendu de cette notion, induit à en tirer,

soit ceux qui interprètent le mot dans un sens trop
rétréci, soit ceux qui n'apportant à cette sorte de
critique, que les lueurs de l'imagination, se refusent
à toute analyse théorique en matière de goût et de
sentiment.

Ces derniers sont sur-tout ceux qui, considérant
l'idéal sous le rapport borné de ce qu'ils appellent
le beau, voudroient non qu'on leur dise ce que c'est,
mais qu'on leur enseignât le moyen pratique de le
produire. Or, cette notion pratique ne sauroit être
communiquée par aucune autre voie que par celle
des exemples. C'est dire assez qu'elle est hors du pouvoir de l'écrivain.

On n'a pu avoir ici d'autre objet, que de faire connoître l'idéal dans son principe et dans ses effets,
comme étant le terme définitif des efforts de l'art, et
le véritable but de l'imitation.

~~~~~~

PARAGRAPHE VII.

De l'infériorité des ouvrages de l'art comparés à ceux de la nature, s'il n'a recours au modèle idéal de l'imitation.

La méprise où l'on tombe sur la notion de l'idéal dans l'imitation, dérive d'une autre méprise trop commune sur le sens qu'il faut donner au mot *nature*.

Tout ce qui existe, sans doute existe dans la nature, qui est le tout; mais la nature, pour l'imitation, n'existe pas réciproquement dans chaque objet. Elle n'y existe pas plus que le tout dans sa partie. C'est cependant sur cette confusion d'idées que se fondent certaines manières de voir, de raisonner, et de sentir. Cet objet, dit-on, cet être, cet individu, sont dans la nature : donc ce sont des objets naturels, donc en imitant un objet naturel, j'imite la nature. Voilà le raisonnement qu'on fait. Si on l'applique par exemple aux arts du dessin, il est constant que toute imitation produite en vertu de ce raisonnement, sera l'imitation d'un individu.

Mais nous avons déja dit, et tout le monde le sait,
que la nature (lorsqu'on se rend compte de tout ce
qui est entré dans ses desseins) ne s'y étoit nullement
proposé de créer à l'imitation que l'homme pourroit
faire de ses ouvrages, des modéles parfaits pour l'art.
Il seroit par trop ridicule de penser qu'elle ait jamais
visé à ce point. Tout d'ailleurs nous apprend le contraire. La seule diversité apparente des qualités physiques entre les créatures, et de leurs conformations
extérieures, nous démontre que la nature ayant pour
fins principales la procréation ou la reproduction,
et la conservation des êtres, a subordonné cette
double fin à des moyens équivalents, et dont la prodigieuse efficacité ne s'est jamais démentie. Cette immense élaboration, elle l'a soumise à des principes
d'action perpétuels, inaltérables, mais aussi à une
multitude de ressorts secondaires, qui agissent dans
le sens général de sa volonté, ou de sa régle, et produisent toutefois un nombre infini de divergences,
lesquelles sont probablement entrées dans l'ordonnance à nous inconnue de son dessein.

C'est en étudiant la nature, non point partiellement et en detail, mais dans l'ensemble de ses plans,
que nous parvenons à reconnoître ce qui est, ou non,
conforme à ses lois générales, que pénétrant le secret
de ses intentions, nous saisissons à-la-fois, et le principe d'ordre qui domine tout le système de la créa-

tion, et les raisons des irrégularités qu'on remarque dans les créatures.

Or, les irrégularités dont on parle, sont communes à tous les genres d'ouvrages de la nature.

« *Dans ce qui concerne les corps organisés* (dit un écri-
« vain moderne (1), *la nature semble mépriser les in-*
« *dividus, et n'accorder sa protection qu'à l'espèce.* » Les individus doivent donc être pour nous des moyens d'étudier l'espèce ; et c'est par l'espèce qu'il faut apprendre à rectifier l'individu. Que feroit l'artiste qui se borneroit à imiter un individu ? Il y pourroit trouver quelque chose de la nature, mais point la nature. Car la nature, en fait d'organisation des corps, en a subordonné la génération à une multitude de causes secondaires, qui ne sauroient produire l'expression entière de sa volonté, en sorte qu'il faut souvent regarder l'individu dans son rapport avec l'espèce, comme l'exception qui ne sert toutefois qu'à confirmer la règle.

Mais, dira l'imitateur, l'individu que j'imite, je ne l'ai pas pris au hasard. J'ai d'abord écarté dans le choix que j'ai fait, tous les individus difformes ou mal conformés ; ensuite j'ai pris pour modèle celui qui m'a semblé le mieux fait.

Eh bien ! lui répondrai-je, vous avez donc reconnu

(1) M. Say., *Econom. polit.*, tom. II, pag. 142.

que la nature dont vous vous proposez l'imitation,
n'existe pas dans tout individu, quoique cet individu soit naturel. Puisque vous choisissez un entre
plusieurs, c'est apparemment en vertu de quelque
règle qui vous dirige. Oui, dites-vous, j'ai comparé,
j'ai rapproché plusieurs modèles, la comparaison a
été mon régulateur. Mais, répondrai-je encore, vous
ne faites que redire la même chose en d'autres mots.
Vous avez comparé, et vous avez jugé, voilà tout. Ce
que je demande, c'est d'où vous avez tiré la règle de
votre jugement. Vous êtes forcé de dire que c'est du
raisonnement et du sentiment. C'est cela même, et
effectivement y a t-il d'autre juge et d'autre régulateur de nos jugements sur les œuvres de la nature,
que le sentiment du beau, guidé par l'expérience de
ce qui est utile, c'est-à-dire par le raisonnement, lequel nous fait discerner dans chaque objet de la création, en quoi il se rapproche, en quoi il s'éloigne du
dessin originel de la nature, de ce type dont chaque
créature porte l'empreinte, quoique la perfection de
cette empreinte y soit plus ou moins altérée en détail
par les causes secondes?

Si l'on est forcé d'en venir à ce résultat, je dirai
que ce résultat n'est autre chose que le principe théorique de l'idéal dans l'imitation.

Mais ce dont il faut encore dissuader le plus grand
nombre des hommes, c'est qu'il y ait et qu'il puisse
y avoir une seule créature parfaite; qu'on puisse ja-

mais rencontrer un individu capable d'offrir à l'art un modéle entièrement conforme à ce que l'art doit se proposer.

C'est que dans la vérité la nature et l'art ont une fin différente, et que, considérée sous le rapport de cette fin, leur perfection respective n'est pas la même.

Sans doute c'est bien par les œuvres de la nature, que nous pouvons concevoir, et que l'art peut réaliser dans ses productions, les idées d'ordre, d'harmonie, de proportion, de régularité, qui sont les éléments du beau, éléments dont l'imitation doit faire la combinaison. Mais il paroît que pour parvenir à ses fins, et pour faire remplir à ses créatures les fonctions qu'elle leur assigne, la nature n'a pas eu besoin de départir à chacune, la totalité des perfections extérieures que l'ouvrage de l'art réclame. Il paroîtroit même que l'harmonie dont le grand tout nous révéle les secrets, ne seroit, comme celle des sons, qu'un mystérieux accord de savantes discordances. Si cela est, peut-être une répartition inégale de qualités ou de perfections entre les êtres, est-elle entrée dans les vues de la nature. Peut-être ce que nous sommes portés à prendre pour des irrégularités vues en détail, n'est-il que la condition nécessaire de la suprême régularité qui régne dans l'ensemble.

Nous trouvons, j'en conviens, plus ou moins de plaisir aux ouvrages séparés de la nature, selon que chacun réunit un plus ou moins grand nombre des perfections, dont la totalité forme ce que nous appelons le type complet de la beauté. Mais jusque dans les êtres les plus défectueux, les plus détournés par l'action des causes secondaires, de la régularité que l'art ambitionne, il ne restera pas moins de quoi admirer une multitude de qualités en rapport avec les fins de la nature.

La forme extérieure des créatures n'est en effet que la moindre partie, n'est que l'enveloppe des merveilles infinies que comprend l'organisation des corps. Cette forme extérieure, si défectueuse qu'on voudra la supposer, n'en sera pas moins, dans cet état même de difformité, pourvue d'immenses avantages sur tout ce que l'art pourra produire de plus régulier. La vie, le mouvement, la sensibilité, et ce principe d'intelligence qui meut le corps le plus imparfait, chacune de ces choses peut défier toutes les perfections de l'imitation.

L'art, dans l'imitation des corps, ne peut disposer que de cette forme extérieure, c'est-à-dire de ce qu'il y a de moindre, comparé aux merveilles de l'intérieur des corps, qui sont hors de sa portée. Que dirons-nous du sentiment et de la pensée, dont il ne peut rendre autre chose, que les signes et de foibles apparences?

Dans une lutte si inégale avec la nature, que deviendra l'image de l'art, si elle est réduite à n'être que celle de l'individu, soit que le hasard en ait offert le modéle à l'artiste, soit même que celui-ci en ait fait le choix? Puisqu'il est constant qu'aucun individu n'a été produit et ne sauroit l'être (d'après le système de la nature), avec cette réunion complète des perfections extérieures, dont l'art est tenu de réaliser l'ensemble dans son image, il faut bien accorder que l'ouvrage fait d'après un modéle unique, le cédera à la nature. Il le lui cédera d'abord de toute la distance qui sépare la matière inerte d'avec l'être vivant, et ensuite de tout l'intervalle que nous voyons exister entre l'individu, considéré comme épreuve partielle et imparfaite, et ce qui est le type universel de toute perfection.

La nature et l'art dans la formation de leurs ouvrages, n'ont presque aucun point de rapprochement. En effet, la nature a mille fins diverses, quand l'art n'en a qu'une. Même inégalité dans leurs moyens. C'est une grande méprise à l'imitateur de croire que parcequ'il s'approprie une des parties de la nature, il puisse en revêtir tous les rôles et prétendre à la remplacer. Un des priviléges de l'être naturel est de pouvoir nous plaire, bien qu'il soit loin de réunir toutes les qualités extérieures. Ainsi les corps doués de la vie, et qu'anime l'intelligence, nous plairont par mille côtés tout-à-fait sans rapport avec ceux d'où procéde la perfection des formes.

Au contraire il est bien certain que les corps créés par l'art, n'ont qu'un seul côté par où ils puissent nous plaire, c'est celui de leur forme ou de leur apparence. Et dans le fait ces sortes de créatures-là n'ont aucun autre objet à remplir. L'individu encore qu'il soit jugé par le statuaire, mal proportionné, ou d'une forme indigne de l'imitation, ne laisse pas de satisfaire aux devoirs sans nombre pour lesquels il est créé. Mais à quoi sert la statue que ses disproportions ont rendue défectueuse? Y a-t-il quelque chose de plus inutile que l'ouvrage de l'art, s'il manque à l'obligation de plaire?

La fin nécessaire et unique de l'art, étant de produire des ouvrages qui plaisent, et par les seuls moyens qui sont à sa disposition, c'est à chercher et à trouver ces moyens que l'artiste doit tendre. Or, il les cherchera où il ne les trouvera point, s'il les demande uniquement au modèle individu, que la nature n'a pas pu destiner à plaire, de la manière dont une statue nous plaît. C'est donc la nature elle-même qui dit à l'artiste de l'étudier ailleurs, et de l'imiter autrement que dans et par un seul modèle, c'est-à-dire par les procédés du copiste, sous peine de voir l'ouvrage de l'art inhabile à supporter la moindre comparaison avec son original.

Rappelons encore ici ce qui a été dit plus haut, sur le désavantage qu'éprouve l'ouvrage de l'art contre celui de la nature: c'est que si l'être naturel a des défauts d'un côté corespondant au ressort d'un art, ces défauts seront souvent rachetés par des beautés, dans un aspect qui correspond à un autre art. Ainsi le modèle individuel n'eût-il sur sa copie forcée d'être incomplète, que l'avantage de compenser, par exemple, le vice de la forme par le charme de la couleur, on voit quel intérêt l'art réduit à l'un des deux aspects, aura d'y porter la totalité des perfections qui y sont relatives, perfections dont le modèle idéal pourra seul lui révéler le principe et lui fournir les moyens d'exécution.

PARAGRAPHE VIII.

Continuation du même sujet.

Ce qu'on vient de dire a un rapport naturellement plus sensible avec les arts du dessin qu'avec les autres arts. Le mot sensible est ici le mot propre, puisque effectivement les principes de la théorie de l'idéal trouvent, dans l'imitation des corps, certains exemples qui tombent sous les sens. Aussi se sert-on volontiers des exemples de ce genre pour rendre cette théorie plus claire.

Toutefois il règne à cet égard une conformité parfaite entre tous les arts. Qu'un art, par la nature et les moyens de son imitation propre, appartienne à la région des corps et de la matière, ou que, dépendant plus particulièrement de l'action de l'esprit, il tienne au monde moral, comme le font les différents genres de poésie ; il y a toujours, pour chacun, un double modèle dans la nature, et de la part encore de chacun, il y aura lieu à méprise sur l'idée qu'on attachera, et sur le sens qu'on donnera au mot nature.

Le poëte confond tout aussi souvent que le peintre, l'idée de la nature, bornée à l'individualité, avec cette autre idée de la nature considérée dans sa généralité. Tout aussi souvent il se persuadera que l'unique objet de son imitation doit être de contrefaire l'expression des vices, des passions, des ridicules, de tracer le tableau des actions et des choses humaines, de dessiner le caractère de ses personnages, uniquement d'après un original tel qu'il l'aura connu, tel que le hasard des circonstances, où les récits de l'histoire le lui donnent, tel que les causes locales où les mœurs de son âge le lui présentent.

Mais pour se produire dans un autre ordre de choses, le genre d'erreur sera le même, et il est aussi facile de s'en convaincre.

Si, comme on l'a démontré, la nature physique ne donne point à l'imitation des corps, de modèles accomplis et parfaits, dans le sens et selon les intérêts de l'art, pourquoi, dans la nature morale, en seroit-il autrement de tous les sujets qui forment le domaine de la poésie? Est-ce que cette puissance que nous appelons du nom de providence, dispose, dans le cours des affaires du monde, les événements, leurs causes, leurs incidents, leurs résultats, dans la vue que le poëte épique ou tragique y trouve l'original tout taillé, si l'on peut dire, pour son art, de l'action dont il doit ou mettre le récit en chants, ou montrer le spectacle en scènes?

Qu'on déroule dans l'histoire la suite de tous les faits anciens; qu'on examine, en voyant ce qui se passe sous nos yeux, soit les événements contemporains, soit les traits les plus remarquables, soit les rôles des personnages les plus distingués par leur caractère et leur position sur ce théâtre dont nous sommes les spectateurs, peut-on supposer que rien de tout cela ait été façonné ou disposé par le moteur des choses humaines, dans la vue de procurer des modèles aux poëtes? Y trouverons-nous le moindre sujet susceptible d'entrer avec toute sa réalité historique, dans la composition même la plus étendue?

Il en est donc des sujets propres à la poésie, comme de ceux du peintre. La nature des choses ne sauroit les procurer au poëte tout faits pour son art. Mille circonstances s'y trouvent mêlées, qui les rendent inimitables, ou qui, dans l'imitation, en détruiroient l'effet et la vérité. L'histoire nous donne une totalité qui n'a que faire avec l'ensemble de l'art: et la plus

grande des méprises, est de croire que la vérité de l'i-
mage est la même que celle de la réalité.

Oui, il y a une sorte de vrai qui se change en
faux par l'imitation, comme il y a une sorte de faux
qui devient pour l'art le plus haut degré du vrai.

Je m'explique. Lorsqu'il est dans la nature des
obligations du poète, de rassembler en un point,
c'est-à-dire dans un espace donné par les facultés vi-
suelles de l'esprit, ce que le hasard des événements
a désuni et dispersé en temps divers, en plusieurs
lieux, en incidents sans cohérence entre eux, ce sera
manquer à la vérité propre de l'art, que de procéder
à l'exposition d'une action, comme y procède l'historien. C'est qu'avant de m'amuser l'historien doit m'instruire. Il y a pour lui bien d'autres soins que celui de
plaire. A supposer qu'il manque d'agrément dans
son récit, ce récit, par son exactitude et précisément
même parcequ'il n'a pas cherché à plaire, me procurera un très grand plaisir, celui qui résulte de la
véracité, de l'utilité, etc., qui sont le but de l'histoire. Mais le but de la poésie est de plaire, et comme
elle ne me doit la vérité qu'avec le plaisir, c'est à elle
de chercher dans les faits de l'histoire, le point de
vue qui se prête à cette alliance. Inhabile qu'elle est
à s'approprier la réalité et la totalité des choses, si
elle ne sait point transformer cette sorte de vérité,
elle manquera tout à-la-fois à la fidélité historique,
et à sa première obligation, qui est celle de plaire.

Il y a réciproquement une sorte de faux (et c'en seroit un réel pour l'historien), qui devient pour la poésie, le seul vrai qu'elle doive ambitionner. Il consiste dans ce système, au moyen duquel l'écrivain poétique négligeant les détails, pour mieux saisir l'ensemble, et laissant le matériel des faits et des choses, pour ce qui en est l'esprit, ramène à leur principe ou à leur point de'vue central, les traits épars de son sujet, et au lieu d'une revue de parties sucessives qui excéderoient les limites de son art, et s'y entre-détruiroient, sait en faire un tout nouveau, qu'il réduit à la plus grande valeur d'expression et de signification.

Le poëte qui méconnoît ce genre de vérité ainsi transformée, méconnoît la nature et le but de son art, et de la même manière que le peintre, lorsqu'il se flatte (comme on l'a vu au paragraphe précédent), de trouver la vérité des corps dans leur réalité visuelle et dans l'individualité des créatures.

J'entends ici l'objection ordinaire.

Ce que la nature fait, dit-on, pourquoi la poésie ne le feroit-elle point? Pourquoi l'art ne représenteroit-il pas les sujets, ou les actions, ou les caractères, tels qu'ils se comportent dans la réalité, avec leurs disparates, leurs irrégularités, et avec ce mélange d'accidents et de circonstances, qui appartient à la réalité des choses?

Pourquoi? On l'a déja dit plus d'une fois. C'est que

14.

l'art n'est pas la nature, et n'a pas ses moyens. C'est
que l'espace et le temps qui appartiennent à la nature,
ne sont point à la disposition du poëte. C'est qu'en
prétendant suivre la nature sur le terrain des réalités, le poëte quitte celui des fictions, et cesse d'être
poëte. Bien plus, ce que le poëte, soit pour la scène,
soit dans son récit, a cru prendre pour le modèle d'un
seul genre d'imitation poétique, étoit effectivement
le modèle de plusieurs arts distincts entre eux; et ce
qu'il a pris pour le sujet d'une seule action, devoit
être la matière de plusieurs. Il y avoit peut-être dans
ce trait d'histoire, de quoi faire, selon les aspects
qu'il renferme, une tragédie, un poëme, un conte,
un roman. C'est à chaque art d'y prendre sa portion
de modèle, et de savoir suppléer, par ses moyens, ce
qui manque à l'intégralité que la nature refuse à chacun en particulier. Elle-même nous dit que, si elle fait
des drames, elle ne les a pas plus destinés à notre
scène, que ses tableaux pour nos toiles et nos cadres,
et pas plus que ses individus à devenir des statues.

Prétendre embrasser dans l'imitation la totalité ou
la réalité des sujets et des objets naturels, avec des
moyens bornés de toute part, c'est vouloir rester en
tout point inférieur à la nature.

Il y a donc nécessairement pour le poëte comme
pour le peintre deux modèles, dont l'un est comme
l'ame de l'autre. C'est-à-dire que tout ce qui entre
dans le cercle d'imitation de chaque genre de poésie,

a aussi une vérité de réalité pour les sens, et une vérité d'abstraction ou de généralisation pour l'esprit.
Or, cette dernière vérité, celle qui appartient en
propre au génie de chaque art, est la seule qui puisse
élever la puissance des moyens de l'imitation, au niveau de ceux du grand modéle, la seule qui donne
à l'image la capacité de rivaliser avec la nature.

On parlera (dans la troisième partie), avec plus
de détail, de ce que l'on pourroit appeler le mécanisme de l'idéal, lorsque, traitant des moyens qu'a
l'imitation pour y parvenir, on montrera par quels
procédés chaque art est tenu de refaire, de recomposer, de modifier tous les sujets, et leurs éléments,
et leurs apparences et leurs formes. (Voyez part. III,
paragraphe IX.)

Je veux placer ici d'avance l'objection singulière
que l'on fait à cette théorie : je dis singulière, parceque, loin de l'affoiblir, elle la corrobore.

On prétend en effet que ce que nous exigeons de
l'imitation, a lieu véritablement dans les ouvrages
même que nous condamnons, puisque l'effet du
vice de répétition identique est physiquement impossible à réaliser ; en sorte, ajoute-t-on, qu'il est
inutile de recommander au poëte de faire ce qu'il ne
sauroit se dispenser de faire, et par conséquent ce
qu'il fait toujours plus ou moins.

Sans doute. Mais c'est sur le plus ou le moins que
roule toute la question ; et ce plus ou ce moins dé-

pend encore de la manière d'entendre cette théorie, dans l'esprit de la chose, plutôt que selon la lettre.

On sait bien que jamais l'imitation ne peut se calquer entièrement, suivant la rigueur des termes, sur quelque modèle que ce puisse être. Prendre servilement au pied de la lettre, et ces notions, et les termes dont on use pour les rendre sensibles, seroit manque de bonne foi, ou manque de bon sens. Lorsqu'on parle d'imitation identique, de répétition de la réalité, dans les ouvrages de la peinture, on n'entend pas faire prendre ces mots dans un sens plus positif, que celui qu'on exprime par l'idée de miroir des objets. Toutes ces locutions doivent être prises au figuré, et le défaut dont on parle n'est pas moindre, quoiqu'on puisse prouver qn'il n'y a rien de calqué dans l'image, rien de mécanique dans son effet.

Nous avouons aussi que sur la scène, ou l'illusion par identité peut arriver au degré le plus sensible, il n'existera, même dans les ouvrages les plus empreints de ce vice, qu'une approximation de réalité. Jusque dans ces pièces irrégulières quant aux plans, fausses à force d'affectation de vérité, et d'où la prétention à la réalité d'action semble exclure l'art et l'imitation, l'auteur n'a pas pu certainement s'empêcher de faire encore beaucoup de compositions avec son modèle. Il a été forcé d'élaguer, d'ajouter bien des choses, d'en modifier beaucoup d'autres, pour les faire entrer dans le cadre moral de sa composi-

tion. Cela n'empêchera point que l'ouvrage ne passe
pour être fait dans le système de l'identité, dans l'esprit de la réalité; et qui le méconnoître, s'accuseroit
lui-même d'être incapable de concevoir une seule
idée dans la région de la théorie.

Toutefois, en prenant pour ce qu'elle vaut, la jus
tification de la fausse imitation que l'on combat·
en accordant que, même dans les ouvrages qui sont
moralement entachés de son défaut, l'auteur a certainement dû faire une partie des sacrifices, et subir
une partie des sujétions, qui tendent à modifier et à
changer les éléments de la réalité effective de ce qu'il
a pris pour modèle; qu'en résultera-t-il? C'est que,
dans la vérité, il n'y a aucun moyen d'imiter, sans
avoir plus ou moins recours au système de l'idéal,
et que tout artiste fait plus ou moins d'idéal sans s'en
douter.

Disons aussi qu'il y a effectivement plus d'un degré
dans l'idéal: et l'on en conviendra aisément, si l'on
accorde que la notion d'idéal est l'opposé de la notion de réalité. Il est clair que l'intervalle qui, dans
la théorie comme dans la pratique des ouvrages de
l'art, sépare ces deux points de la ressemblance imitative, offrira à l'artiste des degrés divers, c'est-à-dire
des moyens diversement gradués, de produire plus
ou moins l'espèce de plaisir que nous avons vu être
le but véritable de l'imitation.

PARAGRAPHE IX.

En quoi l'œuvre de l'imitation peut surpasser l'ouvrage
de la nature.

En donnant le plaisir pour but à l'imitation, nous avons déja dit, et nous ne saurions trop le redire, qu'il y en a de deux sortes ; l'un, le plaisir des sens, plaisir borné dans son principe et ses effets, l'autre, qui est le plaisir de l'esprit, et dont la source est iné-puisable, dont les effets sont infinis.

Il est facile d'apprécier la différence de ces deux plaisirs. Ce qui précède a pu en rendre raison, a dû expliquer comment et pourquoi l'imitation, lors-qu'elle reste dans les termes du réel et de l'individuel, ne sauroit satisfaire à ce que la meilleure partie de nous exige d'elle : car ce que le sentiment et le goût lui demandent, c'est qu'elle soutienne le parallèle avec la nature. Or, dans le système de l'imitation in-dividuelle, le parallèle ne peut être qu'au désavan-tage de l'art, s'il est vrai que le plaisir que procure cette imitation, ne peut pas s'élever au-dessus de ce-lui, dont un portrait, en quelque genre que ce soit, nous donne la mesure.

Qu'importe, répondra-t-on, l'imitation, qui est celle du portrait, si elle nous retrace avec une entière fidélité les traits ou le caractère d'un homme, par exemple, nous plaira toujours, parceque ce qui nous plaît dans les arts, c'est avant tout cette propriété qu'ils ont de reproduire notre image.

Nous ne contestons ni l'existence ni la légitimité de ce goût, qui est peut-être le ressort premier de l'imitation. Il est en effet impossible que l'homme ne rapporte pas à lui ce qui vient de lui ; or l'imitation est un résultat de son instinct ; mais ce même instinct qui le porte à se faire le centre et le but des œuvres de l'art, finiroit aussi par trop rétrécir le cercle, et réduire par trop la somme de nos plaisirs.

Oui sans doute, l'homme aime à se voir représenté par les œuvres de l'art. Mais comment et à quelle fin ? C'est mal apprécier ce goût, que d'imaginer qu'il nous suffise de rencontrer dans les images des arts, de simples miroirs réflecteurs de la réalité qui est toujours sous nos yeux. Cet homme que nous prenons plaisir à voir, parceque nous trouvons du profit à nous y étudier, soit dans l'expression de nos sentiments et de nos passions, soit dans les mouvements de notre ame, soit dans l'harmonie de nos formes extérieures, cet homme-là n'est pas celui dont chacun peut voir par-tout ou l'original ou la copie ; mais bien celui que l'art de l'idéal a généralisé, dont il a modifié ou façonné l'image, non d'après ce qu'on appelle la nature d'un modéle, mais d'après ce que j'appelle le modéle de la nature.

Or, la nature dont il s'agit ici, ne tombe pas sous les sens de chacun. Invisible à la fois et présente, elle est en tous lieux, et n'est nulle part. Elle se montre par-tout au génie qui sait la voir, et par-tout elle échappe à qui n'a que les yeux du copiste.

Ce qu'il faut dire enfin, c'est que puisqu'il y a deux maniéres de considérer la nature, l'une dans le détail de ses ouvrages, l'autre dans l'ensemble de son œuvre; l'une dans l'épreuve partielle de l'individu, l'autre dans le type de l'espéce; l'une dans les productions soumises à l'action des causes secondaires, l'autre dans l'intention des lois primitives dont le principe se manifeste à l'intelligence; il y a aussi deux modéles pour l'imitation. Il y a le modéle qui produit l'imitation d'un *homme*, et celui qui produit l'imitation de *l'homme*. On voit qu'entre ces deux modéles et entre leurs imitations, il se trouvera la différence que notre esprit met entre le genre et l'espéce, entre l'espéce et l'individu.

Il est donc de fait, et philosophiquement évident, que l'idée de nature, en tant qu'idée qui embrasse le général, correspond à l'idée de genre ou à celle d'espéce, et non à l'idée d'individu. Ainsi l'art ne prend réellement la nature pour modéle, que quand il la considére et l'imite dans la sphère des propriétés qui constituent l'être vu en général, ou pris collec-

tivement. Alors, et seulement alors, l'ouvrage em-
preint, si l'on peut dire, dans le type moral ou
physique, soit de l'idée, soit de la forme générale,
l'emporte sur l'ouvrage produit d'après l'épreuve partielle et individuelle, parceque la nature a refusé à
celle-ci la propriété d'exprimer la totalité des perfections, qui n'existent que dans le dessin original, et
qu'une étude généralisée peut seule découvrir et s'approprier.

L'imitation déja si inférieure, comme on l'a vu,
à la réalité individuelle de la nature, quand elle ne
vise qu'à se mesurer avec le réel et avec l'individu,
n'a donc d'autre ressource pour rivaliser avec la vertu
de ce modèle, et pour le surpasser, que d'invoquer à
son aide cet autre procédé imitatif, qui est le privilége de l'art. Et c'est ici qu'il faut se rappeler ce qui
a déja été dit, savoir que l'art, n'étant point la nature,
doit agir par d'autres voies. Certes il n'y a rien de
commun entre leurs créations. La nature ne s'est pas
conduite dans ses œuvres, d'après les procédés et les
méthodes de l'art. L'art ne sauroit réciproquement
prendre pour régle, ce qui le détourneroit de la perfection à laquelle il peut atteindre.

Mais cette perfection il ne la doit pas moins à la
nature. Elle seule lui fournit les armes pour la vaincre,
elle seule lui indique le côté par lequel il doit l'attaquer, et le terrain sur lequel elle lui cédera l'avantage.

Ce terrain est celui de l'idéal.

C'est là que l'artiste, abandonnant le stérile domaine de la réalité, où les hommes, les faits, les objets ne se montrent que tels qu'ils sont, parvient à nous créer comme un nouveau monde, où les objets se font voir tels que la nature nous dit qu'ils pourroient être. C'est là que toutes les existences s'agrandissent et s'ennoblissent, par l'échange qui s'y fait des vérités d'imitation particulière, contre cette vérité abstraite et généralisée qui les comprend aussi.

Voilà en quoi consiste le secret, et se manifeste la vertu de l'idéal. Tous les grands ouvrages des arts, en chaque genre, nous répètent ces leçons.

Le poëte s'est-il contenté de nous faire le portrait d'un héros ou d'un guerrier, par le récit, servilement détaillé, de ses actions où des circonstances historiques de sa vie? Non, il a au contraire rassemblé sur son personnage, et réuni, comme en faisceau, les traits les plus prononcés d'une valeur indomptable, pris dans le caractère, plus encore que dans l'histoire de son sujet, et alors il nous a peint moins un héros, que l'héroïsme. L'écrivain dramatique en use de même à l'égard de la peinture des événements dont il compose sa fable, sous le nom de tel ou tel autre personnage : car, il faut le dire, c'est bien moins le trait particulier de telle ou telle histoire qui devient son sujet, que la passion même dont ce trait lui donne l'occasion de développer les effets. Dans ce point de vue, qui est celui de l'idéal, le personnage épique ou dramatique n'est que le prête-nom du poëme ou de la piéce.

Selon ce système, l'individuel disparoît sous la forme du général. Le fait positif ou le personnage réel n'est, pour le poëte, que le moyen d'une invention ou d'une action qui nous retracera soit l'esprit d'un siécle, soit le caractère d'un peuple. (Voyez partie III, paragraphe IX.) De ces traits dispersés, où ne se peignent que partiellement et incomplétement les vices ou les vertus de quelques hommes, il fait sortir la peinture générale de l'humanité. Au lieu du portrait d'un être criminel ou vertueux, il fait le tableau du crime ou de la vertu. Ce n'est plus Achille, Oreste, Cléopâtre, Phèdre, Mahomet, etc. C'est l'orgueil, la vengeance, l'ambition, l'amour, le fanatisme qu'il vous a peints, en rassemblant et généralisant les caractères de ces passions, caractères dont la nature lui a fourni les traits élémentaires, et dont aucun individu n'auroit pu lui offrir ni l'ensemble ni l'entière expression.

Et le poëte comique fait-il autre chose dans les tableaux qu'il nous présente des ridicules, des travers, des défauts de l'homme en société? Trop souvent on prend ces tableaux pour des portraits, et l'on s'imagine que le poëte n'a fait, ou n'a dû faire qu'une copie de certains originaux connus de son temps, ou que le hasard lui a fait observer. Oui, ce peut être

pour lui, comme il y en a pour le peintre, des objets
d'étude séparée, et de cette étude peut résulter aussi
l'ensemble d'une image abstraite et généralisée. Qui
ne connoît et qui ne distingue pas, dans le genre du
paysage, par exemple, ces études de points de vue,
de sites reproduits à la chambre noire, et qui, selon
le talent de l'artiste, peuvent ou rester ce qu'on appelle des vues, ou devenir des compositions idéales?
Voilà ce que l'on confond habituellement. L'étude
séparée de l'individu est sans doute nécessaire, mais
pour arriver à la science de l'être général. Ce qu'on
prétend donc, c'est que cette étude n'est et ne doit
être aussi qu'un moyen pour le poëte, de nous offrir sur la scène, l'idée complète d'un vice ou d'un ridicule, au lieu de se borner à la peinture isolée de
quelque action, de quelque trait emprunté à un seul
modèle.

Plaute et Molière vont nous présenter un exemple
de la différence que je veux rendre sensible, dans la
manière dont chacun d'eux a tracé le caractère de
son avare. Si M. Scklegel (1), qui en a fait le paral-
léle, a voulu dire que l'*Euclion* de Plaute est plus
simple, que l'action où son avare est mis en jeu, a
beaucoup moins de ressorts variés que celle de Molière, que le fait d'un trésor caché, source unique
des inquiétudes d'*Euclion*, domine dans toute la pièce,

---

(1) *Cours de littérature dramatique*, tome II, page 252.

en produit le dénouement, et lui donne l'avantage
d'une plus grande unité d'objet, on sera très disposé
à être de son avis. Le titre même de la pièce auroit
pu apprendre encore au critique cité, que Plaute en
l'intitulant le *trésor*, ou, comme nous dirions, la *cas-
sette*, n'a pas eu la prétention de faire une peinture
fort étendue, mais seulement un *portrait d'avare*.

Tout ce que M. Scklegel reproche à Molière,
prouve aussi que, malgré quelques traits empruntés
à Plaute, le poëte françois a conçu une toute autre
idée. Son intention ne fut pas de nous donner, dans
une des manies qui rendent l'avare ridicule, un
seul point de vue comique. Au contraire, en soumet-
tant son personnage aux principales épreuves qui en
font ressortir le vice, en nous montrant tous les actes
de sa vie intérieure et domestique entachés de cette
passion sordide, il prouve qu'il voulut nous présenter la *peinture de l'avarice*.

Et voilà en quoi l'œuvre de l'imitation peut surpasser l'ouvrage de la nature, vu dans ce qu'il a d'individuel et de particulier. Car au moral comme au
physique, la nature montre à nos yeux et rend sensible ce qui appartient à l'individu, elle ne découvre
qu'à l'esprit ce qui appartient au général. Chacun
connoît quelque avare, et chacun a observé en détail
quelque trait particulier d'avarice. Il falloit, pour arriver à l'idéal en ce genre, non pas seulement réunir
sur un seul, les ridicules de plusieurs, mais par une

étude approfondie du cœur humain, saisir jusque
dans toutes les contradictions et toutes les physionomies du vice, ce qu'il a de plus caractéristique,
de plus propre à nous faire voir, non la personne d'un
avare, mais l'avarice personnifiée.

Ainsi, l'être individuel fait place à l'existence généralisée, qui n'est le propre de personne, et dont
aucun être ne nous peut présenter le modèle effectif.

Nulle part cette théorie ne devient plus sensible,
que dans ce qui regarde l'imitation des corps, ainsi
que la suite nous le montrera; nulle part aussi on
ne se trompe plus facilement, parceque dans aucun art la réalité des modèles partiels ne peut avoir
autant d'influence sur l'imitateur. Dans aucun genre,
l'individuel ne se présente avec autant de pouvoir de
séduction. C'est en vain cependant que l'artiste attendroit d'un individu l'entière expression d'une seule
des qualités corporelles, dont il voudroit fixer et
rendre le caractère. Il aura pu d'après un seul individu représenter, par exemple, un homme fort. Mais
où le statuaire Glycon aura-t-il trouvé le modèle de
la force? Ce modèle que nous voyons aujourd'hui
dans son Hercule, pourquoi ne s'est-il plus représenté dans aucun individu vivant? C'est qu'il ne s'y
étoit jamais trouvé, c'est qu'il ne s'y trouvera jamais.
Le génie qui sait, par les combinaisons de l'art, rassembler dans un tout, ce que la nature a réparti,

peut seul la surpasser sur ce point, et il crée l'idéal de la force.

Autant doit-on en dire de chaque qualité des corps. L'artiste fera une belle figure, si l'on veut, d'après une belle personne; mais cette personne, pour avoir de la beauté, ne sera pas la beauté même, et la figure qui en sera le portrait, ne pourra pas nous donner une image de cette qualité complète, si elle est faite d'après un modéle nécessairement incomplet.

Ceci ne tend pas (on l'a déja dit) à exclure des travaux de l'artiste l'étude du modéle individuel, puisque c'est, au contraire, par les observations de détail ou particulières, qu'on parvient au général, c'est-à-dire à l'idéal. Ceci tend à montrer que l'artiste, par le secours de l'art, doit faire ce que la nature n'a point fait, parcequ'elle n'a point eu apparemment besoin de le faire; comme nous l'explique la différence de but. (Voyez paragraphe VI.) La nature dut porter ses soins à ordonner l'immensité, l'infini, la totalité. L'art ne donne les siens qu'à ce qu'il y a de plus borné, à un seul ouvrage et à un seul genre de plaisir. Là est sa seule supériorité, et c'est à quoi il lui est interdit de renoncer, puisque, s'il y renonce, il se dessaisit du seul avantage qu'il ait sur la nature, dans ce qui constitue la forme extérieure des corps.

Ce point de vue, véritable but de l'imitation, le seul digne des beaux-arts, n'est autre chose, comme

on l'a vu dans les paragraphes précédents, que le
système de l'idéal.

Ce système que le sentiment avoit employé, long-
temps avant que le raisonnement eût essayé de l'analyser, ne place point l'artiste, ainsi que quelques uns
semblent le croire, hors du cercle de la nature. Loin
de cela, il en aggrandit pour lui l'horizon, en décou-
vrant à son esprit, par l'effet d'une étude généralisée, les mystères de ce beau et de ce vrai, que les
sens tous seuls ne sauroient pénétrer. Car l'idéal,
loin d'être l'opposé du vrai, n'est en chaque genre,
que le plus haut degré de la vérité, celui d'où l'on
embrasse les objets, dans leur plus grande étendue,
pour en donner l'image la plus complète.

C'est par la vertu de ce système, que se révèle à
l'imitateur le secret de cette sorte de perfection cachée aux yeux du vulgaire, dans la généralité des
êtres. C'est lui qui ouvre à l'artiste le dépôt des lois
universelles de la nature, et le conduit à la source des
impressions profondes que produit l'enthousiasme
du beau intellectuel, par l'entremise des sens.

C'est par lui que l'art des sons devient l'interprète
des plus hautes pensées, que de simples rapports de
lignes manifestent les lois de la création, que l'accord des belles proportions élève l'esprit jusqu'au
créateur, et qu'un seul ouvrage de l'art, aussi borné
dans ce qui en est l'objet ou en fait la matière, que
la nature est illimitée, parvient, au moyen de ce qui

en est le principe et en devient l'esprit, à produire
sur tous les homme et dans tous les temps, un de
ces effets que la nature elle-même pourroit lui en-
vier.

PARAGRAPHE X.

De la cause originaire qui introduisit en Grèce et y
perpétua le style idéal dans les œuvres de l'art.

Quand on se rend compte des différentes acceptions du mot idéal, et des rapports divers sous lesquels sa notion peut être envisagée dans le domaine
de l'imitation, il faut y reconnoître encore un emploi très borné sans doute, mais qui n'est pas sans
une connexion assez sensible avec ce qui est l'objet
de nos recherches. Cet emploi est celui de signe figuratif, dont la propriété, en quelque sorte grammaticale, est aussi de généraliser l'expression des objets
par l'abréviation de leurs formes.

Le signe en effet est une image sommaire ou rac-
courcie, comme l'image est le signe développé de
tout objet, de tout sujet, de toute action. Le signe
est par conséquent une sorte d'idéal, et, mathématiquement parlant, il est la représentation la plus généralisée d'une chose, en tant que cette représenta-

tion est évidemment l'opposé de celle qui particularise la même chose par ses détails.

L'aperçu de cette notion n'aura rien d'étranger à notre théorie, si elle peut contribuer à nous rendre compte avec clarté, du principe et de l'esprit qui dès l'origine guidèrent en Gréce les premiers pas de l'imitation vers son véritable but, et donnèrent à l'art la plus heureuse direction.

Il est en effet remarquable que, né de l'écriture par signes figuratifs, c'est-à-dire hiéroglyphiques ou symboliques, dont il brisa bientôt les entraves, l'art, dans son premier âge, ne put s'exercer qu'à rendre, avec la plus grande simplicité de formes, les idées les plus abstraites et les plus généralisées. On ne sauroit en douter, quand on voit pendant quelle suite de siècles (celle des siècles héroïques) il eut à répéter et à modifier progressivement des figures qui, au lieu d'être la représentation vraie des choses, n'étoient que l'expression plus ou moins conventionnelle des idées ou des rapports de ces choses.

Les froides conventions du signe figuratif s'étoient perpétuées dans ces premières figurés. Mais bientôt l'imitation acquérant plus d'indépendance, la chose ou l'idée signifiée céda la place, dans l'imagination des hommes, à l'objet qui n'en devoit être que l'expression. Ce qui n'avoit été que le caractère sensible d'une idée abstraite, reçut de la crédulité, une existence, une personnalité imaginaire, il est vrai, mais qui n'en fut que plus d'accord avec l'esprit de l'imitation. Le peuple corporifiant dans son imagination les objets de l'ancienne écriture symbolique, on fit des hommes réels, de ce qui n'avoit été que des lettres ou des signes plus.ou moins arbitraires. Ce fut le second pas de l'art et peut-être le plus important dans la carrière de l'imitation.

Ces signes devenus hommes ou êtres réputés vivants dans l'imitation, leurs figures conservèrent quelque chose du caractère inimitatif et de la simplicité de leur type originaire. Cette tradition de goût et de manière continua d'y rendre sensible le principe d'une existence abstraite, d'une nature fort éloignée du principe de l'identité. Obligé de s'exercer, non comme il est arrivé ailleurs, à représenter des individus connus, réels, ou ayant réellement existé, selon le goût ou dans le sens du portrait, mais des êtres fantastiques, imaginaires ou poétiques, l'art ne fut tenu qu'à cette sorte d'imitation conventionnelle, qui, philosophiquement parlant, étoit idéale, puisqu'elle ne devoit tendre à donner l'image de personne en particulier.

Tel fut, dans l'exacte vérité, le second style d'imitation des premières écoles de la Gréce. Un très grand nombre de leurs ouvrages, parvenus jusqu'à nous, dépose, dans une manière uniforme et commune à toutes les productions, de l'influence du principe abstrait qui avoit présidé à la naissance de l'imitation.

On l'y reconnoît sur-tout à une absence systématique de détails dans les formes, à un style de dessin roide et rectiligne, à la monotonie des physionomies, au manque absolu d'expression dans les têtes, de variété dans les mouvements. Alors aucun caractère propre ne faisoit distinguer, selon la diversité des sujets, ni les personnes, ni les conditions, ni les âges. Alors, et long-temps encore après, on ignora l'art de la ressemblance qui constitue le genre du portrait; car Pline nous apprend qu'à cette époque, et jusqu'au siècle de Lysistrate, c'est-à-dire celui d'Alexandre, on ne cherchoit dans les portraits que la beauté des formes (1).

Enfin lorsque l'oubli du signe primitif, ou de la manière des figures qui lui avoient dû la naissance, eut effacé dans les œuvres de l'imitation, l'empreinte de ce goût qu'on peut grammaticalement appeler abstrait ou idéal, c'est-à-dire lorsque le signe et son équivalent, eurent fait place à des images conçues dans un autre ordre d'idées, et d'après la personnification poétique, comme lorsque la *science* devint *Minerve*, la *lumière Apollon*, etc., le besoin d'un autre genre d'idéal s'empara du génie des artistes, et ouvrit à l'imitation la carrière infinie des espaces où la poésie l'avoit devancée.

Guidé par elle et enhardi par son exemple, l'art se créa un nouveau monde où l'imagination de l'ar-

(1) *Quam pulcherrimas facere studebant.*

tiste se plut à réaliser avec des formes et des corps les inventions du poëte. Dans ce pays des abstractions furent transportés sans doute tous les sentiments, toutes les passions de l'homme, et aussi tous les traits, tous les attributs corporels de l'humanité. Mais ces êtres naturels et à-la-fois surnaturels, hommes et dieux tout ensemble, pour être représentés d'une manière conforme à la croyance établie, durent surpasser les simples mortels, en perfection, en beauté, en force, en dignité.

La poésie avoit certainement emprunté aux premiers signes de l'écriture figurative, le motif originaire de ses inventions mythologiques. Mais on comprend comment, tout-à-fait libre des sujétions de la matière, dans la procréation des êtres dont il peupla son olympe, le poëte dut promptement enchérir sur ses modèles. Aussi le voit-on s'élancer de suite dans les espaces illimités de l'idéal, et défier l'œuvre du ciseau et du pinceau d'égaler jamais les proportions qu'il sut donner aux dieux. Ce fut véritablement la poésie qui constitua leur nature surhumaine par la configuration imaginative qu'elle leur donna, par la facilité qu'elle eut d'établir entre eux et les hommes, cette prodigieuse distance de dimensions et de facultés, dont Homère a en quelque sorte fixé les degrés relatifs à chaque divinité.

Obligé à son tour de puiser aux sources de l'idéal poétique, forcé de se mettre d'accord avec les inven-

tions du poëte, l'artiste n'eut d'autre moyen de rivaliser avec elles, que de produire une perfection corporelle, qui fut elle-même une abstraction, c'est-à-
dire une imitation de l'homme, vu hors de la sphère
rétrécie de l'individualité, et ainsi, propre à devenir
l'image d'êtres privilégiés qu'on ne put assimiler à
aucun homme considéré en particulier; et telle est
à-la-fois la définition et l'histoire du style qu'il faut
appeler style d'imitation idéale.

Il fut sur-tout une conséquence de cette religion
polythéiste qui, après avoir employé les signes dans
le sens grammatical du rapport que les lettres ont avec
les mots, fut par suite tenue de donner progressivement aux figures, le caractère qui devoit les convertir
en images purement corporelles, et faire servir leurs
formes à exprimer les plus abstraites créations de
l'intelligence.

Ce nouvel empire de la religion sur les arts, dû
sans doute à la révolution qu'ils contribuèrent eux-
mêmes à y opérer, produisit réciproquement l'influence des arts sur la religion. Au lieu d'en être
comme ailleurs les esclaves, ils en devinrent les ministres et les interprètes. Au fond chaque divinité
grecque avec ses formes poétiques et ses attributs mythologiques, devint un composé d'idées abstraites,
de propriétés générales, que l'art ne pouvoit rendre
sensibles aux yeux, intelligibles à l'esprit, sans
l'entremise d'un style d'imitation idéale ou généralisée.

Il faut donc remarquer que ces êtres imaginaires, auxquels le signe abstrait de l'écriture figurative avoit donné naissance, reçurent ensuite des fictions abstraites de la poésie, une nouvelle existence : mais subordonnés depuis dans les développements successifs de l'art, à un autre ordre d'idées, ils ne firent qu'échanger la qualité abstraite de signe, contre celle d'image également abstraite ; c'est-à-dire le caractère d'écriture idéale, grammaticalement parlant, contre celui d'une imitation qui fut contrainte d'être, poétiquement parlant, idéale.

Ce court exposé peut suffire pour rendre compte des causes de ce goût idéal dans tous les arts de la Grèce, et à différentes époques ; phénomène singulier, unique dans l'histoire de tous les peuples, et auquel l'habitude et la tradition qui nous ont familiarisés avec ses effets, empêche de faire assez d'attention. Car, comme il est certain que nous devons ce goût d'imitation et toutes ses conséquences à la Grèce, il est certain également, qu'aucune autre nation du monde ancien n'en a soupçonné l'existence, et qu'aucune nation moderne n'auroit pu réunir la moindre des conditions nécessaires à sa découverte et à son développement.

En Grèce, au contraire, tout ayant contribué à le faire naître, tout concourut à l'étendre, et à le rendre commun aux ouvrages mêmes qui sembloient devoir y être plus étrangers. L'artiste étant obligé de former, et le peuple étant habitué à voir, dans les simulacres des Dieux, les images les plus abstraites de la nature humaine, on fit naturellement participer au privilége de ce style, quoiqu'à différents degrés, les effigies de beaucoup d'autres personnages d'un rang inférieur. Tel fut enfin l'empire de l'idéal sur les sens et sur l'esprit, qu'il se communiqua même à la représentation des simples mortels.

C'est qu'il est de l'essence d'un principe élevé dans l'imitation, d'exhausser ce qui est petit, comme il appartient au goût rapetissé, d'abaisser ce qu'il y a de plus grand.

PARAGRAPHE XI.

Caractère de l'idéal démontré et rendu sensible dans les ouvrages de l'art antique.

Il me semble que les ouvrages de l'art antique, dans les nombreux monuments qui nous en sont parvenus, offrent à la théorie qu'on a mise en avant, un appui et une autorité, d'autant plus irrécusables, que les écrivains contemporains nous en ont eux-mêmes (comme on le verra dans le paragraphe suivant), développé le principe, et en ont étendu les conséquences à tous les arts.

Il est indubitable, que nulle part et en aucun

temps, l'imitation du corps humain n'a trouvé, comme
elle en rencontra chez les Grecs, de circonstances
et de causes aussi favorables à son étude. On peut
croire encore que jamais pareil concert entre la nature, le but, et les moyens de l'imitation, ne se reproduira dans les arts d'aucun peuple. N'y eût-il que
cette action si puissante d'une religion fondée sur le
besoin de représenter les Dieux sous les formes humaines, on conçoit que, dans un pays où toutes sortes
d'institutions mettoient l'artiste à portée d'étudier à
toute heure le corps de l'homme, cela seul dut suffire
pour porter les esprits à la recherche et à la découverte d'un système qui, en établissant plus d'un degré de perfection, dans l'imitation des corps, dut fixer
par l'idéal le rang suprême que réclamoient les images
de la Divinité.

En suivant dans l'histoire de l'art antique la route
tenue par les artistes grecs, pendant une longue suite
de siècles, on a vu comment très naturellement ils
durent être conduits au vrai but de l'imitation. Après
avoir reconnu que l'individu le plus mal conformé
dans la nature, avoit sur sa copie fidèle, l'immense
avantage de la réalité, du mouvement et de la vie, on
ne put manquer de s'apercevoir que l'art, par cela
seul qu'il ne crée que des apparences de formes iner-
tes, avoit le pouvoir de modifier ces apparences et
d'en régulariser les formes, en les rapportant à un
seul but, celui de plaire.

Lorsque la nature, comme on l'a dit plus haut, a soumis la forme de ses productions particulières à une multitude de causes secondaires qui les éloignent de la perfection du dessin général et du type originaire, l'artiste en Grèce, instruit par les leçons d'une étude généralisée, de ce désavantage propre à l'individu, vit le côté foible de la nature, et lui opposa tous les avantages qui sont particuliers à l'art.

Libre dans la génération de ses ouvrages, maître de confronter chaque partie des corps, chaque détail de chaque partie du modèle individuel, à l'ordonnance générale du modèle universel, l'artiste put porter l'œuvre de son imitation, à ce complet de perfection extérieure, que la nature a négligé. Il put ainsi donner à tous les rapports de formes, tous leurs genres d'harmonie, à toutes les proportions, tous leurs degrés de régularité, à tous les caractères, toutes leurs variétés d'expression. Par l'effet de cette étude systématique, l'art sembla en Grèce avoir refait et réordonné la nature, au profit et dans l'intérêt de l'imitation. Mais ce fut, comme cela est sous-entendu, avec l'aide même de la nature. Car c'est toujours elle qui par les défauts autant que par les beautés de ses créatures, donna jadis à l'artiste l'idée de la perfection absolue ou relative des formes du corps humain.

On ne sauroit se refuser à croire à l'existence de ces études et de leurs résultats, lorsqu'on examine les ouvrages de l'art des Grecs. Toutefois ce qui nous importe le plus, c'est de nous assurer qu'ils ne furent pas dus au hasard de quelque talent particulier, mais bien à ce que j'appelle un système, système connu de tout le monde, devenu classique, et commun à tous les arts.

Or, c'est bien déja ce que nous apprend Aristote, lorsqu'il nous désigne, dans une classification vraiment systématique, les trois degrés du style imitatif des trois artistes Polygnote, Denis, et Pauson, dont le premier représentoit les hommes plus beaux qu'ils ne sont, χρείττους, le second tels qu'ils sont ὁμοίους, et le troisième moins beaux qu'ils ne sont χείρους.

Que peut signifier la distinction de ces trois degrés? Rien autre chose sinon que l'étude du corps humain ayant été soumise à une échelle de comparaisons aussi variées qu'étendues, le résultat de cette étude avoit fait voir l'homme tel qu'il auroit pu être, selon les lois générales de la nature, tel qu'il se trouve généralement être, en tant que soumis à l'action des causes qui l'empêchent d'atteindre à la perfection absolue, et tel qu'il est trop souvent, c'est-à-dire le plus éloigné de cette perfection extérieure, qui est la fin que l'art doit se proposer.

Il faut en effet expliquer ici Aristote et les termes qu'il emploie, de la manière que non seulement le goût et le sentiment, mais la raison et le bon sens nous présentent. Il faut l'entendre, dans le sens où nous entendrions celui qui se serviroit des mêmes termes,

pour caractériser les trois goûts de dessin de trois
de nos écoles modernes ; comme par exemple de l'é-
cole romaine, où le caractère du dessin s'est élevé
au plus haut, de l'école vénitienne, dont le style est
resté au niveau du genre du portrait, et de l'école
flamande, si bien connue par le caractère vulgaire qui rabaisse, au dernier degré, l'imitation de
l'homme. C'est certainement dans le même sens que
Sophocle disoit: *J'ai peint les hommes tels qu'ils devroient être, et Euripide les peint tels qu'ils sont.* On sait
effectivement (1) qu'Euripide rabaissa de beaucoup
sur la scène la d' ɲnité des caractères et des mœurs
héroïques, et que ses personnages montrent souvent
. des mœurs vulgaires.

Voyons maintenant jusqu'à quel point les ouvrages
de l'art antique, correspondent et à cette doctrine
des écrivains grecs, et au résultat de l'analyse théorique de l'idéal, qui nous a présenté comme but de
l'imitation, *non ce qui est comme il est,* mais *ce qui est,*
comme il pourroit ou *devroit être.*

Qui n'a pas été frappé du caractère des statues antiques, sur-tout si on le compare à celui du plus
grand nombre des statues modernes, auxquelles l'antique n'a pas servi de régulateur? Qu'on veuille bien
se rendre compte des impressions que font les œuvres du ciseau des Grecs, avant qu'on y soit familia-

(1) Voyez Schlegel, tome I, page 227.

risé. Qu'y remarque-t-on? Quelque chose de si simple, de si épuré dans les contours, de si purgé de détails minutieux, qu'on a souvent pris cette simplicité pour de la froideur, cette pureté pour de la roideur. On y remarque une grandeur de style qui paroît aller au-delà de la nature, un accord systématique de formes qui ressemble à une convention arbitraire, un ensemble de rapports et de proportions fixées avec une régularité que la méthode seule peut donner, et toujours cette absence de parties accidentelles qui détruisent la forme générale. C'est particulièrement dans les têtes que ces caractères deviennent encore plus évidents pour tout le monde. Il suffit de se rappeler ici ce principe général de profils presque rectilignes, de nez carrés, de sourcils angulaires, d'yeux profondément enchâssés, de bouches et de lèvres articulées, de contours uniformes, et ces expressions d'où la grace et la régularité des formes ne sont jamais bannies. Aussi a-t-on souvent remarqué que les personnes étrangères aux connoissances de l'art, ou qui n'en ont point scruté les raisons, trouvent les plus belles têtes antiques privées de ce qu'elles croient être la vie et l'expression, dont elles n'ont conçu l'idée que sur des modèles particuliers, ou d'après le genre du portrait, genre qui caractérise les ouvrages d'un certain goût moderne.

La manière d'être et le genre d'imitation indivi-

duelle sont effectivement beaucoup plus à la portée
de l'instinct, beaucoup plus en rapport avec le goût
de ceux qui ne jugent que par les sens. Quelque
chose qui saisit davantage l'ignorant, par la copie
de toutes les petitesses dont il est facile d'être juge,
je ne sais quoi de grimaçant dans l'expression des
physionomies, un style vulgaire de détails qui tient
du portrait, jusque dans les figures qui ne sont le
portrait de personne, un goût d'imitation servile,
un manque absolu de système et de méthode dans
la disposition des formes, voilà ce qui caractérise une
certaine manière moderne, que je n'ai opposée ici à
celle de l'antique, que pour mieux faire saisir ce en
quoi consiste le caractère de celle-ci. J'ajouterai que
cette différence chez les modernes, a dû nécessairement résulter de la différence d'études, et du peu de
moyens d'observer ou de comparer les éléments variables et dispersés, d'où émane la connoissance généralisée du corps humain.

Ce qui frappe donc le plus dans la sculpture antique des Grecs, c'est que la figure humaine y porte
l'empreinte d'un type qu'on croiroit avoir dû être le
type originaire de l'espèce. Ce qu'on est tenté de penser
de la sculpture moderne dont on a parlé, c'est que,
comparativement parlant, la figure humaine y seroit
l'image d'une sorte de race dégénérée.

Cela ne signifie pourtant rien autre chose, sinon
que dans la sculpture antique on reconnoît l'*homme*,

c'est-à-dire l'être généralisé, et que la sculpture moderne ne nous donne l'idée que d'un *homme* ou de l'être individu, c'est-à-dire borné à la valeur de ce qu'on peut appeler une épreuve secondaire et imparfaite.

Les Grecs firent l'homme tel qu'il pourroit ou devroit être. Les modernes l'ont fait tel qu'il est, ou tel qu'il paroît être. Les Grecs ayant étudié la figure humaine dans l'espèce, ont imité la nature ; les modernes ne l'ayant étudiée que dans l'individu ne sont point arrivés jusqu'à la nature. Imiter la nature, c'est se conformer à ses lois générales, à ses raisons primordiales, à sa volonté primitive, c'est-à-dire aux principes d'où découle la science de l'organisation et de l'harmonie des corps. On n'imite point la nature lorsque, méconnoissant l'ensemble de ses lois, on prend pour règle de sa volonté ce qui en est les exceptions, autrement dit, ces déviations que les accidents soit de la génération, soit de beaucoup d'autres causes, opposent au développement régulier de l'individu.

Si les caractères que l'on vient d'esquisser, et dont l'évidence frappe tous les yeux, sont généralement ceux de la sculpture antique, et très particulièrement ceux des statues, que tout le monde reconnoît pour être du genre idéal ; si le style propre de cette imitation du corps humain, est bien certainement celui qui offre l'image opposée à celle de portrait ou d'individu, il faudra reconnoître que le résultat visible et sensible des ouvrages de l'art, est le même que ce-

lui des notions théoriques et de l'analyse métaphysique de l'idéal telles que nous les avons précédemment données.

Je sais qu'on a coutume d'expliquer l'idéal, dans
les ouvrages de tous les arts, par une notion en apparence plus simple. C'est, dit-on, le produit du
génie. D'accord, et je suis loin de le contester ; mais
revient aussitôt cette autre question : Quelle est l'o-
pération du génie ? On ne peut la définir que par la
recherche des voies et des moyens qu'il emploie, et
des effets qui en résultent. Telle a été la méthode qu'on
a déja suivie, et qui le sera encore dans la troisième
partie de cet ouvrage.

Nous aurons donc atteint le but d'aussi près qu'il
est possible, si nous avons montré que l'idéal, dans
l'imitation des beaux-arts, est une manière de considérer et de faire voir les objets dans le point de vue
général qui seul correspond à l'idée de nature ; que
ce point de vue, résultat de la science à-la-fois et du
sentiment, n'est aperçu que par l'intelligence en théorie, et ne peut être saisi dans la pratique, que par
l'œil intérieur de l'artiste, qui rapporte à un modèle
plus relevé et plus parfait que celui de l'individu ou
de la réalité, l'ouvrage qu'il se propose de créer.

PARAGRAPHE XII.

Que la notion de l'idéal, telle que cette théorie la donne, est d'accord avec celle qu'en ont donnée les écrivains de l'antiquité.

La théorie de l'idéal, telle que nous la présentons, repose sur des notions tirées de la nature même de la chose, et sur des faits ou des exemples irrécusables. Elle a encore l'avantage d'avoir pour soi les témoignages des écrivains de l'antiquité, et l'accord de leur suffrage avec celui des artistes. Il nous paroît donc utile de comparer sur ce point la doctrine spéculative des philosophes, qui jadis étoient remontés aux causes, avec la pratique exécutive, dont les effets, constatés par les monuments de l'art, coïncident parfaitement avec les documents de la théorie.

Nous ne citerons que quelques passages de deux écrivains philosophes, mais les plus célèbres de l'antiquité par leur génie, leur goût, leurs connoissances variées dans les arts, Cicéron et Platon, qui nous paroissent avoir conçu, avec une grande clarté, et expliqué de même, en quoi consiste l'idéal.

Il y a sur-tout un passage de Cicéron, très remarquable sur ce sujet, et qui pourroit servir à-la-fois de

16.

texte et de corollaire à une théorie complète en cette matière.

L'écrivain romain annonce qu'il veut tracer le modèle d'un orateur tel qu'il n'y en a peut-être jamais eu : (1) *In summo oratore fingendo, talem informabo qualis fortasse nemo fuit.* C'est-à-dire qu'il se propose de montrer ce qu'est la perfection en ce genre, quoiqu'il sache bien qu'on n'en trouvera que des traits séparés et divers, selon les qualités qui distinguent chaque orateur. « Je pose pour principe (continue-t-« il) qu'il n'y a rien de beau en aucun genre, qui n'ait « au-dessus de soi quelque chose de plus beau, qu'on « peut imiter, comme d'après un original inaccessible « à nos sens, mais que l'esprit seul et la pensée peu-« vent embrasser. » *Quod neque oculis, neque auribus, neque ullo sensu percipi potest, cogitatione tantum et mente complectimur.*

Cicéron donne à entendre par là, non pas que, par exemple, tel ou tel modèle particulier manque de beauté, mais qu'au-dessus de tout bel objet, pour beau qu'il soit, il y a toujours un type de beau intellectuel, que nous trouvons par la force de l'intelligence. Or, c'est là ce que nous entendons par idéal.

Cela devient plus sensible encore par l'exemple qu'en donne Cicéron.

Il ajoute : « Phidias, lorsqu'il faisoit la statue de

(1) Cic., *Orat. ad Marc. Brutum*, §. 11.

« Jupiter ou de Minerve, ne l'exécutoit pas d'après
« un individu qu'il eût sous les yeux, pour en tirer
« la ressemblance, mais au fond de son ame résidoit
« un type d'une beauté supérieure, qui fixoit ses re-
« gards, dont la vue dirigeoit son art et conduisoit sa
« main. » *Neque enim ille artifex (Phidias) cùm face-*
ret Jovis formam aut Minervæ, contemplabatur aliquem
à quo similitudinem duceret, sed ipsius in mente inside-
bat species eximia quædam, quam intuens, in eâque de-
fixus, ad illius similitudinem artem manumque diri-
gebat.

Imaginer, comme quelques uns ont paru le croire,
que Phidias, dans le sens qu'on donne à ce passage, faisoit ses statues sans consulter aucun modèle vivant,
qu'il n'avoit aucun égard à ce qui constitue le vrai dans
l'imitation du corps humain, qu'enfin il travailloit,
comme nous le dirions aujourd'hui, *de pratique,* c'est
certainement une supposition contraire à toute vraisemblance, et aujourd'hui complètement démentie
par l'autorité la plus positive. Tout le monde sait qu'on
possède dans les restes des statues du Parthénon,
des ouvrages qui sont ou de Phidias ou de son école,
et où l'imitation du vrai est portée au plus haut point.

Mais ensuite c'est se refuser à entendre, dans
ce qu'a dit Cicéron, ce qu'il a voulu dire. Il ne
s'agit ici ni de principe ni de règles pour l'art de
faire des statues, mais d'une comparaison propre à
éclaircir l'idée de cet original intellectuel dont il a

parlé. Cicéron savoit bien que c'est par l'étude des corps qu'on parvient à les imiter. Il ne pouvoit pas supposer que cette étude eût été inutile à Phidias. Mais il savoit aussi que dans son application à l'imitation du corps humain, cette étude étoit de deux genres ; et son passage le prouve, par cela seul qu'il pose avec évidence les deux modéles de cette imitation. Car lorsqu'il dit que Phidias ne faisoit pas Jupiter ou Minerve d'après un modéle dont il rendît la ressemblance, il donne bien à penser qu'il connoissoit le genre de l'imitation particularisée.

Ceux qui concluroient de là, que Phidias n'auroit usé d'aucun modéle vivant sans restriction, faute d'embrasser l'ensemble de la phrase, en manqueroient le sens. Ce sens est déterminé par les mots *aliquem* et par *e quo similitudinem duceret. Aliquem* désigne un individu seul, ou un modéle particulier, *R. similitudinem duceret* signifie imiter dans le genre du portrait ou de l'imitation particularisée. Or, voilà ce que Phidias ne se donnoit ni pour sujet ni pour objet, quand il faisoit les statues de Jupiter ou de Minerve.

Cicéron a spécifié le genre d'imitation individuelle auquel ne se bornoit pas le travail de Phidias; je dis *auquel ne se bornoit pas*, parceque prétendre qu'on ne fait pas la copie ou le portrait d'un modéle seul, n'est pas prétendre que l'on ne se sert d'aucun modéle. Mais comme il a ainsi parfaitement indiqué le genre d'imitation individuelle, qui n'étoit point celui du Jupiter ou de la Minerve de Phidias, il caractérise plus clairement encore le genre de l'imitation idéale, reconnu pour avoir été celui de ces ouvrages, et dans lequel brilla sur-tout ce grand artiste, imitation qui ne pouvoit trouver son véritable modèle, que dans le type de beauté et de perfection, que l'artiste s'étoit procuré par ses études et son génie, et qu'il ne pouvoit voir qu'en idée.

On ne sauroit mieux s'expliquer sur ce point, que ne le fait Cicéron, dans ce qui suit immédiatement : *Ut igitur in formis et figuris est aliquid perfectum et excellens, cujus ad cogitatam speciem imitando referuntur ea quæ sub oculos ipsa cadunt, sic, etc.* « Comme « pour ce qui regarde les formes des corps, il existe « un type supérieur de perfection, à l'exemple idéal « duquel on confronte les objets qui s'adressent aux « yeux ; de même, etc. »

Ainsi, d'après Cicéron, nous ne pouvons point ne pas rapporter les images extérieures des choses, à une autre image mentale, qui est notre point de comparaison.

Je pense que cette doctrine de l'idéal peut être vérifiée par un seul fait que nous avons rapporté plus haut (part. II, paragraphe IV), savoir, que le même modèle copié par autant d'artistes qu'on voudra le supposer, offrira, dans chaque copie, autant de dissemblances que de copistes. On dit ordinairement, pour rendre raison de ce fait, *que cela vient de ce que chacun a sa manière de voir.* Ce qui signifie que chacun ne voit comme il voit, qu'en vertu de quelque cause qui le détermine à voir ainsi. Or, ce principe déterminant, peut-il être autre chose, que l'habitude de rapporter l'imitation de ce qu'on voit, à la règle que l'on s'est faite, aux objets de comparaison que nous reproduit la mémoire ou l'imagination?

« Platon, (continue Cicéron) donne le nom d'*idées* à « ces types primordiaux. Il prétend qu'ils ne naissent « point en nous, mais qu'ils résident de tout temps « dans l'intelligence et la raison, tandis que tout le « reste est fugitif et périssable. Donc il faut avoir re- « cours à l'idée primitive et originale du sujet qu'on « veut traiter. » *Id est ad ultimam suï generis formam speciemque redigendum.* C'est-à-dire qu'il faut généraliser. (Voyez part. III, paragraphe v et vi.)

Nous avons rapporté à dessein tout ce passage, pour montrer, que ce que nous appelons idéal, dans les ouvrages de l'art antique, étoit senti, entendu et défini par les philosophes de l'antiquité, comme on le sent aujourd'hui, comme nous l'avons entendu, et défini; que la notion de l'idéal, dans son application aux arts, étoit celle d'un ouvrage, dans lequel l'artiste avoit rapporté et confronté le modèle sensible et effectif, au modèle intellectuel, c'est-à-dire, au type de beauté et de perfection absolue, qui résidoit dans son esprit; que ce type intérieur étoit le régulateur de son art, *artem manumque dirigebat*, le point de comparaison du modéle en réalité, et servoit à en redresser les irrégularités, à en corriger les imperfections.

On ne sera pas étonné, sans doute, que Platon, dans un passage que l'on va citer, établisse la même doctrine, celle qui prétend donner pour but principal à l'imitation, non le modéle que les yeux saisissent, ou la réalité, mais celui qui ne sauroit se trouver individuellement dans la nature.

La figure idéale dont Platon parle, est aussi pour lui l'objet d'une comparaison qu'il emploie à faire comprendre l'intention qu'il eut, en traçant le plan de sa République. Ce qui montre qu'on s'est presque toujours trompé, en prenant dans un sens positif ce projet de gouvernement, qu'il assure n'avoir élevé en idée, que comme une sorte de type plus sensible, auquel il se propose de confronter son système de justice et de vertu. Or, ce système, il le donne comme le *maximum* d'une perfection au-dessus des forces humaines.

« Qu'avons-nous fait, (dit-il)(1), sinon tracer ici « l'idée d'un gouvernement parfait? En aurions-nous « moins raison, quand nous serions hors d'état de « prouver qu'il est possible de le réaliser? »

Et il ajoute: « Estimeriez-vous moins habile, celui

_____

(1) PLAT., *Rep.*, L. 5.

« qui, après avoir fait la figure d'un homme dans
« la plus grande perfection de formes, ne pourroit
« pas vous prouver la possibilité de cette perfection
« dans la nature? » (μὴ δύνατην.)

Donc Platon croyoit qu'il y avoit une perfection
de formes impossible à rencontrer, c'est-à-dire dont
aucun homme ne sauroit en particulier offrir le modèle ; et ce qu'il pensoit à cet égard, d'après le raisonnement, lui avoit été prouvé aussi par l'expérience des ouvrages d'art de son temps. Or, cette
opinion n'est pas seulement ¡pour nous aujourd'hui
une vue de l'esprit et de la théorie. Il n'est personne
qui ne sache et ne répète que telle belle statue grecque, parvenue jusqu'à nous, peut défier la nature,
considérée dans les individus, et qu'il est impossible
d'en trouver un seul, qui arrive à la perfection dont
l'art nous a présenté l'image.

On voit donc que la théorie de l'antiquité, sur
cette matière, est la même que celle dont nous avons
donné le développement, et que le mot *idéal* dont
nous nous servons, est l'équivalent de *cogitata species*
de Cicéron. L'une et l'autre locution expriment ce
modèle intérieur, ou ce type de perfection propre de
chaque chose, type qui ne tombe pas en réalité sous
nos sens, dont les études de la nature nous révèlent
l'existence, et auquel nous devons rapporter, dans
l'imitation, les objets sensibles et particuliers qui sont
sous nos yeux.

Sénèque a énoncé la même opinion lorsqu'il a dit que *le modèle du peintre peut être extérieur et intérieur, que l'extérieur est celui qui s'adresse à sa vue, tandis que l'intérieur est dans sa mémoire ou dans son imagination.*

Et tel est aussi celui du poëte, modèle qui selon Plaute n'existe nulle part, et que cependant il trouve. *Quod nusquam est gentium reperit tamen.*

Or, ce modèle, pour n'être nulle part, n'est pas hors de la nature ni hors de la vérité, si de tout ce qu'on a dit, on est en droit de conclure que l'idéal peut être considéré comme étant seul la nature, et seul la vérité, en tant qu'en lui seul on découvre la nature prise en grand et la vérité vue d'en haut.

PARAGRAPHE XIII.

Que l'idéal dans la théorie ne doit être expliqué qu'à l'intelligence, et ne peut l'être que par l'analyse rationnelle.

L'explication que cette théorie a donnée de l'idéal, et la conséquence qu'il n'est en définitif que *la nature vue en général ou en grand,* et *la vérité considérée de plus haut,* pourront satisfaire les hommes dont l'esprit ne demande à une théorie, que ce qui peut se déduire des moyens de l'analyse rationnelle. Or, de tels moyens sont de nature à n'être saisis que par l'intelligence et par voie de raisonnement.

Cependant ce qu'on appelle idéal dans les beaux-arts, a sur-tout la propriété de saisir l'imagination, d'exalter l'admiration, d'émouvoir le sentiment. Et ce qui est vrai pour celui qui produit de tels effets dans ses ouvrages, l'est également à l'égard de celui qui les reçoit.

De là doit résulter chez le plus grand nombre, une certaine manière vague et indéfinie d'entendre l'idéal, manière dont on ne sait comment se rendre compte, et qu'on ne peut soumettre à aucune explication.

La chose est toute simple.

La notion de l'idéal dans les opérations de l'artiste, et dans la décomposition des ressorts qui le produisent, peut être soumise à une recherche analytique, qui en découvre à l'esprit les moyens par leurs effets, les effets par leurs moyens. C'est là l'œuvre de la théorie, et cette théorie ne prétend et ne peut s'adresser qu'à la partie rationnelle de l'ame. Toutefois cette partie ou cette faculté, si on l'aime mieux, est précisément celle qui est la moins exercée (et cela doit être) chez ceux qui ont cultivé cette autre faculté de l'ame à laquelle on donne les noms d'imagination et de sentiment.

Or, ce que l'imagination et le sentiment de chacun demanderoient, ce seroit qu'on leur expliquât ce que c'est que l'idéal dans le sens où chacun l'imagine, et comme chacun le sent.

A cela je ne vois qu'une réponse, c'est qu'il n'y a que l'imagination ou le sentiment qui puissent se charger d'une semblable explication.

Mais qu'est-ce que c'est qu'une explication du sentiment par le sentiment, et des impressions de l'imagination par l'imagination?

Je ne connois rien qui ressemble plus à un cercle vicieux, que l'explication de la chose par la chose elle-même.

Et c'est bien ce qui arrive à ces prétendues théories sentimentales ou imaginatives, qui, au lieu d'expliquer une notion, ne font que la paraphraser, qui, par d'heureuses conjonctions d'idées ou de mots, substituent d'ingénieux aperçus, des esquisses légères, à la chose qu'il falloit montrer, à l'ensemble qu'il falloit tracer. On avouera que le sentiment se plaît à ces sortes de leçons, qui sont en harmonie avec lui. Mais si l'on cherche le résultat de ces leçons, il sera nul. Premièrement parceque le sentiment n'est pas plus l'instrument de l'appréhension, qu'il n'est l'organe de l'enseignement. Secondement parceque la théorie du sentiment ne peut apprendre qu'à sentir et non à connoître.

Voilà pourquoi tout ce qu'on a dit et écrit par l'inspiration du sentiment, ou par l'impulsion de l'imagination sur l'idéal, n'a jamais pu produire une notion claire à l'esprit et à l'intelligence.

Il faut dire que, comme il est dans la nature du

sentiment, de ne pouvoir être ni analysé ni défini, il est également dans sa nature de ne pouvoir rien analyser, rien définir.

Ainsi l'idéal, en tant que ses effets émanent du sentiment, et s'y adressent, ne peut pas être expliqué. Si la faculté rationnelle, sortant du cercle de ses attributions, veut se charger d'être auprès du sentiment l'interprète de ses impressions, elle se trompe d'auditeur, elle parlera à qui ne saura l'entendre.

Toute théorie a pour objet d'enseigner. On n'enseigne que ce qu'on peut prouver. On ne prouve qu'à la raison ou à l'intelligence. Que si l'on demande au raisonnement de se charger de convaincre le sentiment, le sentiment demandera l'explication de chaque explication, la preuve de chaque preuve. Il y a, en toute matière, un terme à tout raisonnement, que la théorie doit respecter, et qu'on ne peut sans imprudence essayer de franchir.

Là est l'insoluble. Au-delà on ne va plus. C'est la ligne mathématique. C'est, si l'on veut, la région du monde imaginaire où le raisonnement nous quitte, où l'on ne peut plus être suivi de personne. C'est aussi celle d'Icare, où les ailes de l'esprit l'abandonnent trop souvent.... *Pauci quos.... ardens evexit ad æthera virtus.*

Nous ne nous hasarderons point dans ces routes périlleuses, et nous bornant à tenir une route moyenne (*inter utrumque viam*), nous continuerons d'indiquer à l'intelligence, selon l'objet et dans l'esprit de cette théorie, les moyens par lesquels l'imitation nous apprend elle-même qu'elle peut parvenir à son but.

FIN DE LA SECONDE PARTIE.

TROISIÈME PARTIE.

DES MOYENS DE L'IMITATION DANS LES BEAUX-ARTS.

Non tam inventa a præceptoribus
quam cum fierent observata.

QUINTIL., *Orat.*, lib. VIII, proem.

PARAGRAPHE PREMIER.

Ce qu'il faut entendre par moyens de l'imitation, selon l'objet et l'esprit de cette théorie.

Si l'idéal, comme on croit l'avoir montré, est le véritable but de l'imitation, telle qu'on l'a définie, c'est parcequ'il en est le but le plus élevé.

Libre à chacun, sans doute, de considérer l'imitation sous un aspect moins haut ou moins étendu, et d'arrêter son talent ou son admiration à quelque point inférieur plus à la portée soit de ses facultés, soit de ses goûts.

Même liberté à l'égard de l'enseignement ou des théories. Il est en ce genre aussi bien des degrés; et comme chacun peut se borner à n'apprendre qu'une partie d'un art, chaque théorie n'est tenue aussi qu'à être en rapport avec le degré de savoir qui est le terme des études de son élève.

Il n'en est pas ainsi d'une théorie qui a la prétention d'être générale et abstraite, c'est-à-dire d'embrasser son sujet en lui-même, sans aucune application à tel ou tel point de vue particulier. S'il s'agit d'imitation dans une semblable théorie, on ne sauroit se dispenser d'en montrer le but définitif, autrement dit celui au-delà duquel, il n'y a plus rien à apercevoir.

Ainsi l'objet de nos recherches nous ayant placés dans l'ordre d'idées, qui sont celles de la théorie spéculative, et la nature abstraite de l'imitation nous ayant conduit à reconnoître l'idéal, comme étant son but abstrait, on comprend que les moyens dont il nous faut parler, dans cette troisième partie, seront fort différents de ceux dont on joint ordinairement l'idée à celle d'exécution pratique, et dont les leçons s'appliquent souvent plus à la partie matérielle, qu'à la partie intellectuelle de l'imitation.

L'idée de *moyen,* dans son rapport avec les arts, emporte avec soi, je l'avoue, celle d'*exécution.*

Mais ce qu'on appelle exécution n'emporte pas exclusivement, en théorie d'art, l'idée de pratique ou de mécanisme, et la diversité des traités d'enseignement en chaque genre nous le prouve.

Il y a l'enseignement élémentaire des procédés ou des moyens pratiques. La mesure de cette sorte d'en-

seignement et des moyens d'exécution qui y correspondent, est celle des écoles primaires ou pratiques,
est celle que donnent les rudiments de chaque art,
les préceptes de la grammaire, de l'écriture, etc.; c'est
l'enseignement uniquement en rapport avec l'instrument.

Il y a pour chaque art un degré supérieur d'enseignement. Il comprend cette sorte de moyens
d'exécution, qui ont lieu dans la région de l'intelligence, et qui sont donnés à l'artiste pour être tout
à-la-fois les ministres de ses pensées, et les conduc-
teurs de l'instrument qu'il sait employer. Il suffit de
dire que les moyens de cette classe sont ceux qui
forment la matière des différents traités, que d'habiles écrivains ont multipliés, sur l'art poétique, sur
la rhétorique, sur les arts du dessin, sur ceux de la
scène ou du théâtre.

Ainsi cette seule division nous montre dans l'enseignement de chaque art, des moyens d'exécution
pratique, et des moyens d'exécution morale, c'est-à-
dire des moyens dépendants de l'instrument technique, et des moyens dépendants de l'instrument
intellectuel.

Mais dans ces deux degrés d'enseignement, nous
voyons que les divers moyens dont ils prescrivent
l'emploi, ne sont en rapport qu'avec chaque art en
particulier et s'adressent à l'imitateur.

La théorie de l'imitation, telle que nous l'avons

considérée, c'est-à-dire dans une beaucoup plus grande circonférence que celle de la théorie de chaque art, exige aussi que les moyens que nous lui donnerons pour répondre à sa nature, et parvenir à son but, embrassent des rapports plus généraux, plus étendus, que ceux qui appartiennent à l'exécution de chaque mode imitatif. Le genre d'exécution que ces moyens comporteront, sera celui qui s'éloignera le plus de l'idée de pratique, et s'adressera le moins directement à l'imitateur. Ce seront les moyens de l'imitation.

Les moyens que nous disons être ceux de l'imitation, et qui doivent conduire à son but, n'auront donc point de ressemblance avec les moyens d'exécution plus ou moins positive, que l'enseignement de chaque art fournit à l'artiste; mais chacun y pourra trouver l'analyse des ressources que l'intelligence et le génie savent se rendre propres, et que les exemples puisés dans les ouvrages font seuls connoître.

Dans le fait les moyens dont nous allons traiter, ne sont guère autre chose que les conditions, nécessaires à l'imitation, pour arriver à son but, qui est l'idéal. Dès-lors ils doivent dériver d'un ordre de notions en rapport avec celles de la fin qu'on a déjà indiquée.

Les fausses doctrines accréditées jusqu'à ce jour sur l'idéal, dans l'imitation, sont cause que souvent faisant de l'idéal à son insu, comme on l'a déjà dit, l'artiste pêche contre l'harmonie du système dans lequel il s'est placé, et que tantôt à une composition idéale, il applique le genre d'une exécution particularisée, tantôt il dément, par sa composition, le caractère du sujet qu'il traite, tantôt il fait contraster entre eux, dans le même ouvrage, les éléments d'un genre d'imitation, avec les éléments d'un autre.

C'est faute de bien connoître les moyens ou les conditions de l'imitation considérée dans le but auquel elle doit tendre; c'est faute de comprendre la nature des conventions d'où l'idéal dépend, et la force des conséquences qui en résultent, que l'artiste commet souvent, dans ses ouvrages, les disparates les plus choquants. En sorte qu'on verra l'un viser au but sans en prendre les routes, l'autre entrer dans la route sans se douter du but où elle conduit.

L'esprit matérialiste qu'on est habitué à porter dans tout ce qui est du ressort des beaux arts, l'idée bornée à la jouissance des sens, résultat d'une doctrine qui rapporte tout à l'organe extérieur, ont fait perdre de vue la nature morale de l'imitation. Delà ces théories pratiques qui ramènent tout à une exécution dont les moyens ne doivent être saisis que par l'œil, doivent en quelque sorte être à la portée de la main. On arrive ainsi à méconnoître l'esprit des conventions sur lesquelles repose la véritable imitation. On oublie que l'imitation n'est elle-même qu'une convention dont l'idéal est le point le plus élevé.

C'est donc dans ces conventions que nous trouverons les moyens véritables de l'imitation considérée sous le point de vue général qui est celui de cette théorie.

PARAGRAPHE II.

De ce qu'on appelle convention, entendue comme moyen d'imitation. — Des conventions pratiques et des conventions théoriques.

Au paragraphe XIV, qui traite de l'illusion, dans la première partie de cet ouvrage, il a déja été dit, sur ce qu'on appelle *convention* dans l'imitation des beaux arts, un mot qui peut-être en donne l'explication tout à-la-fois la plus vraie et la plus sensible.

En comparant l'action de chaque art, dans ses rapports avec nous, à une sorte de jeu qui a ses régles, et qui cesseroit de se jouer, si de part ou d'autre on cessoit de s'y conformer, nous avons montré qu'il y avoit de même entre l'imitation et l'homme, des conditions réciproques, qui sont les ressorts de cette espéce de jeu, ou les moyens de le jouer. Le but de ce jeu n'est pas le gain, mais le plaisir; et ce plaisir peut être, comme le gain, légitime ou illégitime. Ce qui rend le gain illégitime est aussi ce qui annule le jeu,

Ce qui annule le plaisir dans l'imitation est aussi ce qui tend à fausser d'un côté ou de l'autre, les conditions, sous la foi desquelles l'effet doit être opéré et reçu.

L'usage a donné le nom de *conventions* aux différentes sortes d'accord qui ont lieu entre l'imitation et l'homme, et que la nature seule des choses y a établies. Les conventions sont, théoriquement parlant, les moyens de l'imitation, puisque sans elles, son action ne sauroit avoir lieu. Aussi sont-elles extrêmement nombreuses.

Presque tout, en fait d'art, repose sur des conventions, s'il est vrai que tout art est lui-même une véritable convention.

On se rappelle, par exemple, que nous avons déja représenté les beaux arts, comme placés autour de leur commun modèle, dans une position, qui ne permet à chacun d'en embrasser qu'un seul côté, qu'un seul aspect. Cette position bornée, de laquelle résulte l'impossibilité physique ou morale de reproduire dans l'image la totalité du modèle, est précisément ce qui nécessite les moyens de convention, établis entre chaque art et nous ; leur effet est d'empêcher que ce qui manque à l'imitation pour être complète, ne nous en fasse sentir l'imperfection, et n'en affoiblisse par trop l'impression.

Delà, selon le degré d'imitation plus ou moins positive ou idéale, affectée aux ouvrages, deux classes principales de conventions. Celles de la première classe comprennent les moyens nécessaires à l'existence ou à l'action de chaque art. Dans la seconde classe on comprend les conventions d'un ordre supérieur, au moyen desquelles l'imitation de chaque art parvient à son but le plus élevé.

Les conventions de la première classe peuvent former deux divisions assez distinctes. Il y a les conventions qu'il faut appeler pratiques, conditions de l'existence même de tout art. Il y a ce qu'on peut appeler les conventions théoriques, conditions de l'action propre de chaque art.

On s'arrêtera peu, tant elles sont à la portée de tout le monde, sur les conventions pratiques. Il faut bien qu'il soit convenu de tous, par exemple, de ne pas exiger de la peinture la rondeur des objets, ou de représenter plus d'un instant d'une action. C'est en vertu de semblables conventions qu'on ne demande pas au statuaire la couleur des corps, qu'on permet à la pantomime de ne s'exprimer que par des gestes, qu'on ne doit pas se plaindre si la musique au théâtre fait tout dire, tout faire, et mourir même en chantant; si les Grecs et les Romains sur la scène parlent françois; si l'acteur en conversant se tourne vers le spectateur, plutôt que vers son interlocuteur. Tout le monde entend ces sortes de conventions, et une multitude d'autres semblables qui tiennent aux éléments matériels de chaque art. Elles mériteroient même à peine qu'on en fît mention, si leur existence nécessaire, aussi bien que leur emploi incontestable, n'étoient le principe, et comme le point de départ d'autres conventions théoriques, qui tendent à élargir pour chaque art le cercle de son imitation, et qui, plus ou moins justiciables du goût, font le sujet de tous les traités didactiques ou critiques.

L'art dramatique est celui qui peut le mieux en donner l'idée.

Ainsi c'est par suite des conventions théoriques, qu'il est donné à cet art de pouvoir développer *une action*, de la représenter en *un lieu*, de renfermer sa durée dans *un temps réglé*. Voilà ce que l'on exige de l'art.

Voici, d'un autre côté, ce que l'art exige en se conformant à ces trois sortes d'unités.

Il demande que, par *unité d'action*, on n'entende pas un fait isolé, dénué de circonstances, et réduit à la sécheresse de l'unité positive. Il demande qu'un fait principal et dominant puisse se présenter accompagné de faits auxiliaires, ou d'incidents nécessaires au développement de l'intérêt, réunis par un nœud sensible, tendants à un but unique. Dans l'esprit de cette convention, l'idée d'unité est celle d'un tout composé de parties, mais limitées en nombre et en étendue, par la mesure de notre attention, par celle des facultés de notre esprit, et de sa capacité à saisir ce qu'on lui présente, selon qu'il est simple ou compliqué.

L'art demande aussi de nous quelques concessions

sur l'observance de l'*unité de lieu,* et nous lui en faisons, pourvu que les changements de lieu ne soient
pas des voyages, pourvu qu'un drame ne sorte pas
de ses limites naturelles, à la façon de ces peintures
gothiques, où l'on voyoit une histoire répartie en
plusieurs tableaux dans un seul cadre.

Les conventions sur l'*unité de temps* sont de même
nature. On ne sauroit fixer, avec le cadran ou le
clepsydre, la durée qui devroit être, dans la réalité,
celle de l'action véritable dont l'art ne nous donne
qu'une apparence fictive, apparence toutefois assujettie sur la scène à un temps donné. La convention
a lieu ici entre le temps de la représentation fictive,
et la durée présumée de l'action supposée effective.
Il s'agit d'un accord à faire entre les deux sortes
de durée. Si l'on donne à l'art une certaine lati-
tude, c'est à condition de rester dans les termes du
vraisemblable ; et si l'imagination se prête à ne pas
vouloir compter de rigueur, il doit être entendu
qu'on n'abusera point de sa complaisance, et qu'une
représentation en cinq actes ne sera pas l'exposé
chronologique des actions d'un héros ou d'un siècle.

J'ai pris pour exemple des conventions que j'appelle *théoriques,* celles qui se rapportent aux représentations dramatiques, parceque, s'il n'y en a pas
de mieux connues, il n'en est pas non plus où la
théorie ait plus de peine à concilier des intérêts souvent opposés, et qui se combattent sur la ligne quel-

quefois douteuse, qui sépare la vérité effective de la vérité imitative.

Il est dans la nature de ces sortes de conventions, que l'on puisse toujours disputer sur le vrai point, où le goût établit l'accord des deux opinions. D'une part on traitera de faux et de contre nature dans l'imitation, tout ce qui n'offrira pas le portrait fidéle de la réalité; de l'autre on abusera des conventions pour en élargir indéfiniment le cercle, aux dépens même de la vérité qu'on cherche. On oublie que le seul objet des conventions est de servir à diminuer l'obstacle qui s'oppose à l'imitation et non pas à l'éluder ou à le renverser. Or, c'est ce qu'on fait de part et d'autre, soit en forçant l'effet des conventions, soit en affectant de s'en passer.

L'usage du prologue ou celui des confidents, usage qui donne lieu aux notions préliminaires que réclame l'intelligence du sujet, est du nombre des conventions autorisées par la théorie dramatique. On en a souvent abusé sans doute; mais un abus encore plus grave est celui du remède imaginé par quelques uns, et qui consiste à donner au drame des antécédents du genre de ceux qui appartiennent à l'histoire ou au roman; en sorte qu'une pièce de théâtre n'est plus un tableau limité dans son espace, mais une peinture qui se déroule sans fin. Pour éviter l'invraisemblance légère d'une convention indispensable, on dissout les ressorts qui constituent l'œuvre de l'art comme être fictif, et on le ramène à cette réalité, qui se passe de régles et de conventions, parceque effectivement elle se passe d'art. Comme il n'y a d'art que par les conventions, il ne se fait de conventions que pour l'art.

Les conventions ainsi entendues, ont donc pour objet de donner à chaque sorte d'imitation la facilité de produire ses effets, d'agrandir la sphère de son action, autant que le permet sa nature, sans sortir des bornes que lui prescrit sa constitution physique ou morale.

Les conventions que j'ai appelées *pratiques* et *théoriques*, pour les distinguer de celles qu'on appellera *poétiques*, ont pour arbitres le jugement et le goût. Lorsque le jugement ou le bon sens exigent de part ou d'autre des concessions, il appartient ensuite au goût de les ratifier, par un emploi convenable. Ici comme ailleurs l'abus est tout près de l'usage. Il n'y a pas une seule convention établie en faveur de l'art, qu'on ne puisse faire tourner contre lui, et contre l'espéce d'illusion qu'il faut à-la-fois favoriser et restreindre; car on affoiblit le pouvoir de l'imitation, soit lorsqu'on lui demande, soit lorsqu'on lui refuse trop d'illusion.

La théorie générale des conventions considérées dans le point de vue que nous venons de faire apercevoir, c'est-à-dire comme moyens réciproquement établis entre l'imitation et l'homme, pour augmenter et faciliter l'action de l'une et la jouissance de l'autre, seroit sans doute le sujet d'un traité aussi nouveau qu'intéressant. Une multitude d'observations de goût, et de préceptes utiles y trouveroit place. Mais cette sorte de critique n'est point entrée dans le plan qu'on s'est tracé.

Je n'ai prétendu tirer et faire tirer de ce peu de mots, d'autre conséquence, que celle qui force de regarder les conventions, comme des moyens de l'imitation, et parmi elles, certaines conventions comme appartenant à la plus haute région de la théorie. Je ne me suis arrêté sur la première classe des conventions, que pour arriver à traiter d'une manière qui les fît mieux apprécier pour ce qu'elles sont, je veux dire comme moyens les plus en rapport avec l'imitation considérée dans son but définitif, les conventions que j'ai appelées *conventions poétiques*.

Quant au mot *poétique*, je n'entends point cette épithète comme signifiant ce qui appartient aux arts de la poésie. On sait d'ailleurs assez qu'il y a de la poésie dans tous les arts. *Poétique* ici est synonyme de *fictif* et par conséquent de *méthaphorique*.

PARAGRAPHE III.

Des conventions poétiques, ou des moyens généraux et communs à tous les arts, qu'emploie l'imitation pour parvenir à l'idéal.

Les conventions dont il a été parlé dans le paragraphe précédent, ont pour objet de rendre ou possible ou facile à chaque art, l'exécution des sujets ou la représentation des objets qui entrent dans la sphère particulière de son action. Comme ces conventions, ainsi qu'on l'a vu, sont spécialement les moyens propres de cette même action, restreinte à ce qui constitue sa part d'imitation, il est de même nécessaire qu'il y ait un autre ordre de conventions plus étendues, c'est-à-dire de moyens plus généraux, donnés à l'action imitative, considérée dans tous les arts, et dans ce qui se rapporte au but le plus élevé, qu'elle doit se proposer d'atteindre.

Je donne à ces dernières conventions le nom de *poétiques*. Elles diffèrent des premières par leur étendue, par leur importance, et aussi par leur nature. Car lorsque celles-ci reconnoissent, comme on l'a dit, pour arbitres le jugement et le goût, les conventions poétiques ne sont guère soumises qu'au tribunal du sentiment et de l'imagination.

Toute convention, en fait d'art, a pour fin une sorte d'accommodement entre ce qu'il faut appeler la réalité, ou la manière d'être positive des choses, soit faits, soit discours, soit formes des corps, et ce qu'on doit regarder comme le moyen donné à l'imitateur, pour opérer la représentation de ces choses. Le résultat de cet accommodement est une permission, accordée à l'art, de changer plus ou moins ce qui lui sert de modèle, de s'écarter plus ou moins du réel et du positif, dans l'intérêt même de l'imitation, et par conséquent du plaisir que nous lui demandons.

Les conventions poétiques sont celles qui donnent à l'artiste le plus de moyens et les plus étendus, pour opérer, dans l'objet ou dans le sujet de son imitation, ces grands changements par lesquels il dispose librement et de son modèle et de la manière de le représenter. Lorsque les conventions pratiques ou théoriques se bornent à certaines mutations de détail, à quelques omissions, additions ou modifications dans quelques-unes des parties de l'objet imitable, les conventions du genre poétique, par les changements qu'elles font subir au fond comme à la forme de chaque objet, en embrassent la totalité, et donnent à l'artiste la faculté de transformer les choses, les actions, les personnes, et leurs discours, au gré d'un autre ordre de convenances, dans les intérêts d'une autre espèce de vérité. (Voyez plus bas paragraphe VII.)

Lorsqu'on examine les conventions pratiques et théoriques, soit dans le besoin qui leur donne l'être, soit dans leurs effets, on comprend que leur principe est bien le même pour tous les arts, puisqu'il est une condition de l'existence de l'imitation. Quant aux effets, ils sont tellement particuliers à chaque art, qu'ils varient selon les procédés de chacun. Il en est, ce me semble, autrement des conventions poétiques. Non seulement leur principe est commun à tous les arts, mais leurs conséquences s'appliquent à tous, sans aucune autre variété que celle qui tient à la diversité du genre de leurs images. Tous en reçoivent également le droit d'échanger, dans la conception, l'invention et l'exécution de leurs sujets, les apparences, la manière d'être, les formes extérieures, enfin les éléments du monde des réalités, contre les éléments dont se compose le monde idéal auquel le génie donne l'existence.

Cet échange ne peut avoir lieu, que par certaines opérations de l'art, qui consistent à recomposer tous les objets ou sujets de l'imitation, en vue et dans l'intention du nouveau rôle qu'ils sont appelés à jouer. (Voyez plus bas, les paragraphes VII et suivants.)

Le poëte, dans quelque région positive qu'il prenne son sujet, est tenu de réordonner le fond, le plan, l'ensemble, et les détails des faits qu'il veut traiter, de donner une autre physionomie aux personnages, un autre caractère aux lieux, d'autres rapports aux circonstances, de mettre les causes et leurs effets dans des points de vue qui en fassent mieux saisir le rapprochement; il doit, non trahir la vérité, mais l'habiller, si l'on peut dire, de nouvelles apparences conformes aux conventions poétiques de l'imitation.

Le peintre a le même droit de refaire (comme on le montrera plus bas) tout ce qui est dans le domaine du visible, c'est-à-dire de recomposer les formes, les contours, les rapports et les proportions des corps; d'en modifier les effets et les couleurs, de changer les lieux de chaque scène, les mouvements de chaque action, les traits de chaque expression, en un mot, d'échanger un genre de vérité locale, individuelle et bornée, contre un genre de vrai, vu de plus haut et plus en grand.

Les conventions élémentaires et théoriques sont de légères déviations de la réalité des choses. Les conventions poétiques sont les moyens d'en opérer le changement moral.

On comprend que les opérations par lesquelles a lieu cette sorte de recomposition, dépendant du talent et du génie de l'artiste, elles se lient nécessairement dans l'exécution, à ces facultés qui sont avant tout un don de la nature, facultés auxquelles l'étude et la théorie peuvent ajouter, sans jamais y suppléer. Il y a donc toujours dans ces sortes d'enseignement, une partie réellement interdite à la théorie pratique de l'art. Tout ce qui tient soit aux arts de l'industrie, soit à la partie mécanique des arts de l'imitation, peut se réduire en règles, peut être enseigné et appris. Mais au-delà commence la théorie spéculative, dont les leçons ne s'adressent qu'à l'intelligence. Cette théorie remonte aux principes d'où émanent les règles, elle n'a rien de dogmatique. Les moyens qu'elle découvre à l'artiste, sont plutôt des lumières qui l'éclairent dans son action, que des instruments pour agir.

Dans le fait, nous ne dirons point à l'artiste ni comment, ni avec quoi, ni par quel secret il arrive à l'idéal. Ce sera lui-même au contraire qui nous le dira. En apprenant de lui, dans les ouvrages où l'on rencontre les qualités qui constituent l'idéal, et ce qu'il s'est abstenu, et ce qu'il s'est efforcé de faire, et ce qu'il a fait, nous nous bornerons à exposer le résultat évident que la plus simple analyse nous prouve être celui des combinaisons de son esprit. *Non tàm inventa a præceptoribus quàm cum fierent observata.* Quintil., *Orat., l. 8., Proem.*

Partant du principe déja posé, que toute convention est un moyen de changer plus ou moins la réalité du modéle, en faveur de l'imitation, il nous a semblé que, par rapport à l'idéal, la convention à laquelle il doit sur-tout son effet et sa vertu, étoit la recomposition du modèle lui-même.

Dès-lors il est nécessaire que cette recomposition consiste à dégager l'objet ou le sujet imitable, de tout ce qui est soit contraire, soit simplement étranger à l'effet que l'artiste se propose, aux impressions que son imitation doit produire, au genre de plaisir qui en est le but.

Les opérations du génie et de l'intelligence que l'analyse de la théorie peut saisir, définir et rendre sensibles, pour expliquer cette recomposition, semblent pouvoir se réduire à deux principales, qui sont l'une *l'action de généraliser,* l'autre *l'action de transformer ou de transposer.*

Nous verrons que c'est sur ces deux grandes conventions que la théorie peut fonder, comme c'est par elles qu'elle peut expliquer l'opération de l'idéal dans les œuvres de l'imitation.

PARAGRAPHE IV.

De l'action de généraliser considérée comme moyen de parvenir à l'imitation idéale dans les ouvrages de la poésie.

Le premier des moyens qu'emploie l'esprit, et que l'esprit peut le plus facilement s'expliquer, dans cette sorte de recomposition que l'imitation fait de son modèle pour parvenir à l'idéal, est celui qui résulte de l'action de généraliser, action propre de l'intelligence, action qu'elle peut appliquer à tous les arts, et dont la notion a déja reçu (voyez la partie précédente) quelques développements qui en abrégeront ici l'interprétation.

L'idée de *généralisation*, dans son application à l'art d'imiter, à ses opérations, à ses œuvres, est une idée fort simple et fort claire, sur-tout si on la rapproche de l'idée contraire, ou celle de *particularisation*.

Particulariser en imitation, c'est exprimer un sujet, c'est représenter un objet, non pas précisément partie par partie, ce qui en feroit plutôt supposer la décomposition, mais dans ce que le sujet ou l'objet

18.

a de particulier, d'individuel, c'est-à-dire dans ce qui le fait distinguer de tous les autres.

Généraliser, en fait d'imitation, c'est exprimer un sujet, c'est représenter un objet, non pas seulement dans ce qui en est l'ensemble, mais bien plutôt dans le caractère qui constitue le genre de cet objet. De sorte que l'objet particularisé est celui qui, selon l'ordre de choses dont il dépend, appartient à l'individu plus qu'à l'espèce, à l'espèce plus qu'au genre. C'est le contraire à l'égard de l'objet généralisé.

Tous les sujets, tous les objets de l'imitation peuvent être considérés par l'artiste, de la même manière qu'ils frappent l'esprit ou les yeux du commun des hommes. Il y a des hommes, et c'est le très grand nombre, qui n'apercevant, dans ce qu'il y a de plus vaste et de plus étendu, que les petits détails, ou le côté qui est le plus en rapport avec des connoissances bornées et une vue courte, rapetissent ainsi à leur mesure, l'idée ou l'image de chaque chose. Il en est d'autres qui savent non seulement embrasser la totalité des mêmes objets dans leur plus grande circonférence, et voir les grandes choses en grand, mais encore ramener les plus petites au grand principe dont elles dépendent, et faire sortir d'un sujet particulier, les vues les plus générales.

Cette faculté morale, appliquée à l'imitation, est donc indubitablement celle qui tend à agrandir toutes les images, en cela que formées par cette opé-

ration de l'esprit, elles acquièrent la propriété de signifier un beaucoup plus grand nombre d'idées, ou
des idées d'un ordre beaucoup plus relevé, que celles
qui s'attachent à l'image du même sujet, lorsqu'il est
vu sous le rapport borné d'une seule partie, et avec
le caractère de l'individualité.

La poésie ou l'art d'écrire, possède au plus haut
point la propriété de généraliser, soit par l'étendue illimitée des images dont elle dispose, soit par le secret
qu'elle a de les réduire le plus qu'il est possible. Car
on généralise un sujet, tantôt en y ajoutant, tantôt
en l'abrégeant.

Abréger, dans le sens que cette théorie comporte,
ce n'est pas diminuer la substance d'un sujet, c'est
au contraire en renfermer la valeur dans le moindre
volume.

Montesquieu a dit de Tacite: *Il abrège tout parcequ'il voit tout.* Voilà l'opération idéale. C'est parceque
le génie a tout embrassé, qu'il peut tout restreindre.
Lorsque l'écrivain vulgaire vous traîne de détails en
détails, qui dans leur succession s'effacent l'un par
l'autre, l'esprit qui généralise, vous place souvent
d'un seul trait, et comme par enchantement, à ce
point élevé d'où votre vue saisit le tout.

Il y a en effet toujours dans chaque genre de
sujet, une pensée capitale qui comprend toutes les
autres : il y a un point de vue que le génie découvre,
et auquel les autres aspects sont subordonnés.

Certains genres de poésie comportent par-dessus tous, la propriété de généraliser les sujets, c'est-à-dire de leur enlever le caractère qui seroit propre à les particulariser. Tel est le genre lyrique, et aucun ne rend plus sensible l'opération intellectuelle dont on a parlé, celle qui recompose la substance d'un sujet, pour en agrandir l'image. On diroit que souvent le sujet de l'ode n'est pour le poëte, que ce qu'est à l'orateur le texte qu'il met en avant de son discours, et que par un privilége qui lui est propre, plus sa matière est petite, plus sa conception devient grande. Quoi de plus léger, de plus insubstantiel que tous les sujets de la lyre de Pindare? Un prix à la lutte, à la course du char, ou à pied. Mais il suffit du nom d'un vainqueur, de celui de sa ville, du fleuve qui l'arrose, pour ouvrir à l'invention du poëte, ces espaces sans limites, dans lesquels il élève le fait le plus borné, au niveau des plus grands événements. Si l'action de généraliser consiste à éloigner d'un sujet l'apparence individuelle qui le particularise, jamais poëte n'y a excellé autant que Pindare.

Nul genre de poésie n'est plus idéal que celui de l'ode; ce qui nous fait voir la connexion naturelle de la notion de l'idéal, avec la méthode de généraliser. Ce procédé, qui appartient à l'intelligence comme à l'imagination, est celui du philosophe autant que du poëte, et certes aucun écrivain n'a porté plus loin que Platon l'art de généraliser, en rattachant presque toujours à une seule idée, à un seul principe les plus nombreuses questions.

Ce qu'il faut penser en effet de l'action de généraliser, c'est que son objet étant de rassembler beaucoup et de beaucoup réunir, elle n'y parvient qu'en simplifiant. Simplifier et généraliser seront donc synonymes. Bossuet peut réduire en un volume son histoire universelle, parcequ'il a su ramener la diversité des faits, et des révolutions de tous les empires, à l'idée la plus simple, à un fait général qui embrasse tous les autres. On a détaillé depuis en cent volumes l'histoire des hommes et des peuples, et l'on a produit de l'universalité sans unité, de la multiplicité sans ensemble.

Il est souvent difficile à l'historien de généraliser le sujet de ses récits; aussi l'histoire et l'art de l'écrire ne se considèrent pas comme nécessairement soumis aux conventions d'où résulte l'idéal. Quelques historiens, il est vrai, ont été assimilés aux poëtes, lorsqu'ils ont pu se dégager des sujétions que la variété des détails historiques leur impose. Mais quant au poëte, il est libre de cette servitude, et comme il lui appartient d'asservir l'histoire à son art, c'est surtout par l'action de généraliser soit la matière de son sujet, soit les caractères de ses personnages, qu'il élèvera ses inventions dans la région de l'idéal.

Le poëte doit choisir sans doute pour objet de ses chants, un sujet célèbre et important; mais plus il abondera en détails et en circonstances, plus il lui sera nécessaire de le resserrer dans un point de vue qui en offre la plus simple expression. Loin que tout dire fut un moyen de généraliser, ce seroit au contraire celui de tout particulariser. Le génie qui conduisit Homère dans la création de ses épopées, lui avoit révélé le secret de cette théorie. Avec quel art il a su généraliser son sujet, dans chacun de ses poëmes, en dirigeant vers un point saillant, et dans un but unique, autant que simple, tous les ressorts de l'action épique, et en faisant ressortir de chaque partie, l'idée mère, le motif moral de l'ensemble.

C'est en effet de l'action de généraliser, que dépend ce mérite de totalité, moralement entendue, qui seul donne un corps aux récits de l'épopée, qui fait du poëme une sorte de miroir concentrique, où tout se rassemble, au lieu d'être un verre à facettes, où tout se divise, se morcelle et se particularise.

On aura de cette double manière de voir et de montrer les objets dans l'imitation poétique, un exemple bien sensible, en comparant le poëme du Tasse et celui d'Arioste. Le premier a su lier en un tout historique, c'est-à-dire à un des plus grands événements de la guerre des Croisades, et rapporter à un seul fait, mais fécond en beaux exploits, l'ensemble des intérêts, des mœurs, des caractères, des passions, des vertus, et des vices d'une époque mémorable, et son poëme, sorte de monument posthume à la gloire de ce siècle, semble en être devenu l'histoire. Arioste s'est plu à étendre et à dépecer, si l'on peut dire, par un système inverse, tout ce qui pouvoit devenir le tableau historique d'une autre époque non moins célèbre. Son poëme au lieu d'un plan tissu par l'art de recomposer les faits, n'offre qu'une succession de morceaux cousus, de récits sans cohérence, d'actions qui se suivent sans s'enchaîner ; promené de particularité en particularité, le lecteur arrive jusqu'au bout, sans avoir été nulle part, sans avoir pu saisir un point de centre à la composition. Ce sont des parties sans un tout ; et le poëme d'Arioste semble être la chronique versifiée des aventures de ce temps.

Telle est la différence entre l'action de généraliser qui compose un tout, et l'action de particulariser qui le décompose.

Plus sont bornés l'espace et la durée où le poëte est tenu de renfermer l'image des événements qui forment son sujet, plus il sera forcé d'user du procédé qui le généralise, parceque, ainsi qu'on l'a dit, ce procédé en simplifiant est aussi un moyen abréviateur. Nul n'éprouve plus le besoin d'en faire usage, que le poëte dramatique. Les événements, tels que l'histoire les présente, sont remplis de diversités et de contrariétés. La conduite des hommes, la direction des affaires, les qualités des personnages et de leurs caractères, ne sont, le plus souvent, dans la réalité, qu'un mélange assez confus de contradictions, que l'histoire peut prendre le temps de démêler, pour nous faire discerner le vrai.

Mais l'art qui n'a ni le temps ni les moyens de se livrer à ce genre de critique, qui ne s'empare des faits, des choses, et des personnes historiques, que pour en composer des tableaux susceptibles de plaire, cet art, dis-je, est obligé de se placer dans tous les sujets, à ce point de distance qui fait perdre de vue les discordances de leurs accessoires. Il est tenu de redonner aux personnages l'unité de caractère, aux actions la simplicité de direction, aux passions l'uniformité d'impulsion; et il est tenu dans cette re-composition, de mettre en-dehors tous les ressorts de l'action scénique, qui restent ordinairement cachés sur le théâtre du monde.

Or le poëte n'arrive à ce but, qu'en sacrifiant tout ce qui n'est que détails dans l'histoire, en généralisant tout ce qu'elle particularise; et c'est ainsi qu'il donne à tout une existence de convention, c'est-à-dire conforme à l'imitation, conforme à la nature d'actions qui doivent s'accomplir (en vertu de la fiction imitative) sans le secours du temps, et des ressorts naturels qui font mouvoir les choses humaines.

L'art de généraliser étant celui qui réduit les choses et les notions des choses à leur principe, à leurs éléments, et qui, en les simplifiant par la suppression des détails ou des notions subalternes, en fait mieux saisir à l'esprit la valeur et l'étendue, on comprend combien il importe au poëte de soumettre à ce procédé l'expression des caractères de ses personnages.

Ce qu'on appelle le caractère des hommes, est, dans le jeu des affaires et des intérêts politiques, ce qu'il y a de plus intéressant à faire connoître. Il faut que l'image qu'en présente la scène, nous montre bien à découvert le moteur principal d'événements, qui doivent passer aussi rapidement sous nos yeux. Le premier intérêt du poëte, est donc de dégager ce moteur des agens accessoires qui embarrasseroient le jeu de la machine dramatique ; et c'est par l'effet de cette opération, que le caractère des personnages acquiert un degré de franchise, d'évidence et d'énergie, qui ne peut jamais avoir lieu dans la réalité.

En s'écartant sur ce point comme sur bien d'autres, de la fidélité à la lettre de l'histoire, le poëte se contente d'être fidèle à son esprit. Toute autre véracité de sa part trahiroit la vérité générale, à laquelle seule il doit prétendre, et qui est celle de l'imitation. Lorsqu'il généralise les traits dont se compose la physionomie morale de ses personnages, il ne fait autre chose que ce que nous voyons faire au statuaire, lorsque plus d'une sorte de convenance l'oblige à supprimer les détails des corps, dont il veut faire mieux briller les formes caractéristiques, ou lorsque le caractère du sujet lui commande de mettre, par une savante exagération, la nature de son héros en rapport avec la violence de l'action qu'il exécute. Il faut bien donner à Hercule une force de musculature idéale, quand on lui fait étouffer le lion de Némée.

Plus on comprendra que l'opération de généraliser est une des principales conventions de l'imitation, convention à laquelle la nature même des choses asservit l'artiste, plus on sera persuadé qu'il est nécessaire, en employant ce moyen, d'en bien connoître les conséquences. On est porté à croire que beaucoup d'erreurs ont eu lieu, faute de concevoir à quoi cette convention engage. Or, une des premières conditions qu'elle impose à l'artiste est de ne pas se rétracter à volonté, de ne pas démentir dans une partie de l'ouvrage, le système où il s'est placé dans une autre.

Qui pourroit dire combien de défauts d'harmonie, combien de disparates, dont on ne sait souvent pas s'expliquer la cause, trouvent leur raison dans l'ignorance où est l'artiste des conséquences auxquelles il se soumet à son insu?

Je pense que l'espéce de controverse qui règne toujours entre les deux genres de drames que j'appelle l'un régulier, l'autre irrégulier, n'auroit jamais eu lieu, si on avoit compris que les drames du dernier genre, c'est-à-dire à la manière de Shakspear, ne sont que la réunion monstrueuse de deux imitations antipathiques, de deux principes contraires. Car, lorsque dans ces piéces de théâtre on trouve porté au plus haut point, le système de généralisation dans les caractères, dans l'expression des passions, dans l'intention morale du sujet, on y voit poussé jusqu'au ridicule le procédé contraire qui tend à particulariser l'action par des incidents burlesques, les personnages par des locutions triviales, et l'effet total par un morcellement de petits détails, indignes de toute espèce d'imitation.

Certes nous ne croirons jamais que Shakspear ait produit exprès ces inconvenances, et que ce soit par système et par étude réfléchie, qu'il ait opéré de telles mésalliances. Le génie d'une part le portoit au sublime, l'ignorance de l'art, de sa nature, de son but, de ses moyens (c'est-à-dire de sa théorie) le poussoit de l'autre, par la force d'un penchant alors invincible, vers les écarts, que, par une aberration d'esprit bien moins excusable, on a depuis essayé de légitimer et de convertir en genre : comme si le faux pouvoit jamais devenir un genre, et être autre chose que le néant de la vérité.

Lorsqu'on envisage les œuvres de l'imitation sous les deux rapports que sa théorie nous force d'y découvrir, on ne sauroit comprendre qu'on puisse admettre comme légitime et naturel dans un art, ce qui révolteroit la raison autant que les yeux dans un autre. Qui ne seroit choqué de voir dans les arts du dessin, cet alliage bizarre du mode d'imitation particularisée jusqu'à l'expression des objets de détail les plus vulgaires, avec le mode d'imitation généralisée qui épure tous les sujets, et qui élève leur image dans les régions de l'idéal? Qui pourroit supporter dans un tout ensemble, une réunion de tels contrastes, aussi rapprochés qu'ils le sont dans les représentations scéniques du poëte anglois?

Qu'il y ait des genres de poëmes libres et burlesques, qui tirent de ces contrastes-là l'effet d'une sorte de plaisanterie, que de telles oppositions font naître, on comparera ces ouvrages aux caprices pittoresques, dont un pinceau ingénieux cherche quelquefois à nous amuser. Mais qu'y a-t-il à conclure de la parodie, si ce n'est qu'il est dans sa nature de se placer hors de la nature, comme le sont toutes les monstruosités ou les caricatures?

L'imitation, comme la nature, a aussi ses exceptions qui, comme telles et par cela qu'elles sont exceptions, confirment les règles. Or, la première règle de toute imitation est l'unité de genre dans un même ouvrage. Et cette unité doit régner sur-tout dans l'observance des conventions qu'on a adoptées.

La principale est celle qui détermine le degré dans lequel le sujet se trouve placé, de manière à appartenir à l'imitation positive et particularisée, ou à l'imitation idéale et généralisée.

Il n'y a point de genre d'ouvrage, si réduite que semble sa mesure, qui n'ait droit de prétendre à l'idéal, et où ne puisse avoir lieu la méprise qui tend à y confondre les éléments des deux degrés d'imitation.

On ignore, par exemple, que l'apologue appartient

à l'idéal par le genre de fiction et de transposition qui le constitue, bien que les personnages y soient pris le plus volontiers dans la classe des animaux. Ce n'est pas le plus ou le moins de grandeur ou d'importance des êtres mis en scène, qui autorise ou non l'emploi de l'idéal. L'apologue est idéal parcequ'il est une convention imaginative, qui consiste non à rabaisser l'être transposé jusqu'à l'animal, mais au contraire à élever l'animal jusqu'à l'homme. Or, c'est manquer à l'esprit de cette convention, que de donner aux personnages fictifs de cette sorte de drame, une individualité trop marquée, soit par la fidélité des petits détails zoologiques, soit par des naïvetés de description, qui substituent dans l'imagination, la réalité de l'être à la fiction du rôle. Quelque charme qu'on trouve aux conceptions du fabuliste français, il faut reconnoître qu'il a souvent, par son exécution, dépouillé l'apologue de son costume idéal.

PARAGRAPHE V.

De l'action de généraliser dans les ouvrages des arts du
dessin — et dans l'imitation du corps humain.

L'action de généraliser, considérée comme opération de l'intelligence, est particulièrement de la nature
de celles dont la métaphysique se charge d'analyser
les éléments et de développer les notions. La science
de la métaphysique est principalement la science
des opérations de l'esprit; et l'on n'est point étonné
de la voir intervenir, comme juge nécessaire et définitif, dans une multitude de questions qui s'élèvent
soit sur la conception, soit sur les moyens d'exécution des ouvrages d'art, dont l'imitation s'adresse sur-
tout à l'esprit. Mais s'il s'agit de ceux qui emploient
les formes des corps et la matière, on semble croire
que parceque les sens en reçoivent l'impression, ces
arts peuvent se soustraire au tribunal de la métaphysique, comme si les impressions des sens pouvoient
être expliquées même matériellement, sans le concours des sciences morales.

J'avoue que la recherche des opérations de l'intelligence qui généralise, n'est guère entrée jusqu'ici

dans la théorie des arts du dessin (1). Mais c'est parceque cette théorie elle-même n'a guère été généralisée. L'observation critique ne s'exerce d'ordinaire
que partiellement dans le cercle isolé de chacun des
beaux arts. Pour peu qu'on les embrasse tous, par
une étude plus étendue, on s'aperçoit que tous ont
entre eux des principes communs, de certaines lois
générales, d'où résulte, dans leurs modes séparés d'i-
mitation, une action semblable, et qui ne diffère que
par la diversité des organes auxquels elle s'adresse.
On voit clairement alors que l'action qui généralise, est la même dans les ouvrages des arts du dessin, que dans ceux des arts de la poésie. Oui il appartient à la même opération de l'intelligence, de
généraliser des formes comme des idées, les images
des corps comme les conceptions de l'esprit, la représentation des objets de la matière, comme l'expression de la pensée et des rapports du monde moral.

L'action de généraliser procède d'une des facultés instinctives de notre esprit, et nous ne disons
presque rien sans y avoir recours. Ainsi le langage
ne vit que d'abstractions, c'est-à-dire d'idées généralisées. C'est par nécessité, et souvent sans s'en

_____

(1) Déja dans un recueil périodique (*les Archives littéraires*) nous
donnâmes, il y a dix-huit ans, en plusieurs articles, un essai de cette
théorie, où nous prétendîmes que l'idéal consistoit particulièrement
dans l'action de généraliser.

douter, que l'artiste aussi, dans son langage par formes, met en œuvre un procédé qui est celui de l'instinct autant que de l'intelligence; et l'on a déja fait observer (part. II, parag. x) que dans le premier âge de l'art, l'imitation par signes avoit été une sorte d'idéal, en tant qu'elle procédoit par images du genre le plus abstrait. Il y a par conséquent un idéal qu'on peut appeler grammatical, et il y a l'idéal de la poésie. On ne fait ici mention du premier, que pour mieux caractériser le second. Aussi croit-on inutile de remarquer que si, dans les beaux arts, tout idéal poétique résulte de l'action de généraliser, toute opération qui généralise ne produit pas réciproquement l'idéal, dans le sens poétique des beaux arts.

Quoi qu'il en soit, l'action de généraliser, appliquée aux arts du dessin, s'exerce sur la composition des sujets, comme sur la représentation du corps humain.

Quant à la composition, le but de cette action sera, comme dans les conceptions du poëte, de réduire les sujets les plus étendus à leur expression tout à-la-fois la plus simple et la plus énergique. Il ne faut pas séparer ici l'idée de simple de l'idée de fort. Le vrai mérite de toute pensée est sans doute dans sa simplicité; mais on entend que cette simplicité soit celle qui en augmente l'énergie.

La peinture sait, tout comme le discours, faire exprimer par un petit nombre de figures, ce que des figures multipliées ne feroient qu'affoiblir. Elle a aussi son laconisme de formes, comme la poésie du langage a celui des mots, dans ces axiomes célèbres, qui passent pour être les abrégés de la sagesse des siècles. N'est-ce donc pas en peinture une sorte de sommaire d'un traité théologique, que cette composition de Raphaël, où la Religion est vue au-dessus des nuages, indiquant, d'un geste dirigé vers la terre, que le livre fermé qu'elle tient, et qui est celui de la connoissance des choses divines, reste interdit à la curiosité des mortels?

Si la propriété de réduire tout à ses moindres termes, et par la plus grande simplicité de moyens, est un des ressorts de l'action poétique, qui généralise les conceptions de l'écrivain, elle appartiendra dans le même sens aux compositions du peintre, et y produira les mêmes effets. On n'entend point que la manière dont le poëte aura généralisé sa conception, puisse être celle du peintre qui voudroit traiter le même sujet. La parité dont on parle, qui est celle de moyen, de vertu, d'effet, doit se considérer systématiquement, et non dans les applications particulières. On montrera, plus en détail par la suite, que l'action de généraliser tenant au procédé de transformation, il y a, pour chaque art, une classe d'abstractions et de métaphores inhérentes à son mécanisme, et qui sont intraduisibles dans un autre art.

Ce qu'on prétend ici, c'est que chaque art use à

sa manière et a le droit d'user ainsi de ce procédé, au moyen duquel le peintre peut concentrer dans le moindre nombre de traits pour les yeux, ce que le poëte abrége dans le plus petit nombre d'idées pour l'esprit. Si la puissance infinie du Créateur est rendue par la sublime concision des mots qui en généralisent l'idée, *fiat lux :* le peintre, qui a représenté le Père éternel débrouillant le chaos, a redit d'une autre manière aux yeux la même pensée; et l'immensité du pouvoir de la création a trouvé, dans la simplicité de cette composition, la même énergie d'expression.

On pourroit multiplier ces exemples, et chacun en ajoutera. Il a suffi, je crois, de ce peu de traits, pour caractériser l'opération essentielle de l'esprit de l'artiste dans presque toutes les compositions, à part le plus ou le moins de succès, selon le degré de talent ou de génie qu'il a. Car, on l'a déja dit, l'opération dont il s'agit est bien plus obligée qu'on ne pense; en sorte que le génie ne consiste pas toujours à généraliser, mais à tirer de cette opération, les beaux effets qu'on admire chez les grands maîtres; c'est-à-dire ces parties simples de composition, et riches de pensée, qui, par une savante et ingénieuse abréviation, deviennent les équivalents d'un ensemble, dont la totalité eût excédé les limites de l'art.

Le peintre sait donc généraliser de deux manières les sujets les plus nombreux, les plus abondants en particularités, c'est-à-dire les ramener à la simple expression d'un seul aspect, fécond pour le sentiment ou l'imagination. Tantôt il échange l'effet physique et matériel de la scène, contre l'impression morale de certaines situations, qui deviennent pour le spectateur l'interprète de ce que les yeux ne peuvent point lui dire: tantôt il renforce l'effet même de la scène par la suppression des détails qui diviseroient beaucoup trop l'attention.

Deux grands peintres ont traité chacun, dans l'un et l'autre de ces deux systèmes de généralisation, une de ces scènes dont la variété et l'immensité sembleroient devoir exiger la plus grande multiplicité d'effets, de détails, et de particularités.

Raphaël peignit une fois un incendie. Ce qu'on voit le moins dans son tableau, c'est le feu, les flammes, et la fumée. Mais voici ce qu'on y voit, et qui sans doute vaut mieux; c'est l'expression des plus touchantes situations; un vieillard enlevé par son fils du milieu des flammes; un jeune homme s'échappant du foyer de l'incendie par-dessus un mur; une mère qui, du haut de ce même mur, va jeter son enfant au berceau, dans les bras du père, qu'on voit se hausser sur la pointe des pieds, pour le recevoir. L'enfant va tomber.... Sera-t-il reçu?.... Ainsi le peintre, dans les positions diverses et les différents âges de ses personnages, vous donne, au lieu du spectacle que pouvoient produire aux yeux les effets physiques de l'incendie, l'image morale de toutes les terreurs dont un tel fléau peut être la cause.

Dans une scène d'une autre nature, et la plus vaste de toutes, le déluge universel, Nicolas Poussin a fait voir comment le génie qui simplifie en généralisant, peut donner à un petit nombre d'objets cette valeur infinie, qui force l'imagination et le sentiment de restituer à l'image ce que le défaut d'espace ne lui a pas permis de retracer. Car comment le peintre pourroit-il montrer l'universalité du déluge, l'*Omnia pontus erant?....* D'autres ont cru satisfaire à l'esprit d'un sujet si étendu, en y multipliant les épisodes et toutes les sortes de formes sous lesquelles la mort et la destruction purent atteindre leurs victimes. Voici le tableau du Poussin. « Un ciel qui pèse sur les eaux et « que la foudre sillonne avec effort; un soleil sans « clarté; une barque où quelques hommes luttent « contre les flots, un arbre, un rocher, un reptile, « seuls restes des règnes de la nature, avec une der- « nière famille exhalant le dernier soupir du genre « humain. » (1)

Ce peu de descriptions doit donner l'idée du genre de convention, au moyen de laquelle, les scènes les plus considérables peuvent être réduites dans les mesures bornées de chaque art, et dégagées de leurs détails, sans perdre de leur valeur. Disons même que

_____

(1) *Sur une des opérations distinctives du génie,* par M. Guérin.

cette espéce de concentration est précisément ce qui en augmente la force et l'énergie. La suite nous montrera comment l'action de généraliser les sujets et les compositions se trouve liée à une autre action, celle de transformer et de transposer. (Voyez parag. VII et IX.)

On comprend plus facilement l'action de généraliser, et son effet, dans cette partie appelée composition, et où l'artiste, si souvent obligé d'élaguer les détails qui offusqueroient l'action principale, généralise, sans le savoir, alors qu'il fait ressortir soit le point de vue capital du sujet, soit ce qui en est le principe, soit ce qui en devient la conséquence. Toutes ces opérations ont lieu en procédant du composé au simple, et en ramenant toutes les idées d'un sujet à une idée principale qui comprend les détails (comme le genre comprend l'espéce.)

Mais on a plus de peine à concevoir la même opération, et à s'en rendre compte dans l'imitation proprement dite du corps humain. Là, en effet, le sujet de l'imitation paroît simple. Là aussi le modéle se présente avec un ensemble facile à comprendre, et à définir. Cependant cet ensemble est un composé de parties, et toutes ces parties (comme on l'a déja dit) sont fort loin d'offrir dans l'individu, l'harmonie complète d'où résulte la beauté corporelle. L'artiste est donc obligé de soumettre toutes les formes de l'individu à une critique de comparaison, qui repose sur la connoissance d'un type absolu de perfection.

Voilà que l'opération de généraliser trouve encore ici à s'exercer. Quel que soit, en effet, l'objet sur lequel elle s'exerce, son action est toujours la même, puisqu'elle consiste principalement à ramener toute idée, comme toute image particulière, à son principe générateur, à ce qu'on appelle genre.

L'exemple déja tiré de l'idée de portrait, c'est-à-dire d'image particularisée, va nous montrer en parallèle ce qu'est l'image généralisée. Opposons à la tête *portrait*, une tête de sculpture grecque représentant une divinité. (Voyez part. II, paragraphe XI.) Je ne veux que retracer ici des traits caractéristiques déja décrits, (1) et sur lesquels il suffit de rappeler l'attention. N'est-il pas vrai qu'il existe entre ces deux têtes une différence, telle, que l'œil le moins expert ne s'y méprendra jamais? N'est-il pas certain que la plus belle tête *portrait* se trouveroit entièrement en désaccord (si on veut se prêter à cette transposition) avec le corps soit d'un Apollon soit d'une Vénus antique? Mais tout le monde conviendra qu'il en seroit de même d'une tête de Vénus et d'Apollon antique, sur le corps d'une statue faite dans le goût moderne, c'est-à-dire de na-

---

(1) On se rappelle que tout ce qui entre dans les éléments d'une imitation minutieuse y est supprimé. Les poils des sourcils disparoissent pour laisser mieux se dessiner l'arcade de l'œil. Le globe de l'œil n'y a point de prunelle, le nez y a une forme angulaire, les cheveux et la barbe y sont traités par masses factices et composées. Le tout est réglé d'après une symétrie parfaite, et tout contour y est purgé des détails accidentels qui dans l'individu interrompent sa régularité, etc.

ture modéle dont on a parlé. (Part. II, paragraphe xi.)
D'où peut naître ce désaccord? si non de ce que l'un et
l'autre ouvrage procéde de deux systèmes opposés et
inconciliables.

Qu'y a-t-il donc dans ces deux manières d'imiter
le corps humain, et d'où provient leur diversité? Le
voici : Dans l'une chaque partie du corps, chaque
forme, chaque muscle ont été imités avec toutes les
irrégularités de détail, toutes les particularités accidentelles que les hasards de la génération et mille
autres causes font intervenir dans tous les corps.
Qui ne sait combien il est ordinaire que la forme
donnée par l'ossature et la musculature soit déna-
turée, altérée et modifiée par la peau, par le tissu
cellulaire, par le plus ou le moins d'embonpoint dans
chaque individu? Et qui ne sait encore que les rapports de toutes les parties du corps entre elles, rapports d'où résultent la beauté et l'harmonie des proportions, dépendent d'un nombre infini de causes et
de circonstances qui en arrêtent ou en modifient le
développement? Rien de plus ordinaire dans l'imitation du corps humain, que cette manière qui consiste à en reproduire les formes, le dessin, les proportions, ou les rapports, tels que le modéle individuel les présente à l'artiste. C'est l'imitation dans l'idée
de *portrait*.

L'autre manière a déja été décrite et analysée
(part. II, paragraphe xi), et je m'arrêterai d'autant

moins ici à en faire sentir la différence, qu'elle s'annonce elle-même à l'esprit, comme à la vue, par une opposition de style indubitable.

Qu'on se rende compte en idée de ce qui est écrit si lisiblement pour les yeux dans les statues du style antique. N'est-on pas obligé d'avouer qu'une certaine grandeur de formes y exclut toutes les petitesses accidentelles, qu'une juste combinaison de rapports entre les parties, y produit un certain concert de proportions, qui semble faire la règle d'après laquelle le Créateur aurait constitué la nature humaine, avant qu'elle fût soumise aux accidents que la génération, le travail, la pauvreté, les maladies y ont introduits?

Qu'est-ce donc que ce style qui nous offre précisément le contraire de celui où les formes du dessin, les proportions sont copiées dans l'esprit du portrait, si ce n'est le style d'imitation qui généralise la forme et la proportion du corps humain, et par la vertu duquel l'ensemble se trouve ramené de l'existence particulière d'individu, à l'existence abstraite d'espèce et de genre?

Mais cette figure d'homme ainsi généralisée, est précisément celle à laquelle nous avons vu (part. II, paragraphe XI) qu'on donne la qualification de figure idéale.

Il sera dès-lors certain qu'en théorie, *idéal* et *généralisé* seront, jusqu'à un certain point, synonymes, parcequ'ils expriment le même effet, quoique l'ana-

lyse de ces deux notions nous prouve que l'une dérive de l'autre, et que l'action de généraliser est certainement le moyen qu'emploie l'esprit de l'imitateur pour parvenir à l'idéal.

Ainsi il y a une convention poétique, en vertu de
laquelle l'artiste, dans l'imitation du corps humain,
recompose aussi ce qui lui sert de modèle. Et cette
recomposition n'a également lieu qu'autant qu'on use
du même procédé employé par les autres arts. Cela signifie, quant au dessin, qu'il faut généraliser la forme
du modèle individuel, nécessairement imparfait,
par la science du modèle abstrait, qui est le type
même de la perfection des corps, ou la loi de la nature.

Or ce type de perfection corporelle (quoiqu'il s'a-
gisse de corps et de matière) n'est pas un être que
l'on puisse trouver quelque part individuellement,
qui puisse être saisi isolément par l'organe physique
seul. C'est un être composé dont l'observation et la
science, l'imagination et le sentiment rassemblent
les parties. Ce type de perfection est, pour l'imitation
de l'homme physique, ce que sont, pour les arts d'imitation immatérielle qui embrassent l'homme moral,
et cette règle du beau, du vrai, sur laquelle le poëte
trace le caractère des personnages, et cette connoissance de notre ame, d'après laquelle il mesure l'effet
des passions, de leur expression, et des sensations
que nous en recevons.

Dans tout ce qui est imitation, il y a, sans doute, une partie pour l'organe physique, et l'on ne sauroit neir que nos sens ne soient appelés à recueillir un grand nombre d'observations utiles à l'art. On ne prétend donc pas que tout, dans l'imitation généralisée du corps humain, soit exclusivement du ressort des moyens intellectuels. Il est indubitable que c'est sur des corps que l'observation s'exerce, et avec le secours des yeux. Mais il s'agit de savoir ce qui éclaire l'observateur dans ses recherches, et ce qui conduit l'opération de sa vue.

Or, quand on se rend compte et du genre de l'observation, et de la nature de l'opération, et de son résultat dans les ouvrages de l'art, on est obligé d'avouer que ce type régulateur des formes du corps humain, que ce modèle général donné à l'imitation, ne sont autre chose qu'un système, ou, si l'on veut, une science dont l'objet est de connoître les raisons générales desquelles dérivent la règle de la conformation humaine, les principes de l'organisation de chaque membre relativement à sa fin, et les lois de l'harmonie communes à toutes les œuvres du Créateur.

Si tels sont les éléments de la science qui devient la règle ou le type de l'imitation du corps humain, on avouera que ces éléments ne sont ni aussi palpables ni aussi visibles aux seuls yeux du corps, qu'on se l'imagine quelquefois, en réduisant le tout, par une explication trop matérielle, à la seule action du sens extérieur.

En effet, on a fort habituellement recours, pour expliquer ce qu'on appelle l'idéal dans l'imitation du corps humain, à certains procédés qui semblent réduire l'opération de l'artiste à quelque chose de positif et de pratique. J'espère montrer que ces explications ne sont en définitive, que des formules du discours, dont l'effet est de substituer à l'action presque indéfinissable de l'intelligence et de l'imagination, certaines définitions, sur lesquelles les sens paroissent avoir plus de prise. (Voyez le paragraphe suivant.)

PARAGRAPHE VI.

De ce qu'on a coutume d'appeler choix de formes, *et* réunion de beautés éparses, *dans les ouvrages de l'art. — Analyse de ces deux notions.*

On a eu déja l'occasion de parler des méprises qui ont lieu dans l'emploi du mot idéal (voyez partie II, paragraphe V), sur-tout lorsqu'il s'applique aux ouvrages de l'art. Telle est celle qui consiste à en restreindre la notion au *beau* corporel. Le plus grand nombre des hommes en commet une autre, c'est de considérer l'idéal, comme exclusivement en rapport avec les ouvrages des arts du dessin, et avec les formes du corps humain. De là certains systèmes restrictifs, qui tendent à expliquer le style idéal, les opérations dont il dépend, les effets qui en résultent, par des moyens en apparence tributaires des sens, par des notions de procédés positifs et en quelque sorte pratiques.

On ne sauroit mieux faire sentir le défaut de ces explications, qu'en montrant l'idéal comme appartenant aux conceptions de l'art du poëte, autant qu'aux inventions des arts du dessin. Il faut bien alors donner à la définition des opérations d'où il résulte, la propriété d'être appliquable aux purs ouvrages de l'esprit, comme à ceux où l'art s'exerce sur la matière et sur les corps.

C'est ce que j'ai tâché de faire comprendre dans les deux paragraphes précédents, où j'ai montré le même effet, produit dans les arts des deux genres, par la même faculté de l'esprit, par la même action de généraliser.

Il faut achever de le prouver, en faisant voir que les deux manières d'expliquer l'opération de l'idéal, telle que quelques uns ont l'habitude de la concevoir et de l'exprimer à l'égard des arts du dessin, ne sont autre chose que l'interprétation de l'action même de généraliser, ou, si l'on veut, la périphrase de ce pro-

cédé intellectuel. Si je prouve ensuite que les deux
procédés qu'on prétend y substituer, devroient être
aussi ceux que le poëte seroit forcé d'employer comme
le peintre, il faudra reconnoître que l'opération de
l'idéal dans l'imitation des corps, est fort loin d'être
soumise, comme l'explication que l'on en donne
tendroit à le faire entendre, au seul pouvoir des
sens, à la seule action d'un travail positif et physique.

Ces deux procédés par lesquels quelques uns se
flattent d'expliquer d'une manière plus sensible, et
en quelque sorte matérielle, l'opération de l'idéal
dans les œuvres de l'art, consistent (dit-on) dans
l'action de *choisir*, d'une part, et dans l'action de *réunir*,
de l'autre: c'est ce qu'on appelle *choix de formes* et
réunion de beautés éparses.

Essayons de nous rendre compte des notions de
ces deux procédés.

Quant à ce qu'on appelle *choix de formes,* lorsque
l'on apprécie toutes les parties d'une figure faite dans
le style idéal, il est certain qu'en la comparant à
une figure exécutée dans le style d'imitation individuelle, la notion de *formes choisies* exprime assez
bien l'effet de la première. A l'égard de la seconde il
n'y a pas eu évidemment lieu au choix dont on parle,
la seule définition qu'on en a donnée l'indique.

Ainsi l'idée que fait naître le style idéal dans une
figure, est assez bien représentée par les mots *choix*

de formes. Cette locution n'est toutefois qu'une métaphore qui exprime une action bien moins sensible et matérielle qu'on ne pense. Effectivement, (on en a déja dit quelque chose part. II, paragraphe VII) ce qu'on appelle ici choisir, et qui paroîtroit pouvoir être une opération simple et facile, l'analyse qu'elle comporte nous force d'en traduire l'idée et l'action qui s'ensuit, par l'idée de comparer et l'action de juger. A coup sûr, choisir c'est juger entre plusieurs choses, quelle est la meilleure ou la pire.

Mais pour juger où est le meilleur, il faut en avoir préalablement la connoissance. Or, si pour choisir le beau il faut déja l'avoir trouvé (car le connoître c'est l'avoir trouvé) comprend-on bien ce que c'est que cette opération qui, pour choisir, c'est-à-dire pour juger où est le meilleur, auroit besoin d'une opération préalable qui eût fait connoître à l'artiste ce qu'il cherche.

Il est sensible que cette notion, lorsqu'on la prend dans un sens positif, n'est qu'un cercle vicieux, parceque, comme on l'a dit, (part. II, paragraphe VII) il faut, pour juger, un point de comparaison qui est la règle ou la loi. Or, dès que choisir est juger, on demande où est la règle de l'artiste, pour prononcer entre les formes du corps humain, quelles sont les bonnes, les meilleures, et les pires.

Nous avons déja fait entendre (voyez partie II, paragraphes VI et X) comment avoit pu jadis se former cette règle, quelles furent les causes qui la firent chercher, et les moyens de parallèles nombreux qui conduisirent à sa découverte; et nous avons fait voir que cette loi ou règle des jugements dans l'action de choisir, fut la science même des principes de l'organisation du corps humain, la connoissance des raisons générales de la nature.

Mais il semble qu'il a dû résulter des développements théoriques et historiques, dans lesquels nous sommes entrés sur cette matière, que ce prétendu *choix de formes*, soit qu'on l'entende en théorie générale, soit qu'on en fasse l'application partielle à l'exécution de tel ou tel ouvrage donné, ne fut pas plus jadis, qu'il ne peut l'être aujourd'hui, le produit isolé d'un artiste, le résultat d'un travail individuel. Le simple bon sens nous dit que ce *choix* par lequel on explique le moyen et l'effet de l'idéal, ne dépendoit pas, pour chaque figure, des chances d'une enquête plus ou moins heureuse de modèles trouvés par l'artiste, ni du hasard de ses jugements dans la comparaison du grand nombre des parties, qui devoient composer un tout.

L'idée de *choix* ne pouvant être qu'une idée systématique, rentre évidemment dans l'opération du goût, de l'intelligence et du génie, et cette opération qu'on voudroit soustraire au principe moral, se refuse au contraire bien plus qu'on ne croit à toute explication pratique, sur-tout quand on veut la particulariser.

Qu'entend-on en effet par ce *choix*, qui devroit, dans la pratique habituelle de l'art, résulter d'une confrontation à faire matériellement par l'artiste, de toutes sortes de corps, de formes, de parties ?

Entend-on que l'artiste ne puisse produire la figure qu'il doit exécuter ni même la concevoir, que par le moyen d'une confrontation effective d'autant de modèles ou d'individus qu'il lui en faudra, pour s'assurer qu'il a trouvé à y compléter le choix de toutes les perfections partielles et de détail ? Mais si on le prend ainsi, et si l'on veut que la chose ne puisse autrement avoir lieu, ce ne sera pas sérieusement que nous ferons voir le ridicule d'une telle perquisition de modèles en tout temps et en tout pays, mais surtout dans nos mœurs, dans l'état physique et moral de nos sociétés. Quelle singulière idée on se formeroit des arts du dessin, et de leur imitation, si l'on faisoit ainsi dépendre le succès des ouvrages, d'un concours fortuit de modèles appropriés aux sujets qui doivent être traités !

Entend-on que, dans cette opération de *choix*, l'artiste puisse se borner (comme cela se pratique le plus souvent) à un seul modèle, mais sous la condition de ne pas s'y conformer en tout, c'est-à-dire, en y prenant le beau qui peut y être, et en y remplaçant ce qu'il y trouvera de moins beau ou de défectueux. Mais il est clair, dans cette hypothèse, que l'artiste faisant cette opération sur le vu d'un seul individu,

sera forcé de confronter les formes du corps qui est
sous ses yeux, avec les formes d'autres corps qu'il ne
voit point, et que sa mémoire ou son imagination
lui retracent. Eh bien, alors l'opération du choix prétendu ne résulte plus d'une action matérielle et sensible, d'une comparaison qu'on puisse dire réelle ou
positive. Elle rentre nécessairement dans la sphère
des opérations de l'intelligence ou de l'imagination.

De quelque manière qu'on veuille s'expliquer l'action de choisir, elle procédera toujours de la connoissance acquise de ce qui constitue la beauté et la perfection des formes du corps. Or, cette connoissance
est en théorie, comme pour la pratique, le principe
générateur de l'idéal. Donc l'idée de *choix* dans son
application à l'imitation des formes corporelles, n'est
qu'une expression figurée de l'opération, par laquelle
l'artiste fait l'emploi des connoissances acquises en
cette partie de l'imitation. Donc cette opération est du
domaine de l'intelligence, plus encore que des sens
qui lui servent d'agents.

J'arrive à l'autre procédé par lequel on prétend
expliquer, comme dépendante de l'action physique
des sens, l'opération de l'idéal, et qu'on appelle *réunion de beautés éparses.*

Le beau idéal, dit-on, *est la réunion des beautés de
forme partiellement réparties sur plusieurs individus
dans la nature*, mais recueillies et rassemblées par l'art
sur une seule figure.

Rien de plus vrai que cette explication, si on entend qu'elle doive rester dans les termes d'une définition abstraite. Comme d'une part il n'y a point de beauté ou de perfection qui n'appartienne en détail à la nature, et qu'il est constant que l'artiste ne peut (sans absurdité) être censé trouver quelque chose hors de la nature; comme aussi, d'autre part, il ne s'y rencontrera jamais un individu complétement beau et parfait relativement à l'art, si la puissance de l'imitation est parvenue à composer le complément de cette perfection, il est certain que cet ouvrage offrira une réunion de beautés, qui n'existent que diversement réparties entre tous les êtres vivants.

Ce fait admis, comment l'art y sera-t-il parvenu? Le raisonnement et l'histoire nous disent qu'un semblable résultat ne peut point encore avoir été jadis, celui d'une opération particulière due aux efforts isolés de chaque artiste. On comprend combien il seroit impossible d'avoir à sa disposition la collection de modèles nécessaires, pour obtenir une semblable réunion : et puis les faits eux-mêmes démontrent que ce fut l'œuvre du temps, de l'expérience, de beaucoup d'essais successifs, d'un nombre infini d'observations, constamment rapportées à un centre d'études et de combinaisons, d'où naquit cette science de l'idéal, que les Grecs nous ont transmise.

Voilà comment on peut concevoir que s'est opérée dans chacun des beaux ouvrages de l'art antique,

non pas une réunion accidentelle de parties empruntées par tel ou tel artiste à plusieurs modèles, ou
choisis ou donnés par le hasard, mais bien une recomposition des formes de l'individu, selon les divers
caractères des sujets, et d'après les lois de la nature.
Or, une telle opération ne put être qu'un système. Et
voilà comment, en s'appropriant ce système étudié
dans ses principes, dans ses conséquences et dans les
exemples qui l'expliquent, chacun procède encore
aujourd'hui, sans se rendre compte de la marche de
son esprit, et arrive plus ou moins près du but,
selon sa mesure de talent et d'intelligence.

Ce n'est pas ainsi, j'en conviens, que l'entendent
certains critiques. Ce qu'ils appellent *réunion de beautés éparses*, est, à leur avis, une opération tout-à-fait
usuelle, purement pratique, à la portée de chacun,
et au moyen de laquelle on produit le beau idéal.
Selon eux cette réunion doit s'expliquer comme elle
se fait, c'est-à-dire, dans un sens littéral et positif.
Elle doit être une véritable agrégation de parties dé-
tachées, empruntées à divers individus, ou modèles
effectifs, dont l'un fournit la beauté partielle qui man-
quoit à l'autre.

Il nous semble au contraire que c'est précisément
cette manière d'expliquer ainsi la chose au matériel,
qui dénonce l'erreur de l'explication, en dévoilant
l'impossibilité de l'exécution.

Dès qu'on cesse d'entendre le procédé de la réu-

nion dont il s'agit, comme l'effet d'un système en théorie, et comme émanant dans l'emploi pratique qu'en
fait l'artiste, de la faculté intelligente, plutôt que d'une
opération positive, je demande si l'on en conçoit bien
l'exécution, en tant que physiquement possible.

Quand on supposeroit mis à la disposition d'un
artiste, autant de modèles choisis, qu'il y a de parties
dans le corps humain, se figure-t-on comment il
pourroit, en imitant de chaque modèle une partie,
composer de leur assemblage une seule figure? Comprend-on, comment, s'il s'agissoit d'y procéder par
une semblable division, il parviendroit à cette unité
de formes, de caractère, de proportion, première
condition du beau? Comment une véritable harmonie pourroit-elle sortir d'une aussi nombreuse collection de disparités?

Qu'on ne nous cite pas ici ce qu'on raconte des
cinq modèles de Zeuxis (1). Cette histoire n'est peut-

---

(1) On a déja eu occasion (partie II, paragraphe IV) d'élever quelque doute sur l'histoire des cinq modèles de Zeuxis, et sur leur emploi dans la formation d'une beauté parfaite. Il y a deux choses à considérer dans cette anecdote diversement racontée par les écrivains : le
fait en lui-même, et la notion théorique qui s'y attache.

Quant au fait, on ne sauroit en prouver ni en contester la réalité. Il
y a ainsi sur plus d'un objet, plus d'un sorte de contes, qui se font
par-tout, d'autant plus naturellement, que l'opinion qui leur sert de
fondement, est de nature à se produire en tout temps et en tous
lieux.

Nous trouvons déja les éléments et du fait en question, et de l'opi-

être qu'une allégorie sensible de la réunion idéale,
que la vraie théorie de l'art et sa pratique enseignent.
Quand Lucien, pour décrire la beauté de Panthée,
en compose le portrait avec les parties séparées,

---

nion qui put en suggérer le récit, dans le dialogue, où Xénophon introduit Socrate conversant avec le peintre Parrhasius (XENOPH., *Memorabilia*, lib. IV, ch. x.), et où le peintre convient que comme on ne
sauroit trouver un seul modèle complétement bien formé, lorsqu'on
veut faire une belle figure, où réunit sur un seul corps les plus belles
parties de plusieurs corps. Or Parrhasius et Zeuxis étoient contemporains.

Le fait des cinq modèles de Zeuxis n'est peut-être que l'apologue de
la doctrine de Parrhasius. Je dis apologue, parceque rien ne fut plus
naturel que de bâtir sur quelqu'une de ces locutions d'école, une histoire mêlée de vrai et d'imaginaire, pour donner de la consistance à une
simple notion théorique.

Aussi trouve-t-on plus d'une variante à cette histoire. Selon Pline, la
chose seroit arrivée à Agrigente, pour le tableau d'Hélène, que Zeuxis
destinoit au temple de Junon Lacinia. Denys d'Halicarnasse rapporte
le même fait; mais selon lui il eut lieu à Crotone. C'est aussi dans la
même ville que Cicéron place cette anecdote, avec certaines particularités, qui nous font voir quelle fut chez les Grecs la facilité qu'eurent
les artistes de faire les parallèles, d'où devoit résulter la science de l'idéal, dans l'imitation des corps.

Le résultat le plus réel de tous ces récits, est, d'une part, la doctrine
de l'imperfection des modèles individuels; de l'autre, la théorie de l'art
de généraliser, opération de l'intelligence, mais dont le travail systématique a lieu, par une combinaison que l'esprit est forcé de rendre sensible dans le langage, en empruntant à la matière l'idée de réunion et
d'assemblage de parties, idée que l'on est trop souvent porté à prendre
dans le sens de cette réalité, qui a pu donner naissance à l'histoire des
cinq modèles de Zeuxis.

qu'on vantoit dans la Sosandre de Calamis, dans la
Lemniène de Phidias, dans la Vénus de Praxitéles et
dans celle d'Alcamènes, appelée la Vénus aux jardins, ce n'est là qu'une comparaison hyperbolique
de l'écrivain. Privé qu'il est du moyen de faire parler
aux yeux l'image du beau corporel, il a recours à
cet assemblage imaginaire, pour forcer le lecteur de
se former l'idée d'une beauté complète, par le souvenir de différentes beautés partielles. Mais Lucien
comme statuaire (et il l'avoit été dans sa jeunesse)
se seroit bien gardé de réaliser sur une figure, cette
réunion positive des belles parties de statues, dont
il invite son lecteur à composer l'assortiment intellectuel.

Que seroit en effet un tel ensemble entendu matériellement et dans le sens de la réalité? Il seroit un
chef-d'œuvre de discordances. Le beau de chaque partie d'un tout, y dépend, plus qu'on ne peut le dire,
des rapports qui l'unissent à ce tout, rapports qu'on
ne sauroit jamais transporter avec la partie séparée
de son ensemble. De beaucoup de belles parties prises
à diverses figures, et en les supposant copiées avec
la plus grande exactitude, on pourroit faire une très
ridicule figure. La vérité est qu'une belle figure doit
avoir été conçue, imaginée, composée pour elle-
même, et doit être faite sans le secours d'aucune
sorte de réunion entendue comme effective et réelle.

Autrement elle ne seroit qu'un assemblage de beaux fragments.

Si le peintre Eupompe répond au statuaire Lysippe, que le modéle qu'il avoit à suivre dans ses études, devoit être la multitude, et que là il trouveroit à imiter la nature, *dixisse demonstratâ hominum multi-tudine, naturam ipsam imitandam esse* (**Plin. l. 34.**), il n'entend pas, sans doute, que l'artiste doive prendre pour modéle dans un ouvrage donné, chacun des individus d'une multitude, c'est-à-dire, y en choisir autant que sa figure auroit de parties, (car où ce nombre s'arrêteroit-il?) Eupompe a entendu d'abord que l'artiste devoit étudier son art dans les œuvres de la nature, plutôt que dans les ouvrages des artistes et de ses maîtres; ensuite qu'il devoit, comme eux, étudier la nature dans le plus grand nombre pos-sible d'individus. En effet, dans le trait cité par Pline, il n'est pas question de la part de Lysippe, d'une figure à faire, mais du genre d'études à embras-ser. Or, on le répéte, c'est ce genre d'études si facile en Gréce, qui fit arriver l'art à la perfection idéale. Eupompe donnoit donc, en peu de mots, à Lysippe le secret, et lui enseignoit les moyens de généraliser l'imitation.

On ne sauroit ainsi admettre comme positive et réellement applicable à la pratique de l'imitation, une réunion de parties prises, c'est-à-dire, copiées

sur différents individus, pour en composer une seule
figure. Il est bien vrai que dans le travail de l'exécution, nous voyons l'artiste après qu'il a conçu, in-
venté, arrêté le genre, le caractère, la forme et
l'ensemble d'une figure, en soumettre l'imitation
exécutive et les détails, à l'observation et à la comparaison de différentes parties de modéles, qui lui
paroîtront appropriées à celles de l'être qu'il doit
produire. Oui, sans aucun doute, l'artiste usera de
plusieurs modéles, mais non pas pour imaginer sa
figure; car elle existoit déja, et devoit exister tout
entière dans son imagination; et ainsi il y avoit eu
déja de sa part un travail de *choix* et de *réunion* nécessairement fait en idée par son esprit. Sans cela les
modéles qu'il rassembleroit pour l'aider dans sa création, ne seroient propres, par leurs différences, qu'à
l'empêcher de l'opérer. Nouvelle preuve que la plus
grande partie de ces opérations est toute d'intelligence, et explique plutôt les procédés de la pratique,
qu'elle ne se laisse expliquer par eux.

Allons en effet plus loin. Que fait l'artiste lorsque
dans l'exécution de ce qu'il a conçu, il use de plusieurs modéles? Copie-t-il exactement, réunit-il dans
une imitation fidéle, les parties choisies de chacun,
telles qu'il les voit en réalité, telles que l'on puisse
retrouver les originaux dans leurs copies? Il est
certain que l'artiste cherche dans les modéles, des
vérités que l'être vivant peut seul inspirer, il leur

demande des indications de détails et de formes, des rapports de proportions, des impressions de sentiment, de mouvement, d'harmonie, de beautés partielles, qu'il assimile au type que son imagination s'est formé. Mais il le fait par des procédés qui échappent à toute analyse. Qui sauroit dire s'il transforme la substance de ce qu'il a conçu, dans la substance de ce qu'il voit, ou si c'est le contraire?

Ce travail, très souvent réciproque, et que le langage a de la peine à rendre sensible, est de telle nature que, l'ouvrage terminé, l'artiste peut souvent montrer les divers modèles qui lui auront servi, sans qu'on y reconnoisse ce qu'il y aura imité. Cela est si vrai, que les mêmes modèles imités par un autre, dans le même sujet de figure, vont donner en résultat d'autres formes, d'autres réunions de parties, d'autres effets de teinte et de couleurs. C'est qu'il en est de cette élaboration par laquelle chacun transforme ce qu'il imagine contre ce qu'il voit, ce qu'il voit contre ce qu'il imagine, comme, dans un autre ordre de choses, de ces assimilations physiques, secret de l'opération naturelle de l'organe digestif, et qu'aucune théorie ne peut complétement analyser. Ici de même l'analyse métaphysique est en défaut.

Si l'artiste voit en imagination sa figure, telle qu'il a la volonté et telle qu'il désespère toutefois de l'exécuter, que lui manque-t-il pour la réaliser aussi promptement et aussi complétement qu'elle a été créée dans sa pensée? Il ne lui manque qu'un moyen d'exécution aussi rapide qu'elle. Mais qu'importe le temps à l'objet en discussion? Qu'importe que Phidias soit des années à rendre visible l'idéal de son Jupiter? S'il ne l'eût pas, dès l'origine, conçu dans son ensemble, s'il ne l'eût pas formé en idée, s'il ne l'eût pas vu *velut tonantem*, tous les procédés prétendus positifs de *choix de formes*, de *réunion de beautés*, n'auroient jamais pu lui en suggérer le majestueux aspect, lui en faire exécuter la magnifique composition.

Il est donc vrai de dire avec Cicéron (voyez part. II, paragraphe XII) que l'artiste indépendamment de tous les moyens d'imitation qui sont comme ses instruments matériels, (et de ce nombre est le modèle qu'il a sous les yeux) doit avoir encore un modèle intérieur pour diriger son art et sa main, *qui artem manumque dirigat*, et vers lequel tendent les yeux de son esprit, *quem intuens in eaque defixus*, pour réaliser cette perfection idéale qui est le but de l'imitation.

Nous avons déja montré que ce modèle intérieur expliqué par l'analyse théorique, ne peut être que le résultat des observations, des comparaisons, des combinaisons de tout genre, dont se forme la science de l'imitation du corps humain. Mais cette science, pour s'appliquer à des corps, n'en fut pas moins soumise dans ses études, et ne l'est pas moins dans son enseignement, à toute l'action de l'intelligence. Fixée jadis par le génie, elle ne peut encore aujourd'hui être apprise et produire ses effets, que par les facultés les plus rares de l'esprit, et les ressorts les plus subtils du sentiment.

Il sera donc clair, que ce qu'on appelle *choix de formes*, *réunion de beautés*, appliqué à la configuration imitative du corps humain, entre nécessairement dans la recomposition du modèle individuel, comme moyen d'en généraliser la forme, mais comme moyen soumis à l'action de l'intelligence, beaucoup plus qu'à celle des sens et de l'exécution pratique.

Cela étant, il restera pour constant, que ces deux locutions sont, comme beaucoup d'autres, des formes que le discours emprunte aux objets sensibles, pour faire comprendre l'opération qui généralise l'imitation du corps humain, c'est-à-dire, la ramène de l'étude de l'individu, à celle du genre, et de l'expression d'une beauté particulière, au caractère d'un beau universel.

Il a été dit au commencement de ce paragraphe, que ce qui doit encore empêcher de donner à ces deux locutions, usuelles dans l'exercice des arts du dessin, une signification aussi positive, que quelques uns le pensent, c'est l'emploi qu'on en peut faire, et qu'on en fait aussi, en les appliquant aux arts de la poésie. Si en effet l'opération de *choisir* et de *réunir*

est celle du poëte comme du peintre, avec cette différence, que les objets dont le premier fait le *choix*
et la *réunion*, existent la plupart dans l'ordre de
choses moral, et ne sont accessibles qu'à l'esprit, ce
simple parallèle nous prouvera que l'action de *choisir*
et de *réunir*, est une action propre de l'intelligence,
et qui tend aussi à généraliser les sujets de l'imitation
poétique.

S'il s'agit de l'opération de *choisir*, il y a certainement autant de diversités entre les êtres ou les objets
du monde moral, qu'entre ceux du domaine de la
matière, et par conséquent une égale obligation au
poëte, de faire des parallèles et des rapprochements,
sans toutefois le concours d'aucune mesure positive, d'aucun procédé matériel.

S'il doit, par exemple, faire penser, agir et parler
sur la scène, des personnages de tout état, de tout
âge, de tout pays, de tout caractère, s'il doit peindre
les passions qui sont les moteurs des grands événements, et donner à chacune le langage qui lui convient, croit-on qu'il n'y ait pas lieu aussi, dans cette
imitation, à *choisir* entre une multitude de figures et
de formes morales, plus variées peut-être entre elles,
que ne le sont les configurations des corps?

Quels modèles effectifs, quels points de comparaison fixe se seront présentés à l'auteur tragique?
Quels moyens aura-t-il eu de saisir en réalité, d'étudier dans l'action de leur mécanisme, les ressorts des

intérêts et des intrigues, et leur mélange avec les combinaisons de la politique? Lui aura-t-il fallu assister aux luttes du Forum, aux débats des conseils, aux réunions des conspirateurs, pour y faire sur la réalité même, le *choix* des caractères, des pensées, des mouvements, des discours qu'il devra prêter à ses acteurs? Certes cette prétention ne serait que ridicule.

Où le poëte trouvera-t-il donc à faire le choix de ses modèles? Ce sera dans les études qu'il aura faites du cœur humain, dans les observations qu'il aura recueillies sur les causes et les effets des passions, dans l'examen raisonné des conséquences que l'expérience apprend à tirer des événements, tels que l'histoire ancienne ou contemporaine les fait connoître, enfin, dans les ouvrages même, où cette sorte d'imitation a été mise en pratique par l'art de généraliser.

Il en sera de même de cette autre opération idéale qu'on désigne également dans l'imitation poétique, par le mot de *réunion*.

Oui le poëte cumule aussi sur tel ou tel personnage, et y combine un ensemble de traits relatifs au caractère de la passion, du vice, ou du ridicule qu'il veut exprimer. Mais devrons nous supposer que chacun de ces traits sera emprunté à un être effectif ancien ou moderne, à un fait réel ou historique? Achille, Agamemnon, Ulysse, ne pourront-ils faire dans un

poëme que des actions racontées d'eux, par une tradition certaine, ou prises de l'histoire d'autres guer-
riers véritables? Le jaloux, l'hypocrite, le joueur,
c'est-à-dire, chacun des sujets de la comédie, ne
devra-t-il comporter qu'un assortiment de détails
ridicules, compilés et rassemblés par le poëte, mais
d'après une notoriété qui leur serve de garantie?
Comment le poëte procéde-t-il donc à cette *réunion?*
Comme l'artiste l'a fait dans la composition de sa
figure.

Il étudie non tel ou tel individu de la société où
il vit, mais les penchants, les habitudes, les mœurs
de la société en général, les foiblesses humaines,
leurs principes et leurs effets. Fort de ces études et
de ses observations, il trace les tableaux de la vie
humaine, moins d'après les portraits de quelques
uns, que d'après le caractère original de l'*homme.*
Aussi l'imitation de cet *homme* est-elle de tous les
temps et de tous les pays. Et lorsque l'on voit disparoître de la scène ces images éphémères de quelques
physionomies particulières, de quelques usages tem-
poraires, de quelque ridicule local, les peintures
dont nous parlons ne vieillissent jamais, parcequ'elles ont été véritablement faites d'après la nature.

Nous n'étendrons pas davantage, sur ce point de
critique, le parallèle des arts de la poésie avec ceux
du dessin. Il suffit d'avoir aperçu cette conformité
pour se convaincre que *choisir* et *réunir*, dans les

beaux-arts, loin de comporter l'idée d'une opération toute pratique, et qui s'exerce matériellement sur les objets, emporte au contraire l'idée d'une action de l'intelligence qui ne peut s'expliquer que métaphysiquement.

Et cela est encore plus vrai, quoiqu'on en puisse dire, de l'action de réunion, bien qu'elle paroisse s'offrir sous un aspect plus dépendant des sens.

Que l'on considère les beaux ouvrages antiques, où brille le style idéal, après qu'il nous ont convaincus qu'ils ne sont l'imitation isolée d'aucun individu en particulier, ils nous prouvent qu'ils ne sont pas davantage l'imitation matériellement collective de parties positivement empruntées à plusieurs. L'artiste qui feroit, selon ce qu'il faut appeler la réalité d'une copie, et composeroit ainsi une figure formée du démembrement de plusieurs modèles effectifs, n'y produiroit pas une imitation généralisée, il ne feroit qu'une collection d'individualités.

Enfin, ceux qui se flatteroient d'expliquer dans les arts du dessin, l'imitation idéale par la notion d'une réunion positive de parties d'individus, préalablement choisies et fidèlement exprimées, ont-ils été jusqu'au bout de leur théorie? Ont-ils compté les parties qui auroient besoin d'être choisies, relativement au genre de la figure, et qu'il faudroit ensuite réunir? le nombre des parties du corps humain, comme on l'a déja fait entendre, est pour ainsi dire infini. Chaque grande partie se compose de parties plus petites, qui en contiennent de plus petites encore; de sorte qu'on ne voit pas où s'arrêteroit dans cette opération, prise au sens positif et pratique, cette action de choisir et de réunir.

Concluons que l'idéal de l'imitation consiste particulièrement en cela, que les ouvrages où on l'admire, ne sont et ne peuvent être ni l'expression d'aucun individu, d'aucun objet en particulier, ni la réunion positivement entendue des parties de divers objets ou individus.

Concluons que les notions de *choix* et de *réunion* sont des notions véritablement abstraites, que les mots qui les expriment ne sont que l'expression figurée d'une opération de l'intelligence, qui en ce genre, comme dans tous les autres, emploie nécessairement l'entremise des sens.

Et de là l'erreur, lorsqu'on force l'explication d'un côté ou de l'autre. Car, comme on ne pourroit prétendre, sans absurdité, que les sens n'entrent pour rien dans l'estimation des rapports et le travail des parallèles qu'exige l'action de généraliser, on ne peut que tomber dans la déraison, en excluant de ce travail l'organe de l'intelligence et des facultés morales, pour n'y admettre d'autres agents, que ceux des sens, et d'autres combinaisons que celles d'un ordre matériel et physique.

PARAGRAPHE VII.

De l'action de transformer ou de transposer, considérée comme moyen de l'imitation idéale soit dans les inventions de la poésie, soit dans les formes de son langage.

On a vu que pour faire sortir les objets et les sujets que traite l'imitation, de la région vulgaire des réalités, et les élever dans celles de l'idéal, il y avoit obligation au poëte et à l'artiste, de les recomposer. (Voyez paragraphe III.)

On a fait voir que le premier moyen d'opérer cette recomposition, étoit d'échanger la forme et l'existence particulières des choses, contre une existence et une forme généralisées, et l'on a montré que les locutions usitées par lesquelles on prétend se définir les procédés de l'artiste, dans la manière de produire l'idéal, n'étoient que des espéces de figures, tendantes à exprimer, d'une manière plus sensible, l'opération de l'intelligence qui généralise.

En se rendant compte de l'action de généraliser, entendue comme moyen propre à recomposer les objets et les sujets de l'imitation, on a dû s'apercevoir que cette

action a une liaison intime avec celle de transformer
et de transposer. Cependant il y a aussi entre elles
des différences essentielles. En effet, si tout ce qu'on
généralise, subit une sorte de transformation, tout
ce qu'on transforme n'est pas nécessairement généralisé; car, un objet peut aussi être changé de forme,
en passant de l'ordre d'images ou d'idées générales, à
l'ordre d'idées ou d'images particulières.

Disons encore que l'action de généraliser semble
s'appliquer uniquement à ce qui constitue la nature
même des êtres, l'essence des choses, le caractère
propre des personnes, enfin à ce qui les change ou
les modifie dans leur individualité; tandis que l'action de transformer ou de transposer embrasse,
dans les opérations de l'artiste qui vise à l'idéal,
et une plus grande diversité de points de vue,
et des rapports beaucoup plus nombreux. Tels sont,
par exemple, tous les changements qui entrent dans
la composition des sujets, et qui résultent des accompagnements qu'on donne aux personnages, de
l'association des êtres fictifs ou allégoriques, et de
toutes les combinaisons imaginatives, dont l'effet
est de contribuer sans doute à généraliser l'objet de
l'imitation, mais par des procédés très distincts, et
que l'analyse théorique doit développer séparément.

Aussi verrons-nous que ce second *moyen de recomposition*, qu'on peut appeler *métaphorique*, nous
donnera lieu de parcourir un beaucoup plus grand

nombre d'observations critiques, de procédés usuels, et d'une nature beaucoup moins abstraite.

On peut avancer que la poésie n'est autre chose que l'art de transformer tous les objets par la manière de les représenter, de transformer les idées dépendantes de ces objets, et jusqu'aux éléments du langage qui expriment ces idées. *Poésie* dans son sens étymologique est synonyme de *fiction*; et la fiction n'est au fond qu'un moyen de transposition. Car comme il n'est pas donné à l'homme de créer, autrement qu'en produisant de nouveaux assemblages, on ne sauroit, en quelque genre que ce soit, assembler deux choses qui ne l'étoient pas, sans transporter l'une ou l'autre, et quelquefois toutes les deux.

Les créations de l'épopée consistent presque toujours dans la transposition que le poëte fait de ses personnages, de leurs circonstances, de leurs actions. Ce qu'on appelle le *merveilleux* n'appartient en propre à ce genre de poésie, le premier de tous, et le plus essentiellement métaphorique, que parcequ'il est le ressort le plus puissant et le plus actif de la transposition que doit subir le sujet du poëme.

Dès que l'action de ce sujet se trouve, par une intervention quelconque de puissances surnaturelles, soumise à une direction tout-à-fait étrangère à celle des choses humaines, dans leur cours ordinaire, il faut bien que les êtres historiques ou réels, mis en rapport dans une autre sphère d'existence avec des êtres imaginaires ou sur-humains, se trouvent plus ou moins transformés eux-mêmes, et qu'ils échangent les qualités d'une condition ordinaire, contre des propriétés d'une nature plus éminente.

L'emploi du merveilleux fut-il jadis le principe ou l'effet d'un système de poésie idéale? On pourroit faire la même question sur le style des figures de divinité, chez les anciens. Mais quelque puisse être la réponse à celle-ci, nous savons que l'imitation des formes du corps, se trouva d'accord avec le besoin de montrer la divinité sous les formes corporelles. De même l'usage de faire agir les dieux avec les mortels dans les inventions épiques, dut nécessiter un certain concert de qualités communes entre eux. On transporta aux personnages humains, une partie des caractères de force et de grandeur, qu'on attribuoit aux habitants de l'Olympe. De là cet hyperbole poétique, dont éprouvoit l'impression celui qui, lisant Homère, voyoit ses héros sous la dimension de géants. Cet effet doit résulter de la convention, en vertu de laquelle, le poëte est tenu de transporter l'idée de ses personnages, dans une région supérieure à celle de l'état ordinaire des choses humaines.

L'action de transformer et de transposer plus ou moins les personnes et les actions, est tellement propre à la poésie, et constitue si naturellement la nature de ses moyens imitatifs, que c'est par là qu'on explique le mieux ce besoin qu'a le poëte, de choisir les sujets qui se perdent dans le lointain des temps et des lieux.

Ceux qui s'étonnent de ce qu'on ne fait pas de poëmes sur les événements contemporains, sont ceux qui ignorent que la poësie est un art, et que tout art est une fiction. Si l'on entend que tout sujet peut devenir poétique, c'est que l'on sous-entend que tout sujet peut subir une transformation quelconque. Ce n'est pas la versification qui fait le poëme, et pour être écrite en vers, une histoire n'en resteroit pas moins ce qu'elle est. Or, il faut avouer, qu'en ce genre, il y a une réalité qui oppose un obstacle moral à l'emploi de la fiction. Cette réalité est celle des faits dont on a été témoin, des personnes que nous connoissons immédiatement. Comme la vérité historique à laquelle le poëte est soumis, n'est jamais que conventionnelle, le poëte n'exige aussi de nous qu'une croyance de convention. Mais encore faut-il qu'une trop grande certitude ne repousse point cet accord de notre part. Comment se prêter à croire le contraire de ce qu'on sait et de ce quon voit?

C'est pourquoi, pendant long-temps, nos poëtes se refusèrent à faire paroître sur la scène les traits d'histoire moderne, et Racine demanda grace pour le sujet contemporain de sa tragédie de Bajazet, en faveur de l'éloignement des lieux.

On ne peut effectivement méconnoître la justesse de ce goût, qu'autant qu'on méconnoît ce qui con-

stitue l'artifice poétique. Le goût pour les pièces historiques trop modernes, et les sujets contemporains,
a évidemment sa source dans la méprise dont on a
tant de fois parlé, qui porte à confondre l'imitation
avec l'identité, à exiger de l'image qu'elle soit la réalité, à échanger le plaisir intellectuel de l'esprit, contre
la jouissance matérielle des sens. C'est au même pré-
jugé qu'il faut attribuer l'usage qui s'est si fort accré-
dité en même temps dans la peinture, de ces sujets
appelés de *genre* ou d'histoire bourgeoise, genre entièrement en rapport avec l'esprit du portrait, et dès-
lors opposé à celui de l'idéal.

Ainsi avons-nous vu que dans l'un et l'autre art,
plus la puissance de l'imagination, et avec elle, l'action du plaisir moral, se sont affoiblies, plus l'artiste
s'est trouvé obligé de se réduire à la vérité positive
et matérielle, qui dispense de l'esprit autant pour
jouir que pour inventer.

Quels moyens de transformation dans les personnes, de transposition à l'égard des lieux, peuvent
employer le poëte et l'artiste lorsqu'ils représentent
des sujets, dont la réalité ou repousse les moyens de
la fiction, ou en désenchante l'emploi? Sans doute
il ne s'agit pas de nier la possibilité physique de cet
emploi. Trop d'exemples nous apprennent combien
il est facile de mêler, en peinture, par un amal-
game indiscret, les éléments de la fiction ou de
l'allégorie à ceux de la réalité historique, et l'on

traitera plus bas de cet abus. Nous n'entendons parler ici de possibilité, que sous le rapport moral de convenance et de goût. Mêmes observations à l'égard de la poésie. Que n'a pas tenté le génie moderne en fait d'alliances semblables, tendantes à introduire soit le style de la réalité, c'est-à-dire la prose (1), dans les inventions les plus fictives, soit la pompe du style le plus idéal dans les conceptions du sujet le plus vulgaire (2), comme pour désennoblir l'épopée, tantôt dans la forme de son langage, tantôt par la nature de son sujet?

Il faut convenir que le poëte dramatique non seulement fait, mais est obligé de faire de ces asssociations plus ou moins incohérentes, à l'égard des sujets d'histoire contemporaine qu'il traite. Or ce n'est pas là le moindre vice de ces sortes de sujets ; et rien n'en démontre plus l'inconvénient que cette nécessité d'anachronismes révoltants, de démentis donnés à ce que tout le monde sait, par l'emploi seul de personnages et de faits controuvés, que l'auteur substitue aux faits et aux êtres véritables.

Mais toutes ces méprises ne sont elles-mêmes que de nouvelles preuves de ce qu'on a avancé, savoir, que l'art dramatique vit de fictions, et que ces fictions reposent sur la transformation et la transposition (voyez paragraphes III et IV).

---

(1) *Télémaque*.
(2) Poëme d'Hermann et Dorothée de Goethe.

Le poëte useroit en vain du droit de transformer ses personnages et de transposer les événements, matière de son sujet, dans les espaces d'un monde plus ou moins idéal, si bornant là son pouvoir et méconnoissant les conditions du privilége qu'on lui accorde, il établissoit lui-même entre ce qui devient le fond, et ce qui doit être la forme de son invention, c'est-à-dire le style, un désaccord propre à démentir l'esprit de ce système. Une conception dont l'effet est de relever dans notre esprit la nature et l'existence des personnages, si elle se trouvoit contredite par un langage bas et commun, offriroit ce genre de dissonnance, auquel s'attache le ridicule, qui naît dans la parodie de l'union grotesque des deux contraires. Cette méprise, il faut l'avouer, est plus rare dans les ouvrages de la poésie, que dans ceux des arts du dessin, où nous verrons (voyez les paragraphes VIII et XIII) que l'idée d'une communauté de moyens mal entendue, entre le poëte et le peintre, produit les plus fréquentes disparates entre l'invention et son exécution.

En poésie il est difficile que la transposition admise pour la conception générale de l'ouvrage, n'amène pas comme une conséquence nécessaire, le genre de transposition ou de transformation que doit aussi subir le style, pris selon cette acception qui comprend le choix des idées, et l'emploi des mots, et celui des tournures de la phrase.

Le langage simple est déja par lui-même, presque tout composé de figures: on ne sauroit s'exprimer sans en employer, et le mot *figure* est encore une expression *figurée* ou métaphorique.

Mais la poésie n'est qu'un assemblage de toutes les sortes de figures, parmi lesquelles on distingue celles de mots, celles de diction, celles de pensée. Voilà les principaux moyens de transposition qui s'offrent au choix du poëte, pour assortir son style au genre de sa conception. Le style qu'on appelle figuré, parcequ'il repose sur l'emploi habituel de toutes les figures, est celui qui convient aux sujets du genre idéal.

On n'a pas la prétention d'entrer ici dans le détail infini de tout ce qui constitue ce qu'on appelle les tropes du style poétique. Le but de ce paragraphe a été de faire voir combien le poëte peut employer de moyens pour recomposer les sujets dans le sens de l'idéal, et que ses moyens de recomposition, tant pour le fond que pour la forme, il les trouve dans l'art de transformer ou de transposer. D'où il résulte qu'on peut les ramener presque tous à l'idée générale de métaphore.

PARAGRAPHE VIII.

Sur la diversité d'emploi des moyens métaphoriques,
   selon la différence des arts. — Des méprises qui ont
   lieu en ce genre, sur-tout dans les arts du dessin.

L'action de transformer ou de transposer est certainement commune à tous les arts, et est pour tous
un moyen de parvenir à l'idéal, leur but commun.
Mais les ressorts de cette action, c'est-à-dire les
moyens de la produire, diffèrent d'un art à l'autre,
selon la nature particulière de chacun. C'est faute
d'avoir égard à cette diversité de nature, et par conséquent de moyens, qu'il se commet habituellement
les plus nombreuses méprises, en peinture sur-tout,
ou dans les arts du dessin. Il suffira de faire connoître par quelques observations critiques, la source
de ces confusions.

Choisissons, par exemple, entre les figures du style
poétique, celles qui sont les plus ordinaires, telles
que la métaphore, la comparaison et l'hyperbole.
Pourquoi le poëte en use-t-il aussi fréquemment?
C'est parceque privé des moyens visuels de la peinture, il est forcé, pour nous rendre sensibles les qua-

lités des objets, de recourir aux équivalents du matériel qui lui manque.

Ainsi la métaphore qui substitue l'idée de l'objet
physique et sensible à l'idée de l'être moral, ou abstrait, devient pour la poésie une sorte de peinture,
qui s'adresse aux yeux de l'imagination, et semble
donner du corps aux choses les plus incorporelles.

C'est parceque la poésie ne sauroit nous montrer
l'homme furieux, qu'elle fait sortir des éclairs de ses
yeux : C'est parcequ'il ne lui est pas donné de faire
briller l'éclat et la blancheur d'un beau teint, qu'elle
réunit sur de belles joues des lys et des roses. Lorsqu'elle ne peut nous faire voir l'homme effrayé qui
fuit, elle donne des ailes à ses pieds.

La vertu de la métaphore provient en grande partie, de l'effet de la comparaison qui en est, dans un
certain sens, inséparable. La comparaison a la propriété de nous aider à saisir les qualités d'un objet
moins connu et moins sensible, en portant notre esprit vers la perception des qualités plus sensibles d'un
objet mieux connu.

Voilà pourquoi les comparaisons sont prises ordinairement dans le domaine physique, pour s'appliquer aux choses de l'intelligence, et le plus souvent
encore, dans le cercle des objets les plus communs,
ou à la portée du plus grand nombre. Le courage se
compare au lion, la prudence au serpent, la douceur
à l'agneau. Les passions du cœur sont des orages;

les connoissances de l'esprit des lumières, la colère est un bouillonnement, la discorde s'arme de flambeaux, le chef d'un état est un pilote, les rois s'appellent pasteurs d'hommes, etc.

S'il s'agit de décrire les objets matériels, et sur-tout ceux dont la valeur est dans leur grandeur, la poésie est impuissante à en tracer les dimensions; c'est alors que le poëte se trouve obligé d'employer l'exagération ou l'hyperbole. Lorsque l'image du peintre arrive à l'imagination par les sens, celle du poëte ne parvient aux sens que par l'imagination; il faut donc la contraindre de s'élever à la hauteur de l'objet. De là les comparaisons prises des chênes, des montagnes, de l'océan, du soleil, des tempêtes. Mais, on le voit, ce n'est pas par choix, c'est par nécessité que la poésie recourt aux moyens de l'hyperbole métaphorique.

Les arts du dessin éprouvent à leur tour, et la même obligation, et le même besoin de recourir, pour rendre leurs idées, à l'emploi de la métaphore, et l'on développera dans la suite leurs moyens à cet égard (voyez paragraphe XI et XIV). Ce dont il s'agit ici, c'est de montrer qu'ils ne sauroient user du plus grand nombre des figures poétiques, ou du moins en user de la même manière que la poésie, et dans les mêmes sujets qu'elle, parceque les métaphores ont une vertu qui dépend du langage propre de chaque art.

Celles, par exemple, qui en poésie ont pour objet

de rendre sensible à l'esprit, ce que la parole se refuse à mettre sous les yeux, ne seront plus des métaphores, c'est-à-dire des transformations, mais elles se réduiront à n'être que des doubles emplois, dans les images d'un art dont la propriété est de faire voir la réalité des corps, et l'apparence des mouvements. Pourquoi donner des ailes à cet homme que je vois courant et fuyant, à ce vaisseau dont les voiles sont enflées? Pourquoi des serpents sur cette tête qui exprime déja l'envie? Les qualités positives et visibles des objets, la peinture sait les rendre sans aucune allusion interprétative. Quel besoin a-t-elle de cumuler, dans leur représentation, la chose visible, et celle qui est faite pour suppléer à la visibilité? Pourquoi expliquer ce qui s'entend de soi-même, surtout quand l'explication est moins claire que la chose qu'elle explique?

Que le poëte pour retracer à l'imagination les sensations délicieuses d'un beau matin, humide de rosée, en compare l'effet à celui d'une jeune beauté parée de fleurs, dont les doigts de rose laissent échapper des perles; que réciproquement le réveil de la beauté soit comparé au charme de l'aurore, et à la fraîcheur d'un beau matin, on comprend que chacune de ces transpositions est pour le poëte un supplément aux couleurs qui lui manquent. Ainsi l'on applaudit à toutes ces comparaisons, qui sont autant d'emprunts faits par un ordre de choses à un autre, pour rem-

placer le secours des yeux; et l'on trouve bon que,
dans la stance d'Arioste, la vierge modeste et la rose
matinale échangent entre elles leur maintien pudique,
et leurs feuilles non écloses.

Mais dans le tableau d'un soleil levant, dans un
paysage où le peintre dispute en quelque sorte à la
nature le charme de la couleur, l'effet de la lumière
naissante, et de la fraîcheur de la rosée, que voudroit
dire et que viendroit faire la figure d'une jeune fille
dont la main sèmeroit des perles? Cette figure ne
seroit là que le signe d'un beau matin. Mais à quoi
bon le signe, quand on a sous les yeux la chose signifiée (1).

Le défaut le plus ordinaire des images ou transpositions empruntées au poëte dans les tableaux du
peintre, est un désaccord inévitable pour les yeux et
la raison, entre l'objet représenté réel et celui qui ne
doit en être que le suppléant. Comme le peintre n'a
que des corps pour exprimer les êtres incorporels,
on conçoit que l'objet qui a pu être métaphorique en
poésie, doit facilement cesser de l'être, revêtu qu'il

---

(1) Qu'on ne dise pas que Poussin l'a fait ainsi. Le sujet du tableau
où il a placé l'Aurore semant des perles en avant du char du soleil, est
tout allégorique. L'objet du paysage n'est pas de représenter l'effet d'un
soleil levant. Le tableau signifie la brièveté du cours de la vie. Tout y
est emblématique; et l'Aurore, le Soleil, avec les dernières Heures enve-
loppées déja des ombres de la nuit, ne sont là que des symboles qui disent
que la vie n'est qu'un jour.

est en peinture, d'une figure visible et réelle pour les yeux.

Le poëte a un privilège spécial dans l'emploi de ses figures métaphoriques ; c'est qu'il n'est tenu de donner à aucun des êtres qu'il transforme ou qu'il transpose, ni mesures réelles ni proportions déterminées. Quelle est la taille des héros d'Homère, de ses Dieux, ou des personnages allégoriques qui interviennent dans ses tableaux ? Le poëte peut tout associer, tout rapprocher, parceque les rapports de ses combinaisons, n'admettent ni compas ni échelle de proportion. Comme il fait du soleil un géant qui parcourt sa carrière, il fait des yeux de sa belle autant de soleils. Il réunit tous les extrêmes. Il n'y a pour lui rien d'impossible, rien de démesuré, parceque pour lui il n'y a ni espace ni dimension.

Au contraire si le peintre veut s'approprier de semblables métaphores, les limites et les mesures matérielles de l'espace où il est tenu de les renfermer, sont là pour leur donner le démenti. Il est soumis aux lois de la proportion et de l'optique, qui n'admettent ni écarts ni disparates. La seule apparence de réalité dans les corps, va faire évanouir l'image poétique. Voilà que la métaphore cesse d'exister, parcequ'elle est devenue visible, et pour avoir pris un corps, elle a disparu.

Qu'Anacréon comparant l'amour à l'abeille, le fasse voltiger autour de la rose, qu'il l'endorme sur son sein, mille idées légères, et fécondes en allusions délicates, vont se mêler à l'image du poëte; car de combien de manières ne peut-on pas la voir, tant qu'elle se soustrait à la vue? Un peintre l'a empruntée à la poésie, et il a mis sous nos yeux un petit enfant couché dans le calice d'une rose. Je laisse à juger ce que cette apparence de réalité offre d'incohérent par ses rapprochements contre nature, et de bizarre pour la raison. Le poëte, dit-on, l'a bien imaginé. Sans doute, répondrai-je, son amour peut se nicher dans le calice d'une fleur, comme dans le sourire ou dans les yeux de sa belle. C'est que la rose d'Anacréon n'est pas une plante, c'est que son amour n'a point de corps.

Le discours, même le plus ordinaire, comme on l'a déja dit (voyez le paragraphe précédent) se compose d'une multitude de locutions figurées ou métaphoriques. Tout langage puise son action dans la faculté des transpositions, c'est-à-dire d'emprunts réciproques entre les images du monde matériel, et les idées du monde intellectuel; et trop souvent l'art du dessin se trompe, en réalisant les abstractions qui appartiennent à l'art du discours. L'erreur de traduire en réalité pour les yeux, ce que le discours n'adresse qu'à l'imagination, peut quelquefois gâter les plus belles compositions.

Le beau tableau de Coriolan par Poussin n'en offriroit-il pas un exemple.

Si Véturie, dans Tite-Live, pour émouvoir le général irrité, corporifie la ville de Rome et la représente dans le deuil et dans les larmes, l'image de cette
ville personnifiée se peint à l'imagination sous d'immenses proportions, ou du moins sous des dimen-
tions arbitraires. Que fera le peintre empruntant
cette image? Quelle stature lui donnera-t-il? Poussin
a, je crois, mieux fait de donner à sa figure de Rome,
la même proportion que celle des autres personnages. Mais aussi elle n'est là qu'une femme égale à
toutes les autres. La métaphore a perdu de son effet,
parceque l'image a trouvé sa mesure. Le génie poétique de la peinture eût peut-être demandé que la composition restât ici dans les termes du genre historique.

Ce qui fait en partie le charme et la valeur de la
métaphore du poëte, c'est qu'en tant que fiction de
l'imagination, elle n'acquiert de consistance aussi,
que celle qu'elle reçoit du gré de l'auditeur. On sait
très bien qu'il ne faut pas prendre ces figures au pied
de la lettre, et réellement on est plus frappé de ce
qu'elles doivent faire comprendre, que de ce qu'elles
font entendre, de ce qu'elles veulent dire, que de ce
qu'elles disent en effet.

Si le génie de la mort versé sur une ville désolée
l'urne de la contagion, si l'adverse fortune épuise tous
ses traits sur sa victime, si elle présente au mourant
le calice de la douleur, si le maître des humains est
représenté au milieu de deux vases, où il puise les

biens et les maux, rien de positif ne fixe mon esprit sur des formes déterminées, sur un signe, dont la réalité le détourne de la chose signifiée: et aussi je n'exige pas de précision dans de semblables rapports.

Lorsque la métaphore du discours au lieu de laisser mourir un personnage, ou de nous le représenter mort, substitue à une idée banale ou à une image immobile, l'action de descendre, ou de faire descendre l'homme *au* tombeau, rien ne donne de forme précise au personnage, ni d'existence soit à l'action soit au lieu; rien de fini dans l'image, qui reste sous le voile et dans le vague indéterminé d'une locution générale. Un simple changement d'article devant le mot tombeau, en particularisant la figure du discours, la rendroit nulle ou ridicule. Il ne s'agiroit que de dire descendre dans *un* tombeau. Eh bien, ce ridicule est celui de l'ouvrage de l'artiste, qui forcé par la matière de son art, de particulariser la même image, nous a fait voir, en toute réalité, (1) son personnage descendant quelques degrés, qui aboutissent à un sarcophage. Ici le poétique de l'image a disparu avec l'idée qui la rendoit générale. Ce qui auroit dû se prendre au sens figuré, est forcé de redescendre au sens simple. Le moral est devenu matériel, et le sculpteur a remis en prose, sans s'en douter, l'image qu'il croyoit avoir dérobé à la poésie.

---

(1) Mausolée du maréchal de Saxe à Strasbourg

Pour faire comprendre combien sont fréquentes dans les arts du dessin, ces sortes de méprises, il ne faut que rappeler ici toutes les compositions de mausolées, ou, empruntant au poëte et à l'orateur ces métaphores, dans lesquelles la mort se présente sous toutes sortes d'idées plus ou moins terribles et pathétiques, ces prosopopées qui réveillent et font sortir les morts du tombeau, et une multitude de locutions qui personnifient le trépas ou son action destructive, l'artiste s'est permis de mettre sous les yeux, de hideuses allégories, qui, en révoltant les sens, ont fermé à ces images désenchantées par la réalité, le chemin du cœur et de l'imagination.

J'ai déja parlé (voyez part. I, paragr. IX) de l'ambition mal entendue, d'être autrement qu'il ne le faut, poëte en peinture, et peintre en poésie. Sans doute on pourroit aussi mal entendre l'esprit de cette critique, si l'on se figuroit, qu'elle signifie, qu'il n'y a pas de poésie en peinture, et que la poésie n'a pas ses tableaux. Oui, chaque art a ses moyens de transposition ou de métaphore, mais chacun ne les doit puiser que dans la nature du langage qui lui appartient. Les divers arts sont comme autant d'idiomes différents qui ont chacun leur génie particulier. On sait que ce qui est poétique dans l'esprit d'une langue, perd très souvent cette vertu, et devient prosaïque et quelquefois ridicule, si on le transporte mot à mot dans une autre. Il en va de même d'un art à un art, lorsque

l'artiste se fait traducteur littéral d'images, qu'il transporte dans une région qui n'est pas la leur, avec
l'habillement même qui les y rend encore plus étrangères.

PARAGRAPHE IX.

De l'action de transformer et de transposer considérée
comme moyen d'imitation idéale dans les arts du
dessin.

Ce qu'on vient de dire ne tend point à enlever aux
arts du dessin la faculté métaphorique, à les priver
de l'action de transformer ou de transposer, privilége du génie poétique, moyen puissant de l'imita-
ion idéale, et ressort commun à tous les arts.

Je me propose au contraire de faire reconnoître
aux arts du dessin, une beaucoup plus grande étendue de pouvoir qu'on ne leur en accorde ordinairement, dans l'empire de la métaphore; et déja l'on a
vu (paragraphe v) que si l'action de généraliser les
formes, et les images des corps est également leur
partage, cette action n'y produit aussi tout son effet,
qu'autant qu'elle est liée à celle qui transforme et
transpose les personnes, les faits, et les choses de toute
nature.

Ce que j'ai contesté aux arts du dessin dans le pa-

ragraphe précédent, ce n'est pas l'usage de la métaphore, mais seulement l'emploi de certains moyens
métaphoriques qui ne sauroient l'être pour eux : ce
n'est pas de pouvoir changer l'apparence des choses,
mais c'est de prétendre y opérer cet effet par des procédés qui n'y changent rien, ou n'y changent qu'à
contre sens.

J'ai en vue maintenant de combattre les préven-
tions de ceux qui, dans l'imitation des corps, ramenant tout à la matière, regardent comme violation
de la vérité, tout changement d'apparence opéré sur
les objets et les sujets, que le système métaphorique
de l'art peut atteindre et modifier.

Rien de plus général et de plus répandu que cette
sorte de répugnance à la métaphore dans les arts du
dessin. On s'imagine que leur imitation, dès qu'elle
emploie les formes corporelles, doit se renfermer
dans les bornes de la réalité matérielle. Comme on
vit en société continuelle avec presque tout ce qui
compose les modèles physiques de ces arts, on se fa-
miliarise à une manière d'être et de voir qui s'iden-
tifie avec les habitudes de l'instinct, et l'on ne veut
admettre d'imitation, que celle dont l'instinct aussi
reçoit l'impression. Ainsi le commun des hommes se
refuse à reconnoître comme légitime et permis, dans
l'image des personnes et des sujets, tout changement
qui peut être dû à la métaphore du style de dessin
idéal, aux transpositions de l'allégorie, aux conven-

tions sur lesquelles nous verrons que se fondent les
divers styles de composition, qui entrent dans les
moyens de l'imitation idéale.

Bien entendu que l'instinct dont on parle, prétendra d'une manière encore plus absolue, soustraire à
tout changement métaphorique les sujets qui appartiennent à la classe des faits récents ou modernes,
des personnages contemporains, ou doués d'une notoriété constante, enfin de toutes les choses aux-
qu'elles s'attache la connoissance qu'on a de leur
réalité.

Toutefois ceux qui se montrent ainsi difficiles d'une
part, trouvent bon de l'autre, ou du moins consen-
tent que les mêmes hommes, les mêmes faits, les
mêmes choses changent de formes sous le pinceau
de l'écrivain, revêtent d'autres apparences, emprun-
tent d'autres couleurs, s'allient aux créations merveilleuses des êtres imaginaires.

C'est qu'effectivement tout le monde reconnoît
dans l'art d'écrire deux degrés de style et de composition très distincts, et consacrés par l'usage, sous
les noms de genre *simple* ou *prosaïque* et de genre *figuré* ou *poétique*, selon que l'écrivain, par la manière
de traiter ses sujets, les destine principalement ou à
satisfaire la raison, ou à flatter l'imagination.

Si donc on conteste aux arts du dessin la même liberté, c'est qu'on méconnoît en eux la double propriété qu'ils ont aussi, d'user à l'égard des sujets de

leur imitation, tantôt d'un style prosaïque, tantôt d'un style poétique, en rapport plus ou moins direct, l'un avec les sens, l'autre avec l'esprit.

La source de cette prévention (on l'a dit déjà) est dans la fausse idée que la plupart se font de l'espèce de vérité qui appartient à l'imitation, en la confondant avec celle qui est le propre de la réalité. On oublie que tout art est plus ou moins fiction, et que toute fiction consiste dans l'échange d'un semblant quelconque avec la réalité. On oublie que pour être matériel, le modèle des arts du dessin n'offre pas moins les faces les plus diverses à l'œil de l'esprit, comme à celui du corps, et que ce qu'il a de matériel peut toujours y devenir, par le génie de la métaphore, la traduction des plus hautes conceptions de l'intelligence. Et dans le fait, de semblables changements n'altèrent aucunement la vérité. L'artiste ne fait au contraire qu'échanger une espèce de vérité contre une autre. Dès que le point de vue du sujet est transposé, la vérité ne peut s'y conformer, qu'en se transformant aussi.

Voilà tout le secret de cette théorie; et il est applicable aux arts du dessin, comme à ceux de la poésie.

Dans les fictions du poëte, qui ne sont autre chose que des réalités transformées, il y a vérité, mais vérité transposée d'un ordre de choses à un autre. De même pour l'artiste. Lorsqu'il assujettit son sujet aux

transformations qu'il comporte, nous y trouverons
la vérité, mais il nous faudra mettre dans le point de
vue où elle se montre. Cela veut dire qu'il convient
de voir et de juger de tels sujets, avec les yeux et selon l'esprit que la métaphore demande, de la manière enfin dont nous jugeons les œuvres du poëte.

Tout le monde est d'accord que l'imitation scénique, par exemple, repose sur un échange plus
ou moins sensible, de la vérité réelle des faits et des
personnages, contre la vérité fictive de leur image,
(voyez partie I, paragraphe X et partie II, paragraphes VIII et IX) et que le poëte ne pourroit être copiste fidèle de la première, sans manquer à celle qu'il
doit à son art : et l'on est convenu aussi que la vérité,
non celle qui tient au texte de l'histoire, mais celle
qui en est l'esprit, n'existoit pas moins sur la scène,
lorsque le génie du poëte avoit su la saisir ailleurs
que dans la réalité des détails, et la forcer de se transformer, pour entrer dans le cadre de son action épique ou dramatique.

C'est bien ce qu'il fait, sans doute, lorsque, par la
vertu métaphorique de l'abstraction, il se borne tantôt à nous décrire les effets de la politique dans leurs
causes, le résultat des actions par les passions qui en
furent les mobiles, tantôt et réciproquement à faire
ressortir de quelque catastrophe ou de quelque événement mémorable, la suite des principes secrets et
des agents multipliés qui en furent les vrais auteurs.

Loin qu'alors on l'accuse d'avoir trahi la vérité par
cet échange d'aspect, on le louera de l'avoir fait
briller par cela même d'un éclat plus vif. C'est ainsi
que Polyeucte devient la peinture la plus vraie de
l'établissement du christianisme, quoique tous les
faits de la pièce soient controuvés. C'est ainsi que,
différant d'avec l'historien pour le détail des faits,
l'auteur de Britannicus passera pour être aussi véri-
dique dans son genre, que Tacite dans le sien.

Il arrive de même que tel poëme avec ses fictions,
ou peut-être par ses fictions, nous donne une idée
plus claire de certains événements, et de certains
personnages une ressemblance plus frappante, qu'il
nous peint mieux l'esprit de tel siècle, la physionomie de tel homme, que ne pourroit le faire la chronique la plus scrupuleuse en détails. La Henriade,
par exemple, pourroit contenir une aussi grande
somme de vérités, quant à la valeur, que le journal
de l'Étoile; et le poëme du Tasse autant que l'histoire
de Guillaume de Tyr.

Cela signifie simplement, qu'il y a plus d'une sorte
de vérités à imiter dans le modèle multiforme de la
nature. Selon la face de l'objet que l'on considère, ou
selon la manière de le considérer, c'est-à-dire de lui
appliquer un procédé d'imitation ou un autre, on
trouvera à opter entre le vrai positif de la réalité, et
le vrai conventionnel de l'imitation. Cependant faute
de connoître et de sentir ces diverses manières d'être

vrai, l'on accuse soit l'art, soit l'artiste, de falsifier et
de tromper, lorsque soi-même on se trompe et sur
l'ouvrage qu'il faut juger, et sur le point de vue qui
lui convient, et sur la règle qui doit être celle du jugement.

J'ai déja fait entendre pourquoi l'art de peindre
doit prêter plus facilement à cette confusion et à ce
conflit, c'est qu'ayant sans doute son mode prosaïque
et son mode poétique, l'un et l'autre cependant s'a-
dressent par force et de prime abord aux sens physiques, et puis sont obligés encore de s'y adresser
avec tous les attributs de la matière.

Qui pourroit toutefois contester à cet art dans ses
compositions le droit, s'il est vrai qu'il en ait les
moyens, de transformer à son gré dans leurs images,
les choses, les personnes, et les actions?

Mais quoi? N'avons-nous pas vu, que cet art peut
représenter les objets dans l'un ou l'autre des deux
systèmes, de l'imitation positive, ou de l'imitation
idéale? Ne sait-il point, par les ressources qui lui sont
propres, transporter aussi tous les sujets d'un monde
dans un autre? Oui sans doute cet art peut comme
la poésie, recomposer tous les faits selon leur point
de vue intellectuel ou moral. Il peut comme elle
multiplier les plus simples, réduire les plus multiples,
démêler dans les plus compliqués, ce qui en est le
point principal, et les ramenant à leur plus simple
expression, faire prendre à ce qui n'en est qu'une

partie, la valeur du tout. Il a donc la faculté de transposer les actions de l'ordre physique, à l'ordre moral.

Mais faut-il prouver qu'il a, comme l'art du poëte, toutes sortes de moyens propres à transformer les choses et les personnes, à embellir leurs apparences et agrandir leurs proportions? Ignore-t-on, qu'en vertu de cette correspondance établie entre le physique et le moral, il peut forcer notre esprit à concevoir de grandes idées, notre ame à éprouver de nobles sentiments, notre intelligence à saisir de grands rapports, par l'effet seul de la grandeur des formes, de la pureté de leurs contours, de l'harmonie de leur ensemble? Et, dira-t-on, quand l'artiste échange ainsi dans ses ouvrages, les moyens d'impression matérielle, contre ceux d'une action morale, qu'il falsifie, qu'il trompe, qu'il induit en erreur?

C'est dans l'intérêt de la vérité morale, que le poëte appelle l'hyperbole à l'appui des images dont il a besoin d'agrandir les traits dans notre imagination. C'est pour satisfaire à cette vérité, que réduit à ne pouvoir nous peindre le grand homme que par les pensées, les discours, les actions qu'il lui prête, il en amplifie l'expression, au niveau du caractère qu'il veut rendre sensible.

Eh bien, c'est aussi dans l'intérêt de la même vérité, que l'artiste opère sur l'extérieur de l'homme et la configuration des corps, certains changements ana-

logues et qui se rapportent au même but. Il n'y a
de différence, qu'en ce que les idées en poésie, sont ce
qui peut nous faire deviner les formes des choses et
des personnes, et que les formes en peinture sont
pour cet art, des signes corrélatifs aux idées qu'il doit
nous faire concevoir.

Ainsi quand l'une, à l'aide de ses conceptions métaphoriques, et des figures du langage poétique,
augmente en idée l'énergie d'un personnage, par les
actions qu'elle lui fait faire, rehausse la valeur de ses
sentiments dans l'expression qu'elle leur donne, en-
noblit ses pensées par un choix de paroles et de discours; l'autre opère sur le même personnage des
changements de forme, de physionomie, de proportion, qui, dans son langage, deviennent les équivalents des métaphores du poëte.

Or ces changements seront encore plus nécessaires, et commandés plus impérieusement à l'art,
qui, tenu de s'adresser à l'esprit par les yeux du corps,
ne rend sensibles les qualités morales, qu'avec l'entremise des organes, et au moyens des formes de la
matière

Car ce qu'on ne sauroit trop dire à ceux qui se
plaignent de ces interversions d'un certain ordre de
choses sensibles, c'est qu'il n'y a point en peinture,
c'est-à-dire pour les yeux, de grandeur d'ame avec
un petit corps; c'est qu'il n'y a point de vertu avec
une stature débile. De grands et beaux sentiments

n'habitent point dans des formes mesquines. Point de héros, en statue, sous un extérieur vulgaire.

De là cette nécessité aux arts du dessin, de changer dans tous les sujets, quels qu'ils soient, dont on veut rendre le beau moral, et d'y changer autant dans la forme des personnages, que par le style de la composition, les éléments de l'existence réelle et matérielle, contre ceux d'une existence conventionelle et idéale. Or, tout changement physique est plus ou moins sensible aux yeux.

C'est-à-dire que dans les arts du dessin toute métaphore devient plus ou moins métamorphose.

J'ai dit plus ou moins; et en effet les changements que l'artiste peut faire subir aux actions et aux personnes, dans la manière d'en représenter les images, comportent des degrés très nombreux. Peut-être même seroient-ils sans nombre, si l'on prétendoit mettre en compte les nuances que le génie de chacun peut rendre sensibles, dans l'expression variable de tous les sujets.

Mais nous allons réduire à trois procédés principaux, qui sont ceux qu'emploie le plus souvent l'imitation idéale, les différents moyens de tranformation dépendants des arts du dessin. Ces trois moyens métaphoriques consistent dans ce qu'on appellera style de *composition historique*, style de *composition allégorique*, style de *composition symbolique*.

PARAGRAPHE X.

De l'action de transformer par le style de composition historique.

Le style de composition historique, entendu comme moyen métaphorique de l'imitation dans les ouvrages du dessin, n'exigera qu'un petit nombre d'observations critiques. Ce genre de composition admettant aussi l'emploi de l'allégorie, on trouvera dans les paragraphes suivants des notions qu'il sera facile de lui appliquer.

Mais il faut d'abord bien donner à connoître, quel est le sens propre qu'il convient d'appliquer ici au mot historique, selon l'analyse de notre théorie, et même selon l'usage actuel des arts. Il désigne ordinairement cette division de la peinture qui traite les grands sujets, et il établit dans l'art du peintre cette même distinction de valeur et de supériorité, qui nous a paru séparer l'imitation du genre idéal, d'avec celle qu'on appelle du genre vulgaire.

Dans ce sens, le peintre d'histoire est au peintre de genre, ce qu'est un tableau de Raphaël à un tableau de Teniers. Quoiqu'il soit probable que le nom

de peintre d'histoire, en opposition à celui de peintre
de genre, soit venu de l'habitude qu'a le premier de
représenter des sujets et des personnages qui sont du
domaine de l'histoire, on doit toutefois se garder de
croire qu'on refuse le titre d'historique, au tableau
qui exprime des sujets pris dans d'autres catégories,
telles que celles de la poésie ou de la fable. De fait,
et selon l'usage de l'école, le mot historique appliqué
soit au genre des sujets, soit au caractère du dessin,
soit à la nature et au style de la composition, se définit mieux négativement, en disant qu'il exprime
tout sujet, tout dessin, toute invention et composition, qu'on peut regarder comme différant, et souvent comme l'opposé de ce qu'on appelle genre
(sous-entendu vulgaire, commun, trivial, ou borné
au goût d'imitation de la réalité).

Cela doit suffire pour faire entendre, que, considéré comme moyen de l'imitation idéale, le style de
composition historique, ne peut se manifester qu'avec
l'aide de la métaphore, et en vertu d'une transformation quelconque des éléments de la réalité.

L'action de transformer, qui appartient au style de
composition historique, pour être moins absolue
que celle des deux autres styles dont on traitera par
la suite, n'en est pas moins l'action propre du génie,
de l'imitation. Le peintre n'y a pas moins le droit
et le pouvoir de changer les apparences des sujets.
A l'égard même de ceux qu'il puise dans les récits

les plus certains, dans les narrations les plus véri-
diques, il ne lui est pas moins nécessaire d'en recomposer la substance, d'en changer les détails et les
circonstances. Son premier soin doit être d'agrandir
les proportions, d'embellir la physionomie de tous
les personnages.

Si le style historique ne va pas dans les changements qu'il y opère, jusqu'à la fiction absolue, qui
est le privilége des autres styles (voyez le paragraphe
suivant), si la métaphore n'y arrive pas jusqu'à la métamorphose, c'est que le genre de cette composition
est en rapport avec la raison, autant qu'avec l'imagination. Son caractère qui est celui de grandeur, de
noblesse, de dignité, semble participer du goût de
l'éloquence, plutôt que du goût de la poésie. Mais on
se gardera de croire que l'artiste, peintre d'histoire,
doit se borner, dans son genre, au simple rôle d'historien, et se contenter de cette sorte de vérité qu'on
demande par-dessus tout à l'histoire. On a déja dit
plus d'une fois, comment c'est l'esprit et non la
lettre de cette vérité, qui est l'objet de son imitation.

N'oublions pas en effet que ce qu'on appelle ici
composition, pour se conformer au langage ordinaire, devroit plutôt, selon le point de vue de notre
théorie, se nommer *recomposition:* car soit qu'il généralise, soit qu'il transforme son sujet, l'artiste ne
le fait, qu'en substituant une manière d'être plus ou

moins fictive à celle de la réalité. Bien qu'il retrace l'image des personnages les mieux connus dans l'histoire, il ne sera tenu, d'aucune manière, à cette fidélité de portrait qui affoibliroit l'impression du style historique. Si Alexandre est décrit par les historiens comme étant d'une petite taille, le genre de vérité du style historique, n'exigera pas qu'on le fasse voir au milieu de ses compagnons d'armes sous une proportion rapetissée. Le peintre par un faux respect pour la vérité, ne représentera point Annibal borgne, et le maréchal de Vendôme bossu.

*La nuance qui distingue le style de la composition historique, est celle qui tient le milieu pour la forme ou pour le dessin, entre la manière d'être vulgaire, et celle, qui, par la pureté et le caractère d'une beauté abstraite, est censée être l'attribut des êtres surnaturels, créations libres de l'imagination poétique, dans un ordre de choses surhumaines.

Ce style n'exclut pas l'intervention des personnages allégoriques, lorsque sur-tout ces personnages, par le fait des croyances établies, font partie du sujet traité, ou en sont l'objet, selon l'opinion reçue. On veut désigner ici tous ces traits d'histoire sainte, dans lesquels se mêlent, par exemple, des visions miraculeuses, des apparitions d'anges, de saints ou de personnages mystiques. L'accession de ces êtres plus ou moins imaginaires à la scène ou à l'action historique, se considère comme historique elle-même. L'artiste alors n'est pas obligé de changer le caractère et les formes des personnages humains, pour en mettre l'apparence d'accord avec celle des êtres surnaturels.

Il n'en est pas ainsi, comme on le verra, dès compositions dont l'allégorie est le sujet ou le moteur principal, et où elle devient, par suite de la convention adoptée, le ressort essentiel et actif d'une machine poétique, dont le merveilleux assujettit tout le reste à se mettre d'accord, c'est-à-dire à subir un changement total d'apparence. (Voyez les deux paragraphes suivants.)

Je crois en avoir dit assez pour faire entendre, que le style de composition historique se définit, par la nature habituelle des sujets qui lui appartiennent, comme devant tenir un certain milieu entre le genre du vrai positif, et celui du vrai idéal. Aussi verra-t-on qu'il ne sauroit admettre, dans toute leur étendue, certaines conventions d'où résulte nécessairement la recomposition absolue et l'entière transformation du sujet. De ce nombre est la nudité métaphorique ou poétique, qui est sur-tout une convention propre de la sculpture, et dont la peinture ne doit pas faire indistinctement emploi, dans tous les sujets du genre historique.

PARAGRAPHE XI.

De l'action de transformer ou de transposer par le style de composition allégorique (1).

De tous les moyens métaphoriques, par lesquels les arts du dessin peuvent idéaliser les personnages et les sujets, aucun ne donne à l'artiste plus de liberté pour en changer les apparences, que le style de composition appelé allégorique. Le genre de celle qu'on a nommée historique est tenu à une plus grande réserve. La région où se placent ses personnages, quoique supérieure à celle des réalités, reste au-dessous de l'idéal. C'est à-peu-près le même degré qu'occupe, ainsi qu'on l'a déja dit, le style élevé de la prose ou de l'éloquence par rapport à la poésie. Quant au genre de composition symbolique, il a moins la propriété, comme on le verra plus bas, de représenter les choses ou les personnes, que celle de les faire concevoir ou imaginer par des signes de convention.

---

(1) Par composition allégorique on n'entend point celle dont la seule allégorie formeroit le sujet, mais celle où on l'emploie comme ressort propre à changer l'esprit et l'apparence d'un sujet historique.

La composition allégorique participe aussi de cette propriété, c'est-à-dire qu'elle s'adresse, pour l'intelligence des sujets qu'elle embrasse, autant à l'esprit qu'aux yeux, s'il est vrai que l'allégorie, comme on la définit, en montrant une chose, en signifie une autre, et tantôt, sous l'apparence d'une figure imaginaire, désigne un personnage réel, tantôt, sous la forme d'un corps, exprime une pensée ou l'idée la plus abstraite.

La composition allégorique dans les ouvrages des arts du dessin, change ou transforme les sujets, de deux manières, c'est-à-dire en tout, ou en partie.

Selon la première manière, la totalité du sujet éprouve la transformation sur-tout à l'égard des personnages. C'est ce que la sculpture nous montre dans un grand nombre de statues antiques, dont l'apparence entièrement transformée, métamorphose les divers personnages en Mars, en Mercure, en Apollon. Ce fut jadis un moyen poétique donné à l'artiste, de représenter les qualités morales sous des formes corporelles. Hercule signifia la force et le courage, Minerve la prudence, Vénus la grace. Il en est de même des conceptions de l'allégorie moderne : elles offrent à la transformation des personnes, un assez grand nombre d'images indicatives des vertus qui les distinguent. Telles sont les allégories de la justice, de la libéralité, de la douceur, etc.

Les actions sont aussi facilement soumises à la

transformation totale. En ce genre, l'allégorie procède d'une opération particulière de l'artiste, qui
parvient à réduire l'image d'un fait, d'un événement,
aux éléments des causes, ou à l'idée sommaire des
effets que l'art peut personnifier. Le pouvoir de la
composition allégorique va jusqu'à rendre sensibles
et faire parler clairement aux yeux, des idées morales
qu'on croiroit ne pouvoir être exprimées que par le
discours.

Les moyens qu'emploie la calomnie pour tromper
un prince ignorant, les effets de la crédulité qui encourage la délation, la mort de l'innocent, le re-
pentir tardif qu'amène la révélation de la vérité,
Apelles a su faire entendre tout cela, en le montrant
dans sa belle composition allégorique, dont Lucien
nous a donné la description, et dont un dessin de
Raphaël a restitué l'image.

Il y a un système de composition allégorique qui,
appliqué aux sujets les plus étendus, et sur-tout les
plus nombreux en figures, opère leur représentation
en procédant par voie de réduction. L'artiste qui en
use, doit ou saisir l'idée dominante d'une action, ou
s'attacher au personnage principal du sujet, en cu-
mulant sur sa personne, par un caractère généralisé, toutes les idées particulières dont ce sujet peut
offrir la réunion. Cette sorte d'allégorie pourroit
s'appeler collective. Le passage du Rhin par l'armée
française, se trouve exprimé dans l'intention de cette

métaphore, par la seule figure de Louis XIV foulant aux pieds le fleuve personnifié.

L'art du sculpteur emploie avec le plus de complaisance cette métaphore collective, à la représentation des villes, des provinces, des nations, et de tout ce qui emporte avec soi l'idée de multitude dans les personnes, et d'une grande étendue dans l'espace du sujet.

La sculpture en effet est l'art qui exprimeroit le moins de choses, s'il ne lui étoit donné de compenser, par la valeur significative de ses images, ce qui leur manque en valeur narrative. C'est pourquoi aucun n'a plus besoin, pour se faire entendre, du truchement de la composition allégorique, qui malheureusement a trop souvent besoin de truchement elle-même. Mais c'est au génie de l'artiste à trouver dans les ressources de l'idéal, les vrais moyens de rendre la métaphore intelligible, en forçant l'esprit du spectateur, de se prêter à l'heureuse transposition qui échange la réalité des objets, contre leur image allégorique.

Inhabile à narrer les actions dans leurs détails et dans les circonstances accessoires, privée des dons de la couleur, et des effets que la peinture emploie pour étendre et multiplier les espaces où elle place ses sujets, la sculpture a encore recours à une fiction qui lui est propre, et par laquelle cet art fait supposer que ses figures, dans le genre de composition en bas-relief, deviennent les caractères personnifiés

d'une espèce d'écriture figurative. Dans ce système,
on comprend combien l'artiste éprouve le besoin d'a-
voir recours à ces conventions métaphoriques, qui
recomposant les éléments de l'action à exprimer, la
reproduisent en abréviation, sous ses traits les plus
caractéristiques. Or telle est la propriété de toute
composition allégorique.

Ce genre de conventions plus particulier à la sculpture qu'à la peinture, nous montre comme étant nécessaires au langage de cet art, toutes les ressources
qui tendent à changer dans les personnages, ce qu'on
appelle leur costume, et ce que j'appelle la manière
d'être du portrait, en un mot tout ce qui particularise un sujet. Delà, comme on le verra dans la suite
(paragraphes XVI et XVII), l'obligation d'employer avec
le style de dessin idéal, soit la nudité poétique, soit les
ajustements et les habillements consacrés par les arts
de l'antiquité.

On vient de dire que l'allégorie peut transformer
en entier l'objet de la composition du peintre ou du
sculpteur, en substituant aux personnages réels, des
personnages fictifs, en s'emparant des actions et des
sujets, pour les métamorphoser, changer leur substance, et les transposer tantôt de l'ordre moral à
l'ordre physique, tantôt et réciproquement de la
région des réalités dans celle des êtres intellectuels.

Disons maintenant comment le système de composition allégorique donne lieu de transposer ou de

métaphore, par la seule figure de Louis XIV foulant aux pieds le fleuve personnifié.

L'art du sculpteur emploie avec le plus de complaisance cette métaphore collective, à la représentation des villes, des provinces, des nations, et de tout ce qui emporte avec soi l'idée de multitude dans les personnes, et d'une grande étendue dans l'espace du sujet.

La sculpture en effet est l'art qui exprimeroit le moins de choses, s'il ne lui étoit donné de compenser, par la valeur significative de ses images, ce qui leur manque en valeur narrative. C'est pourquoi aucun n'a plus besoin, pour se faire entendre, du truchement de la composition allégorique, qui malheureusement a trop souvent besoin de truchement elle-même. Mais c'est au génie de l'artiste à trouver dans les ressources de l'idéal, les vrais moyens de rendre la métaphore intelligible, en forçant l'esprit du spectateur, de se prêter à l'heureuse transposition qui échange la réalité des objets, contre leur image allégorique.

Inhabile à narrer les actions dans leurs détails et dans les circonstances accessoires, privée des dons de la couleur, et des effets que la peinture emploie pour étendre et multiplier les espaces où elle place ses sujets, la sculpture a encore recours à une fiction qui lui est propre, et par laquelle cet art fait supposer que ses figures, dans le genre de composition en bas-relief, deviennent les caractères personnifiés l'apparence des êtres : elle reste dans le vraisemblable, dans le probable, et se contente d'embellir l'ordre naturel des choses.

Lorsque le style de composition allégorique s'introduit dans les sujets historiques, il exige de l'artiste qu'il en change davantage les apparences. Il faut alors qu'il rehausse d'autant plus la proportion de ses personnages, qu'il embellisse leurs formes, qu'il ennoblisse leur action, leurs gestes, leur contenance, et qu'il élève le caractère de tous les accessoires.

C'est dire assez, que, s'il veut rester fidèle à ce qui constitue la réalité des lieux, des temps, des mœurs, des costumes, et à tout ce qui particularise le sujet de sa composition, l'emploi des êtres allégoriques n'y peut trouver place sans une dissonance révoltante. Le désaccord sera d'autant plus grand, que plus sensible sera la différence du costume entre les personnages réels du sujet, et les êtres imaginaires de l'allégorie. Voilà ce qui empêche d'admettre l'allégorie dans les sujets modernes, par exemple, dont on ne croit pas être libre de transformer les apparences, par un changement absolu de costume; et voilà, dès qu'on est maître de le faire, ce qui exige leur transformation, lorsqu'on admet dans de telles compositions, les êtres personnifiés de l'allégorie.

En effet, qui ne voit que pour rendre l'allégorie insignifiante ou ridicule, il suffiroit, dans l'application qu'on en suppose à un sujet moderne, ou de faire

prendre à l'être allégorique le costume du personnage réel, ou de laisser subsister entre les deux sortes
de personnages, la diversité de leur apparence respective? Il y auroit dans le premier cas nullité d'allégorie, par le manque de caractère visible : dans le
second, il y auroit disparate et ambiguïté, parceque deux genres d'apparences contradictoires se dis-
puteroient l'existence du sujet. C'est pourquoi, dans
toute composition de sujets, où des êtres allégoriques
concourent à une action historique, et figurent avec
des êtres soit modernes, soit donnés par l'histoire,
l'harmonie morale, disons même le seul bon sens en
cette partie, veulent que le costume (et l'on entend
par là toute la manière d'être) des personnages réputés réels, se rapproche le plus qu'il est possible,
de celui des personnages imaginaires ou poétiques.

Nous ferons encore mieux sentir (voyez le paragraphe suivant), par quelques exemples, l'incompa-
tibilité de ces deux éléments ainsi mélangés dans un
même sujet.

Quelques uns ont objecté contre cette décision relative aux arts du dessin, l'autorité des poëtes, qui,
disent-ils, associent librement dans leurs inventions
les êtres allégoriques aux êtres historiques et même
modernes, sans s'inquiéter de l'assortiment de leurs
costumes, ni sans s'assujettir à mettre d'accord, par
la description, les différences de manière d'être qui
existent entre eux. On ne voit pas, ajoute-t-on, que

le poëte, s'il fait accompagner le personnage historique par Mars ou Minerve, par exemple, soit obligé
de nous prévenir que son héros, quoique moderne,
porte le casque, les armures, ou les costumes des
temps héroïques.

Le lecteur a déja lu plus d'une fois, dans tout ce
qui a été dit des différences entre les moyens imitatifs
de chaque art, la réponse à cette objection. En vain
le poëte prendroit-il à tâche, dans une description ex-
presse, de choquer l'esprit par les différences extérieures de costume ou d'apparence, entre ses deux ordres
de personnages, il ne lui seroit jamais possible de faire
acquérir à ces différences en poésie, l'effet de leur
contradiction en peinture. Admettons l'intention,
bien peu probable sans doute, de rendre sensible cette
sorte de disparate. De la part du poëte elle n'aura de
prise que sur l'imagination; en peinture elle bles-
sera l'imagination et les yeux. Dans la métaphore
pittoresque toute poésie est une poésie visible. Les
êtres en peinture sont poétiques, ou cessent de l'être,
par l'effet de la forme corporelle. Or, tout désaccord
du genre dont il s'agit, n'est pas seulement un défaut
de goût, mais est encore un faux matériel.

La comparaison établie sur ce point, entre le poëte
et le peintre manque, non pas de justesse, mais de
raison. Ce n'est pas là que doit avoir lieu le parallèle.
Car ce qui correspond à ce qu'on appelle le costume
matériel des figures du peintre, c'est le costume moral

des personnages du poëte, autrement dit, les mœurs
de ceux qu'il fait agir ou parler. Or, il n'y a aucun
doute que le poëte, en associant à des êtres allégoriques, ou pris dans la région idéale, les personnages
historiques ou réputés réels, ne soit tenu de les mettre
d'accord, en élevant les discours, les sentiments, les
manières d'agir de ceux-ci, au niveau des convenances prescrites par l'ordre de choses ou de personnes dans lequel il les transporte.

Mais les sentiments, les discours, les manières
d'agir en poésie, sont les corrélatifs du caractère,
des formes et des costumes en peinture.

Ainsi l'on doit dire que dans les compositions allégoriques, soit celles où la totalité du sujet éprouve
la transformation poétique, soit celles où elle n'a
lieu que par l'association des êtres allégoriques avec
les êtres historiques, le peintre ne change pas plus
les personnes et les actions, lorsqu'il leur donne
d'autres corps et d'autres formes, que ne le fait le
poëte dans ses conceptions idéales. Non, mais il les
change autrement, il les change selon les moyens
propres de son art, et en vue de l'organe avec lequel
cet art est forcé de correspondre.

PARAGRAPHE XII.

De quelques convenances à observer dans la composition allégorique.

Les personnages allégoriques que les arts d'imitation introduisent dans leurs compositions, pour en transformer les sujets, sont ou les divinité du paganisme, que les traditions de l'antiquité ont en quelque sorte naturalisées dans notre poésie, ou ces êtres imaginaires que de tout temps l'abus du langage a créés, auxquels l'imitation s'est plue de donner des formes corporelles, à l'existence desquels cependant, aucune croyance n'attribue de réalité, et qui ne sont que des abstractions personnifiées.

Ce sont ces derniers êtres que l'on appelle particulièrement allégoriques. Quoique différents des premiers ils se sont pour la plupart, sous d'autres dénominations, identifiés avec les divinités païennes. La prudence, la science, la victoire, la force, la justice, la valeur, la beauté, la grace, les dons de l'esprit, les propriétés et les effets physiques, ont dû très naturellement prendre, dans l'imitation des arts du dessin, les traits, les formes, les caractères et les

ressemblances des anciennes divinités. Sous le pinceau et le cizeau de l'artiste moderne, Minerve,
Mercure, Hercule, Mars, Thémis, Apollon, les
Muses, les Graces, les Nymphes et les Naïades ont
prêté leurs formes, à toutes les qualités intellectuelles
qu'exprime le langage, et pour l'artiste il n'y a aucune
différence entre la sagesse de l'allégorie, et la Minerve
de la fable.

Ainsi le mythologique ancien et l'allégorique moderne doivent se confondre entre eux, lorsqu'il s'agit
de leurs images. Si, comme on l'a vu au paragraphe
précédent, l'art du dessin a le droit et le pouvoir de
transformer les sujets historiques par le moyen de
l'allégorie, et si les figures de l'allégorie moderne ressemblent à celles de la mythologie, on doit inférer de
là, que l'artiste est d'autant plus obligé de faire prendre
à ses personnages réels, lorsqu'il les associe aux personnages fictifs dont le modèle est donné par l'antiquité, le costume, la manière dêtre et les caractères
antiques, sous peine de faire démentir une partie de
sa composition par l'autre.

Ceci nous conduit, comme on le voit, à discuter les
reproches que quelques critiques ont adressés à l'emploi de ce qu'ils appellent les figures du paganisme,
dans les sujets modernes.

Puisque le mythologique et l'allégorique moderne
se confondent nécessairement entre eux, et se prennent
l'un pour l'autre dans l'imitation corporelle, la cri-

tique de l'abbé Dubos contre l'emploi des figures du
paganisme dans les sujets ou *événements* qui, dit-il,
ont eu lieu depuis l'extinction de cette religion (1), ne sauroit être admise sans distinction, ni restriction. En
effet, l'exclusion qu'on donneroit aux êtres de la mythologie, parceque leur croyance n'existe plus, em-
porteroit aussi, dans les arts du dessin, l'exclusion des
êtres allégoriques qui en ont pris les formes, les attributs et toutes les apparences. L'abbé Dubos ne paroît
pas avoir voulu pousser jusque-là sa théorie. Mais
le défaut de distinction en cette matière, semble prouver qu'il ne s'étoit pas rendu compte de la différence
de valeur des figures allégoriques, selon la circon-
stance où on les emploie, et selon la manière de les
employer. Oui, l'alliance des dieux du paganisme,
présentés pour tels et sous leur propre nom, par le
poëte, avec les personnages d'un sujet chétien, est une
sorte de monstre d'incohérence, qui blesse l'imagination et répugne à la raison. Autant sans doute on
en diroit du peintre, qui, dans un tableau consacré
à quelque trait propre de la religion chrétienne, feroit intervenir et mettroit en action les êtres de la
mythologie païenne. Mais entre un sujet chrétien et
un sujet qui appartient à un pays, à un temps, où
régne le christianisme, la différence est grande. Les
choses humaines, les actions et les personnes histo-

(1) Réflexions critiques sur la poésie et la peinture, tom. I, sect. 24.

riques, peuvent toujours être considérées par l'art,
abstraction faite de la religion. Le héros du poëte
et du peintre peut toujours être transformé par la
métaphore, et transposé dans un ordre de choses imaginaires, quelle que soit la religion de son temps et
de son pays; sans que la croyance religieuse s'en of-
fense, si ces sortes de transpositions n'ont point de
rapport avec elle.

Or, la distinction qu'on vient de faire est dictée
par la convenance du goût, quand elle ne le seroit
pas par l'esprit même du christianisme.

La religion chrétienne dont l'esprit doit repousser
l'alliage profane des fictions mythologiques avec ses
croyances, et autant dans la composition du poëte que
dans celle du peintre, ne laisse pas d'approuver et de
permettre, à l'égard des représentations et des images qu'elle admet, l'emploi des figures allégoriques,
où les vertus personnifiées, par exemple, se montrent sous toutes les formes de l'ancienne sculpture
mythologique. C'est en vertu de la même tolerance
que la représentation du père éternel, des anges et
d'autres êtres mystérieux, a pu emprunter les formes
données par l'art des Grecs à toutes les sortes de
créations du paganisme.

En revenant à la question de goût et de convenance, nous dirons donc que là n'est point l'erreur
de l'artiste, lorsque, en supposant toutes les conditions du sujet observées, il mélange les êtres allégo-

riques avec les personnages historiques. Son erreur consistera le plus souvent à ne point savoir assortir le style, le caractère et le goût des uns avec celui des autres. Or, on a vu que c'est au personnage historique à revêtir, autant qu'il est possible, les apparences de l'ordre de choses allégorique, puisque le personnage allégorique ne pourroit changer d'apparence, qu'en cessant d'être allégorique en peinture.

Un exemple frappant du vicieux emploi de l'allégorie, dans un sujet dont les personnages historiques ne pouvoient pas changer d'apparence ou de costume, est celui du tableau de la galerie de Marie de Médicis, où Rubens s'est permis d'associer sous la forme positive du Mercure de la fable, le messager porteur de l'emblème de la paix, à deux cardinaux dont l'un persuade, et l'autre dissuade la reine d'accepter le rameau d'olivier. Il y a ici double contradiction, l'une entre le caractère mythologique de Mercure représenté nu, et la manière d'être des deux personnages revêtus du costume d'une des principales dignités du christianisme, l'autre entre le genre tout-à-fait métaphorique des deux êtres allégoriques, la prudence et la paix, et le genre d'imitation toute positive des personnages qui accompagnent la reine.

Pour mieux faire entendre l'esprit de cette théorie, je dois dire que Rubens n'est pas, aussi souvent qu'on se plaît à le croire, tombé dans ce genre d'incohérence. Non seulement le plus grand nombre des tableaux de sa galerie en est exempt, mais le système général qui a présidé aux compositions de cette série de sujets *historico-poétiques*, s'accorde, plus qu'on ne pense, avec celui que je cherche à rendre sensible.

Dans le plus grand nombre de ces tableaux, sans y compter toutefois ceux qui ne renferment que des portraits, Marie de Médicis, depuis son enfance, dont l'instruction est l'ouvrage de Minerve, de Mercure, et des Graces, jusqu'à sa mort, est toujours représentée selon un système de composition abstraite et idéale. Le peintre n'y a jamais exprimé d'action positive et matérielle. Toutes les compositions expliquées par les personnages qui semblent y prendre une part plus ou moins active, ont uniquement pour sujet, soit les motifs et les résultats des entreprises de la reine, soit les causes et les effets des actes de son gouvernement et de ses conseils. Les diverses circonstances de l'époque orageuse où elle vécut, sont rendues sensibles non par ces détails, qui font voir les faits dans leur réalité, mais par les images métaphoriques des passions qui présidèrent aux événements. Dans le fait, Marie n'agit jamais d'une action matérielle; au contraire, toutes les situations où le peintre l'a placée avec des personnages *métaphoriques*, ne donnent lieu de sa part qu'à une action *allégorique*.

Généralement, hors quelques inconvenances, telles que celle qu'on a fait remarquer plus haut, à part le style de dessin fort peu idéal, et ce penchant qui porta le grand coloriste à la manière incorrecte et un peu vulgaire du portrait, Rubens pourroit être cité comme ayant donné dans la plupart des compositions de sa galerie, le vrai modèle de la manière qui convient au système de la transformation des sujets historiques par le mélange de l'allégorie, et à la méthode de généraliser ainsi les actions, en échangeant leur aspect réel et positif, contre le point de vue d'où l'on peut considérer leurs causes et leurs effets politiques, leurs résultats et leurs rapports généraux.

Je ne saurois donc m'empêcher de combattre encore l'abbé Dubos, qui dans ses *réflexions critiques*, ne me paroît s'être jamais proposé les considérations relatives à l'imitation généralisée. Il pense *que le tableau de l'accouchement de Marie de Médicis, plairoit davantage, si Rubens, au lieu du génie et des figures allégoriques qui entrent dans la composition, y avoit fait paroître celles des femmes de ce temps-là qui pouvoient assister aux couches de la reine, etc.*

Cela ne signifie autre chose, sinon que Rubens auroit pu concevoir et exécuter ce sujet dans le système de la réalité. Qui en doute? et qui douteroit encore, que comme grand peintre de portrait, il auroit pu faire de la réunion *des femmes de ce temps-là*, une scène domestique, offrant un autre genre d'intérêt? Mais ces femmes *portrait* n'auroient exprimé là qu'une idée particulière. Rubens voulut au contraire faire entendre par ses figures allégoriques, êtres collectifs, signes d'idées générales, l'universalité des sentiments et des affections publiques, c'est-à-dire l'effet politique et moral que devoit produire la naissance d'un héritier du trône, détruisant les espérances des fauteurs de discorde. Il devoit donc prendre le parti de la composition allégorique. Celui que l'abbé Dubos auroit voulu y substituer, n'eût donné qu'une scène de la vie privée de Marie de Médicis. Ajoutons à la louange de Rubens dans ce tableau, qu'il n'y a ni démenti le système de l'image allégorique, ni affoibli sa vertu sur l'esprit, par aucun mélange de personnages supposés réels, ou appartenant au système opposé.

Lebrun, dans les plafonds de la galerie de Versailles, a représenté les traits principaux de la vie de Louis XIV, avec encore plus de convenance pour le système allégorique, soit pour ce qui regarde la conception, soit dans la partie de l'exécution que ce genre réclame. Mais c'est que le style et le goût de dessin de ce peintre, étoient plus d'accord que la manière de Rubens, avec le goût poétique et idéal de l'allégorie.

Je n'ai cité ces exemples que pour faire mieux comprendre en quoi l'artiste manque, et comment il se conforme aux convenances de la composition allégorique. La première condition doit donc être,

lorsque le sujet permet le mélange d'individus supposés de nature différente, d'assortir et de concilier
leur caractère, leurs formes, et leur apparence, en re-
haussant, autant qu'il se peut, la manière d'être des
personnages réels, au niveau de celle des personnages
poétiques; opération, qui, comme on l'a dit, ne sauroit être réciproque, puisque si l'on rabaissoit l'apparence de ceux-ci au niveau du caractère vulgaire de
ceux-là, l'allégorie cessant d'être visible n'existeroit
plus.

Mais il est un autre ordre de convenances à suivre,
pour effectuer cet accord (et l'on n'entend parler ici
d'aucun de ces mérites qui tiennent au talent, à la
science et au sentiment de l'artiste), il s'agit uniquement d'une règle de goût, qui veut que le personnage
poétique ou allégorique, lorsqu'on le fait participer
aux actions humaines, ne soit figuré ni dans des attitudes vulgaires, ni avec une pantomime qui exprime
trop l'effort, ni dans des mouvements inconciliables
avec la dignité extérieure. Hors quelques sujets allégoriques dont le propre seroit de signifier, par l'action même des personnages, l'effort et le mouvement, il convient ordinairement de les montrer dans
des attitudes tranquilles, avec une physionomie
calme, avec des gestes modérés.

C'est le seul moyen (1) qu'ait le langage par signes
corporels, de donner aux yeux et à l'esprit, l'idée de

_____

(1) On ne parle ici que de l'action.

la haute intelligence, de la supériorité de puissance des êtres, qu'on doit regarder comme au-dessus de l'humanité. Et c'est ainsi que les anciens ont toujours conçu et représenté en action leurs divinités, soit seules, soit associées aux mortels.

PARAGRAPHE XIII.

Pourquoi l'emploi de l'allégorie moderne a moins de valeur, et fait moins d'effet en poésie qu'en peinture.

Les abstractions morales, résultats nécessaires des formes du discours, sont devenues la source des personnifications allégoriques, que les arts du dessin emploient comme signes des idées générales, qu'ils ont aussi le besoin d'exprimer.

On a fait voir que la plupart de ces signes devoient avoir de grands rapports avec les créations du paganisme, créations qui, pour avoir obtenu jadis de la croyance religieuse force d'existence corporelle, n'en sont pas moins considérées comme le résultat de la même opération de l'esprit, dans la formation du langage.

C'est pourquoi les figures allégoriques modernes, forcées d'emprunter pour les yeux, les formes des êtres mythologiques, ont perpétué dans nos arts un grand nombre d'images ou de signes, qui n'ont fait que changer de nom.

Comment n'en auroit-il pas été ainsi dans les langues modernes et dans leur poésie? Le propre de la poésie est de tout animer, de donner à tout *un corps, une ame, un esprit, un visage;* c'est-à-dire de transformer tout, de tout personnifier. De là ce nombre infini de tropes, de figures, de métaphores, de signes allégoriques, qui souvent ne sont propres qu'au discours, et perdent leur vertu, comme on l'a montré (paragraphe IX), lorsqu'on les transporte dans une autre sphère d'imitation.

La poésie moderne n'a pas laissé encore d'adopter, comme l'a fait la peinture, et de mettre au nombre de ses moyens métaphoriques, certaines images my-thologiques, qui, par le fréquent emploi que le lan-gage en fait, sont reçues comme des synonymes de mots ou de locutions, ayant pour objet d'exprimer des notions ou des qualités morales. Ainsi Mars, Vé-nus, l'Amour, les Graces, etc., sont devenus de simples mots, des expressions d'usage, dans le vocabulaire poétique; et peut-être n'y a-t-il d'autre restriction à leur emploi, que pour ce qui regarde les sujets re-ligieux, à raison des convenances dont il a été parlé dans le paragraphe précédent.

De cet emploi de métaphores, dérivées du paga-nisme, mais aujourd'hui considérées comme de simples locutions synonymes, auxquelles, d'après l'habitude qu'on en a, l'esprit n'attache aucune image, on a voulu inférer pour le poëte, le droit d'employer le merveilleux de l'antique mythologie, comme ressort principal de l'épopée, et de faire reparoître les dieux de la fable, en tant que moteurs et instruments de l'action poétique. Mais la simple raison ne tarda pas à se révolter, sur-tout à l'égard des sujets chrétiens, contre l'intervention active de ces puissances détruites dans l'opinion générale, par les croyances du christianisme. La même raison fit comprendre aussi, qu'à l'exception de quelques badinages poétiques sans importance, ou de certains sujets que l'imagination emprunte à l'histoire des temps et des peuples païens, il ne pouvoit pas être permis au poëte, dans un sujet d'époque moderne, d'employer comme moteurs d'une puissance surnaturelle, des êtres déchus de toute croyance, de la part de ceux sur lesquels on prétend les faire agir ; l'influence de leur action, devant au moins être crue possible par ceux qui sont censés devoir l'éprouver.

Le respect dû aux mystères et aux dogmes du christianisme, la nature si différente d'une religion qui ne parle point aux sens, le petit nombre d'êtres surnaturels qu'elle permet de personnifier, le danger de l'anthropomorphisme, tout cela contribua encore à rendre très difficile l'emploi d'un merveilleux tiré des croyances chrétiennes, à moins de faire, comme l'a

fait Milton, un poëme dont le merveilleux poétique
ou le surnaturel est, si l'on peut dire, le sujet unique;
le sujet même, au lieu de n'en être que le ressort auxiliaire.

Cependant, comme toute poésie vit de fictions,
comme le poëte, sur-tout dans les créations de la
muse épique, a besoin, selon Boileau, *de mettre
tout en usage pour nous enchanter*, on chercha quelqu'autre moyen de subordonner l'action et ses ressorts, les événements et leur cours, à quelque cause
surnaturelle à-la-fois, et sensible; mais de semblables causes ne sauroient avoir en poésie, comme en
peinture, le pouvoir de saisir l'imagination, sans le
secours de la transformation, et de la personnification sous des formes corporelles.

Le poëte invoqua donc l'allégorie moderne. Il crut
pouvoir faire agir avec autant de succès que le peintre,
et, comme lui, mettre en scène la sagesse au lieu de
Minerve, la volupté en place de Vénus, substituer
la Discorde, les vices, et les vertus, aux déités mythologiques qui les personnifioient. Il crut que les noms
des qualités morales, des phénomènes physiques,
des principes actifs de la nature, remplaceroient les
êtres qui les représentoient autrefois dans l'imagination.

Toutefois on ne mit que des noms à la place des
corps; mais des noms qui dans le discours ne rappel-
lent point de formes, sont incapables de produire des

images. Dès-lors rien pour l'imagination. Ces êtres
allégoriques n'eurent qu'une existence nominale, et
tout au plus grammaticale. Leurs physionomies sans
couleur, leurs formes sans contour échappent aux
yeux de l'esprit; ces prétendues créations, loin de
répandre la vie et le mouvement dans les compositions du poëte, y ont jeté le froid de leur propre
nature restée métaphysique.

Ce dernier mot rend compte de la différence de
destinée des êtres allégoriques modernes, en poésie
ou dans la peinture. C'est qu'au fond le langage ne
suffit pas pour donner aux idées abstraites, avec la
vie et un corps, cette faculté active et virtuelle, qui
permet d'en faire en poésie un ressort puissant des
choses humaines. L'art sur-tout, qui ne peut pas
faire voir de semblables êtres, a besoin qu'une cause
indépendante de lui, y fasse croire. La religion seule
par son culte, ses dogmes, ses doctrines, ses signes
et ses images, produit cette foi publique, à l'aide de
laquelle, la conception métaphysique acquiert une
consistance, qui permet à l'imagination de lui attribuer l'existence physique.

Les personnages de l'allégorie purement morale,
ont donc dans l'emploi qu'en fait la poésie moderne,
l'inconvénient de ne pas exister pour l'imagination.
Ils ne sont l'objet d'aucune croyance positive, ou
même fictive. Non seulement on ne sait pas qu'ils
existent, mais on sait qu'ils n'existent pas, et qu'ils

ne peuvent pas exister. On ne sauroit guère en conséquence leur faire jouer un rôle, ni leur attribuer
une action, que l'esprit admette, même comme conventionnelle, c'est-à-dire comme poétiquement vraisemblable.

Mais, dit-on, la même critique devroit les atteindre
dans les arts du dessin, et la part que le peintre leur
donne aux choses humaines, en les y faisant concourir, est donc également inadmissible. Nous répondrons oui, si l'on en appelle au raisonnement et au
jugement de l'esprit. Mais c'est que le peintre a d'a-
bord pour lui le jugement des yeux; et il a un moyen
de faire croire à l'existence des êtres qu'il crée, c'est
de les montrer revêtus de formes corporelles, chacun
avec leur figure caractéristique, chacun mis en mouvement, et chacun coopérant à une action. On voit
la Vengeance poursuivant le crime, la Religion sou-
tenant l'innocence. On voit la Discorde agiter ses
torches, l'Envie ses serpents, le Temps fuir à tire-
d'aile, la Calomnie broyer ses poisons, l'Amour ai-
guiser et lancer ses flèches, etc.

Ajoutons encore que la personne allégorique, dans
la composition du peintre, est fort loin de jouer un
rôle aussi actif, aussi étendu, et qui exige autant de
puissance, que celui dont le poëte épique la charge,
en lui donnant la direction suprême des événements
du poëme. Son intervention en peinture, se borne
tantôt à une action particulière, tantôt à une coopé-

ration que l'esprit du spectateur doit sous-entendre.
Fort souvent l'allégorie morale du peintre, n'est
qu'une explication plus ou moins conventionnelle
du sujet auquel on l'associe ; et son sens n'est encore,
dans bien des cas, que celui d'un signe emblématique ou symbolique, comme on va le voir dans le
paragraphe suivant.

PARAGRAPHE XIV.

*De l'action de transformer les sujets et les personnages
par l'effet de la composition symbolique* (1).

La manière et l'art de transformer les personnages
réels en êtres métaphoriques, par le style de composition que j'ai appelé allégorique, la mesure, l'accord
et les conditions de cette sorte de métamorphose, tout
cela exigeroit sans doute un bien plus grand nombre
de considérations diverses, si l'on faisoit un traité
sur cette matière. Mais je n'ai prétendu qu'indi-

_____

(1) Par composition symbolique on entend, non celle qui ne seroit
qu'une réunion de symboles, mais celle dont les attributs, ou emblêmes
symboliques, déterminent le système et la signification.

quer là quelques unes des sources où les beaux-arts puisent, chacun selon les facultés inhérentes à sa nature, les moyens variés d'arriver au but de l'imitation, et aussi quelques unes des méprises qu'une communauté mal entendue leur fait commettre.

Le lecteur ne doit pas oublier que notre théorie, en tant que purement spéculative, ne fait jamais entrer dans les moyens de chaque art, ceux qui tiennent au talent d'exécution, et au don individuel du génie de l'artiste, génie qui peut singulièrement ou modifier les conséquences des principes, ou atténuer les défauts d'un emploi de métaphores vicieux en soi. Qui pourroit en effet défier le poëte de tirer de l'allégorie morale des modernes, un parti capable d'en corriger l'insignifiance? Qui ne sait aussi qu'en peinture le sens et la propriété significative dont cette allégorie est susceptible, dépendent beaucoup du caractère plus ou moins idéal, que l'artiste saura lui donner dans une exécution qui dépend de lui?

C'est pourquoi j'aurois été mal compris, dans ce que j'ai dit du genre de composition allégorique de Rubens, appliquée à son histoire métaphorique de Marie de Médicis, si l'on avoit cru qu'en l'approuvant sous le rapport du système de conception générale, j'en approuvois également le goût de dessin et d'ajustement, le style, le caractère, et les détails d'exécution.

Rien ne demande plus d'intelligence de la part de

l'artiste, que l'emploi d'une sorte de langage figuratif, dont les éléments sont très souvent variables,
arbitraires, et sujets à équivoque. Cet inconvénient
deviendra plus sensible encore si l'artiste (comme
l'a fait quelquefois Rubens) est lui-même l'inventeur
des allégories, auxquelles il attache le premier une
signification, que l'usage n'a pas encore consacrée.

Il en sera de même des symboles, qui font une
partie distincte du langage allégorique.

La composition que j'appelle symbolique (parceque c'est à l'emploi des symboles qu'elle doit sur-
tout sa vertu métaphorique) participe encore plus
particulièrement de la nature et de l'esprit de l'écriture. On peut dire que ses personnages, dans le sens
où elle les emploie, sont en quelque sorte des caractères hiéroglyphiques, destinés à parler à l'esprit, par
les signes abrégés de l'image des objets.

C'est à la sculpture, considérée soit en grand dans
les statues ou les ornements de l'architecture, soit en
petit dans les médailles ou les monnoies, que con-
viennent spécialement, et l'emploi des symboles, et
l'usage de l'écriture symbolique. Quoique la peinture
en puisse user, et en use aussi, cependant il y a sur
l'usage qu'elle en fait, une observation de goût et de
convenance qu'il ne faut pas négliger.

La voici. Les symboles dans leur rapport avec les
figures auxquelles on les associe, ne peuvent être re-
gardés que comme des signes figuratifs; je veux dire,

représentant des choses dont l'image est purement intellectuelle. C'est pourquoi ne devant pas affecter les apparences trop formelles de l'existence réelle, leur emploi se trouve mieux d'accord avec les arts que leur matière prive de la ressource des couleurs, dont on sait que l'effet est de donner aux objets le semblant de la vie et de la réalité.

Par exemple dans un de ses tableaux, représentant Moïse sauvé des eaux, Nicolas Poussin s'est plu à revêtir des couleurs de la vie, la tête de femme du sphinx, symbole sur lequel s'appuie, comme dans la statue antique, la figure allégorique du Nil personnifié. La saine critique peut se permettre de voir là une méprise. Le sphinx à corps de lion et à tête de femme, ne fut jadis qu'un des signes emblématiques de l'écriture hiéroglyphique; et cet être entièrement chimérique pour nous, ne fut pas réputé plus réel dans l'antique Égypte. Si son existence n'y fut jamais reconnue même poétiquement probable, le pinceau ne devoit-il pas s'abstenir de donner à un symbole factice, l'apparence la plus sensible de l'existence animée? Quelque opinion qu'on adopte à cet égard, on voit que ce qui peut faire difficulté en peinture, va de droit en sculpture, par cela que le sphinx, tout de marbre, ne sauroit produire la même incohérence d'idées, ni ce mélange hétérogène de la matière inerte avec l'être vivant.

La raison qui fait employer les symboles dans la

sculpture et la gravure en médailles, détermine assez la valeur de leur sens, et ce sens doit fixer la manière de les employer de la part de l'artiste, et de les
considérer de la part du spectateur. Tantôt signes
des idées, tantôt suppléments conventionnels de la
forme des objets, et tantôt portion ou simple abréviation de leurs images, ils n'ont souvent, dans les
compositions, d'autre raison de se trouver ensemble,
que celle qui associe les caractères de l'écriture. Leur
coexistence est purement intellectuelle, et leur rapprochement n'est que de convention.

De là le défaut de proportion corrélative, reproché par certains critiques aux objets que l'art emploie.
Mais le moindre raisonnement fait comprendre, que
ces disproportions tiennent à la nature même d'un
genre, qui n'admet point les figures des corps pour
elles-mêmes, mais pour l'idée qu'elles peuvent rendre sensible. Il est clair qu'il ne sauroit y avoir de
rapports proportionnels possibles, entre des signes
qui embrassent les formes de tous les êtres existants,
depuis celle d'un moucheron, jusqu'à celle du globe
terrestre.

Le symbole en tant que signe conventionnel, n'a
pas toujours besoin dans l'apparence qui lui est at-
tribuée, de ce qui constitue l'imitation effective de
la réalité; bien plus, c'est que souvent il se contre-
diroit lui-même, s'il en ambitionnoit par trop la ressemblance. Associé aux figures allégoriques dont il

renforce et explique la signification, il impose aussi au caractère de ces figures, l'obligation d'une manière d'être abstraite ou généralisée, c'est-à-dire, comme on l'a déja définie, opposée au caractère de cette imitation particularisée, qui vise à faire croire à la réalité de l'individu. Or ceci s'applique à toutes les figures, soit celles qui de leur nature sont allégoriques, soit celles que le rapprochement et l'association des personnages allégoriques tend à idéaliser. On a déja fait connoître l'importance de cette obligation d'harmonie.

Elle existe de même à l'égard des personnages quels qu'ils soient, qui reçoivent de l'application qu'on leur fait des attributs symboliques, la même propriété métaphorique. Car on sait que les symboles qui caractérisent les qualités morales, les idées abstraites de personnages abstraits eux-mêmes, tels que la balance dans les mains de la justice, le gouvernail, la massue, le glaive qu'on donne à l'administration, à la force, au pouvoir, s'appliquent également, par manière de métaphore, à la représentation des hommes célèbres, des individus vivants, réels ou historiques. C'est ainsi que la foudre fut jadis placée dans la main de Périclès, pour exprimer la vertu foudroyante de son éloquence. Tous les jours encore on accompagne les images des hommes renommés par leur savoir ou leur talent, des symboles reconnus pour appartenir aux sciences et aux arts.

Évidemment l'effet physique et moral de cet ac-
compagnement d'attributs symboliques, dans la
composition des personnages réels ou historiques,
est de donner à leur apparence une signification
métaphorique. J'ai dit *évidemment*, et ce mot doit ici
se prendre au sens simple. Car pour que l'effet intellectuel du symbole ait lieu, il faut que la vue de l'esprit ne soit pas contredite par celle du corps. Ce qui
signifie, qu'il faut que le sens de la métaphore frappe
avant tout les yeux. Mais la métaphore symbolique
ne peut devenir visible, qu'autant que la figure, accompagnée de l'attribut métaphorique, en interprète
clairement l'idée, qu'autant qu'elle s'accorde visible-
ment avec lui.

Or, cet accord ne deviendra sensible que par la
correspondance de goût, de style, et de caractère
entre les deux objets. Tout est ici corrélatif. Il y a
action morale du signe symbolique sur la figure
qu'il doit désigner, et semblable réaction de la figure
mise en rapport avec le symbole, sur sa signification.
J'ajoute qu'il est plus facile encore à la figure de déterminer, pour le spectateur, le sens du symbole si
souvent sujet à double entente, qu'il ne l'est au signe
symbolique naturellement équivoque, de faire bien
connoître le sujet, soit de la figure, soit de la composition dont elle fait partie. D'où il faut conclure qu'il
doit appartenir beaucoup plus au style idéal donné
à la statue, par exemple, de métaphoriser le signe

symbolique, qu'au symbole d'allégoriser la statue.

Lors donc qu'une figure à laquelle on donne des attributs symboliques, n'est ni conçue ni traitée dans le style idéal, qui tend à en changer le costume et l'apparence vulgaires, l'attribut reprenant le sens simple attaché à sa forme naturelle, perd la faculté de signifier ce qu'on avoit attendu de sa présence et de son emploi. Ainsi un sculpteur fit un jour la statue de Molière. Pour désigner l'art du poëte, et regardant cet art, selon la métaphore du langage, comme le miroir de la vie civile, il imagina de faire tenir à son personnage, habillé selon la fidélité du costume moderne (et bourgeois), un miroir de forme moderne aussi. La figure ne donnoit d'autre idée que celle d'un marchand miroitier, et on l'appeloit ainsi.

Autant en arriveroit à toutes les figures et compositions dans le genre d'imitation vulgaire, auxquelles on ajouteroit des attributs symboliques empruntés à toutes les choses usuelles de la vie ; comme la balance, la houlette, la bride, la roue, le gouvernail, et tant d'autres dont l'image n'est susceptible d'acquérir un sens moral, dans les représentations des personnes, que par le concours du style idéal affecté à leur manière d'être.

On conçoit, je pense, sans qu'on le dise, qu'il en ira de même à l'égard de la signification des animaux symboliques, associés aux figures ou compositions.

des personnes, dont on veut désigner les qualités
morales, par le rapport qu'ont ces qualités avec les
propriétés instinctives de divers animaux. Il faut aussi
que la forme métaphorisée des personnages apprenne
au spectateur, que les animaux ne sont là, que dans
le sens de la métaphore symbolique. Or, leur signification morale, c'est-à-dire l'acception dans laquelle
on doit la prendre, dépend uniquement en pareils
cas, de l'accord visible de style et de caractère qui
régnera entre l'accessoire et le personnage principal
de la composition. Le caractère de ce dernier est ce
qui fixera le sens du premier. C'est par là que notre
imagination se trouve portée à concevoir, par exemple, qu'une jeune fille avec une brebis, signifie la
douceur ou l'innocence ; que cette femme avec une
balance, veut dire la justice ou l'égalité, qui n'est
jamais que la justice.

Que faut-il dans l'imitation par les formes des
corps, pour que les deux figures auxquelles on aura
affecté ces deux sortes d'attributs, au lieu d'être la
douceur et la justice, ne soient plus qu'une bergère
et une marchande ? Il suffit de leur donner une
forme vulgaire, et un costume qui ne soit point
idéal.

La seule différence du positif à l'idéal, dans le
style, le caractère, et le costume des figures qu'on
prétend rendre allégoriques, fait monter ou descendre l'idée qu'on s'en forme, élève leur significa-

tion jusqu'à la région morale des être intellectuels,
ou la ravale à l'emploi des choses vulgaires. Et cet
effet a lieu presque machinalement; il tient au seul
instinct du spectateur, à cette vertu sympathique
qui établit une corrélation nécessaire, entre les objets
visuels et les choses de l'intelligence.

Comme l'apparence et la forme extérieure de la
figure, accompagnée d'un symbole, en ratifient ou
en contredisent le sens, renforcent ou neutralisent
l'effet du signe de soi-même arbitraire, et comme on
a vu qu'il y avoit une sorte de réciprocité d'action
entre eux, sinon pour les yeux, du moins pour l'esprit, il faut cependant avertir que cette réciprocité
n'a lieu ici, que de la manière dont on l'a fait entendre pour l'allégorie personnifiée. Cela veut dire que
le symbole reçoit du style idéal de la figure qu'il accompagne, son sens intellectuel, mais ne sauroit le
communiquer à celle qui manqueroit de ce style; et
lorsque le genre vulgaire de la figure rabaisse au sens
simple l'idée du symbole, l'idée du symbole ne sauroit élever au sens métaphorique l'aspect de cette figure. D'où il résulte, que toute intervention de signe
symbolique sera non seulement déplacée, mais même
réputée non avenue, dans toute composition traitée
selon le goût de l'imitation positive et vulgaire.

La composition symbolique, entendue comme
moyen d'exprimer les idées morales ou abstraites,
et comme art de transformer les sujets et les per-

sonnages, rentre, ainsi qu'on l'a vu, jusqu'à un certain point, dans le système de l'écriture figurative. Ainsi considéré, l'emploi des symboles et du système de composition qui en dérive, ne sauroit convenir également ni à tous les sujets, ni à tous les arts. Destiné à remplacer l'expression naturelle des idées et des objets, dans les arts et les sujets qui ont peu de moyens de s'expliquer, le symbole, souvent à double sens pour les yeux, n'offrira que d'obscures énigmes dans les arts, qui, par le discours et les paroles, peuvent rendre toute idée claire, sensible, et significative.

PARAGRAPHE XV.

Pourquoi la métaphore symbolique a peu de valeur
en poésie.

La sculpture est l'art, dont les moyens ont le moins d'étendue, s'il s'agit de la représentation des actions, le moins de variété dans celle des personnages. Privée de la ressource des couleurs et de leurs effets, bornée au plus petit nombre de figures dans les statues, et d'aspects dans les bas-reliefs, cet art est celui qui diroit le moins de choses, s'il ne savoit compenser par la valeur de ses images, ce qui leur manque en diversité, et leur faire regagner par la vertu d'une signification collective, ce qu'elles ne sauroient acquérir en nombre, en étendue, en qualités narratives. Voilà pourquoi cet art le plus laconique de tous, cherche à rassembler sous un petit nombre de signes, la plus grande masse d'idées, et à produire la plus forte impression avec le moins de moyens. Comme le style de dessin idéal ou généralisé, est celui qui donne des individus la plus haute idée, et que ce style n'acquiert toute sa valeur, que dans l'expression de la beauté des corps, la sculpture a besoin, plus que la peinture, de représenter la nudité, mais cette nudité poétique et réellement métaphorique, dont on parlera plus bas (voyez les paragraphes suivants) ainsi que d'autres moyens, par lesquels on parvient à changer l'apparence vulgaire des choses, contre leur apparence idéale.

Le secret de cet art, est de dire d'autant plus, qu'il parle moins; et ce secret est, comme on la vu, celui de l'allégorie qui signifie plus de choses qu'elle n'en montre : c'est le secret de toute métaphore, de toute fiction, qui porte l'esprit fort au-delà de l'objet qui est sous les yeux.

Ce n'est pas du gré de l'artiste, c'est bien souvent par force, que la sculpture en grand comme en petit, use de ces ressources. J'appelle sculpture en petit, ce qu'on appelle, par exemple, gravure en médaille.

Là tous les moyens imitatifs de l'art sont circon-
scrits dans les plus petits espaces, et réduits à la
moindre dimension; et par opposition, les sujets à
représenter, seront fréquemment les événements les
plus considérables, les plus abondants en circonstances. Il faut donc souvent y concevoir et y exprimer ces sujets., avec le moins de figures qu'il est
possible.

Mais dans l'imitation corporelle, l'expression de
beaucoup d'idées, sous peu de figures, n'appartient
qu'aux conceptions métaphoriques; et comme, entre
toutes celles de ce genre, la conception symbolique
nous a paru avoir la propriété la plus spéciale pour
réduire au *minimum* de l'image, l'idée intellectuelle
ou morale la plus étendue, les symboles sont devenus les caractères propres de l'écriture figurative des
médailles.

Mais plus le langage symbolique est nécessaire, dans
bien des cas, à l'art qui privé de beaucoup d'autres
moyens d'expression, ne peut souvent s'exprimer que
par signes, plus il doit être inutile à l'art qui trouve en
soi toutes les ressources possibles, pour parler à l'esprit, qui peut exprimer toutes les idées morales, et les
moindres nuances de ces idées, dont la propriété
même est de ne pouvoir rien adresser à l'organe visuel, de ne pouvoir s'en faire comprendre, lorsqu'il
s'agit d'objets matériels, qu'avec l'aide des images intellectuelles. Et cet art est la poésie.

Aussi remarquons-nous que dans l'antiquité, les poëtes en personnifiant à leur gré tout ce qu'ils vouloient rendre sensible, et en usant souvent de la personnification allégorique, ont très rarement fait intervenir les descriptions symboliques dans leurs images. Outre que ces descriptions d'attributs et d'emblèmes sont froides par elles-mêmes, et ne peuvent pas donner de mouvement au discours, elles ont encore l'inconvénient d'y être obscures et énigmatiques.

Sans doute il y a dans la poésie certains traits empruntés aux images et aux propriétés des corps, qui peuvent faire pour l'esprit un tableau significatif, expressif, ingénieux, et que l'art du peintre ne sauroit reproduire, sans en détruire la vertu morale, précisément parcequ'il leur donne la valeur de la réalité, en sorte que ce qui sera noble dans la peinture idéale du poëte, peut devenir ridicule dans la poésie corporelle du peintre.

Lorsque Horace, par exemple, nous représente la peine tardive (au pied boiteux) poursuivant le crime, cette allégorie a l'avantage d'être expressive, sans que son image nous choque par une difformité naturelle, dont les yeux seuls pourroient se plaindre. Je ne sais quel artiste s'est abusé un jour, jusqu'à traduire littéralement, en image visible, l'allégorie du poëte, et je laisse à penser quelle impression fait sur le spectateur, la figure de la Peine, se traînant après le criminel, avec une jambe de bois.

Mais, au ridicule près, Horace n'auroit-il pas réciproquement commis la même méprise, lorsque
dans son ode à la Fortune, il semble s'être plû à faire,
comme pour les yeux, une composition symbolique
des personnages dont il accompagne la volage déesse?
Si quelque chose peut prouver combien les attributs
symboliques deviennent équivoques en description,
c'est celle de la Nécessité portant dans sa main de
bronze, des clous, des coins, sans oublier les crampons et le plomb fondu.

Effectivement cette description a exercé la critique
de plus d'une sorte de commentateurs, qui se sont
divisés d'opinion non sur le sens des mots, mais sur
l'emploi des choses qu'ils expriment.

Quelques uns ont prétendu que le poëte avoit
emprunté sa composition symbolique, d'un tableau
de la Fortune au temple d'*Antium*. Hypothése pour
hypothése, j'aimerois mieux croire que sa figure de
la Nécessité lui auroit été inspirée par une statue, et
peut-être de bronze, ce qu'indiqueroient les mots
manu gestans ahenâ.

Le propre de la nécessité, est de donner de la
fixité aux choses, d'assujettir, en les contraignant à
subir la loi de la force, les éléments de toute espéce
de combinaison. On conçoit que le génie symbolique, pour faire parler aux yeux cette idée abstraite, lui aura cherché quelques images prises dans
des objets sensibles et des mieux connus; comme les

clous qui donnent de la stabilité à la charpente, les coins qui disjoignent violemment, ou forcent les matériaux d'adhérer entre eux, les crampons avec scellement de plomb, qui assurent leur réunion. Par quel autre genre de moyens le statuaire auroit-il pu expliquer le sens ou le sujet de sa figure?

Mais le poëte, qui en moins de mots encore, que n'en demande l'énumération des symboles du sculpteur, pouvoit nous faire saisir, et dans son action sur les choses humaines, et dans ses effets sur leur destinée, tout le pouvoir de la nécessité, qui dès-lors pouvoit porter notre esprit aux considérations les plus graves, aux idées les plus sévères, que fait-il en essayant de la représenter avec des attributs matériels? Il fait de son art le truchement équivoque d'un autre art. Il échange la valeur des idées contre celle des mots. Il laisse l'impression morale de la chose, pour n'en saisir que le signe. Il ne nous peint plus la Nécessité mais seulement sa statue.

La déesse Fortune avoit aussi comme chacun le sait, ses attributs symboliques, et Horace auroit pu également décrire, et son globe, et sa roue, et son gouvernail. Mais Horace n'a-t-il pas été bien plus vraiment poëte, quand en quatre vers, il nous donne l'idée de ce pouvoir, qui du néant fait sortir le dernier des mortels, et change en funérailles les plus superbes triomphes? Voilà les vrais peintures de la poésie. Voilà les grands rapprochements qu'il lui appartient de faire, et dont les autres arts ne peuvent pas lui dérober le secret. Pourquoi donc iroit-elle leur emprunter des moyens d'expression, qui chez eux ne sont que les suppléments, ou les foibles équivalents de la propriété que la nature leur refuse? Méprise vraiment ridicule! C'est préférer l'hiéroglyphe à l'écriture. C'est substituer au don de la parole, la ressource imparfaite du sourd et muet, pour se faire entendre.

Quand on conteste à l'art dont le langage peut tout animer, cette traduction morte des signes matériels d'un autre art, qui seul peut faire parler les symboles aux yeux, on n'entend point blâmer les comparaisons que la poésie a l'habitude de prendre dans le règne des choses corporelles.

On a suffisamment montré (voyez part. III, paragraphe VIII) que la comparaison étoit un des moyens métaphoriques de la poésie. Mais c'est ici le lieu de dire quel abus on peut en faire, lorsque l'on méconnoît le but de la comparaison, dans le choix des objets qui en deviennent la matière. Cet abus est celui qu'on a reproché à quelques poëtes modernes, qui se sont plus à en prendre les sujets, soit dans un cercle trop rétréci d'usages à la portée d'un petit nombre, soit dans un certain ordre d'objets mécaniques ou de procédés industriels, trop peu connus. Car il arrive alors que la comparaison qui doit servir d'explication, a besoin d'être expliquée elle-même.

Il en sera ainsi, et encore à plus forte raison de l'emploi des signes symboliques en poésie. Car le symbole, dans son premier emploi, je veux dire celui qu'en fait l'imitation matérielle, a déja un sens conventionnel et d'emprunt, qui, lorsque l'artiste a su le rendre clair, exige toutefois de l'esprit ce genre de travail *transpositif*, dont l'effet est de faire voir ou concevoir une chose, sous l'apparence d'une autre. Maintenant lorsque le symbole est employé de la seconde main, si l'on peut dire, l'esprit se trouve forcé à une double transposition, qui est celle de l'image du poëte à celle du sculpteur, et de celle-ci à la réalité. Or, comme le sens extérieur n'entre pour rien dans ce travail, qui doit être tout entier d'intelligence, la confusion y devient d'autant plus facile, que l'œil ne peut pas apprécier la nature des objets. C'est ce qui est arrivé aux symboles de la Nécessité d'Horace; ils sont devenus une énigme pour les commentateurs.

Quelques uns, faute de voir en réalité le genre de clous appelés *trabales*, la forme des coins, et celle du crampon recourbé (*uncus*), qui se scelle avec le plomb fondu, ont voulu que tous ces objets fussent des instruments de supplice. Il n'est guère probable au contraire qu'en supposant une statue de bronze, tenant dans sa main de grands clous et des coins, ayant à côté d'elle de grands crampons de métal, accompagnée du vase où l'on faisoit fondre le plomb,

le spectateur ait pu se méprendre sur la nature de
ces accessoires, sur leur rapport avec l'art de la bâ-
tisse, avec l'idée de solidité qu'ils font naître, et
dès-lors avec le sens métaphorique que le caractère
de la figure devoit rendre sensible.

Mais le poëte qui ne peut faire voir les choses
symboliques, qu'en idée, et qui n'en sauroit donner
(sans ridicule) une description technique, ajoutant
à l'obscurité morale du symbole, l'invisibilité de l'objet même dont il est emprunté, ne produit qu'un
signe sans valeur appréciable, une image qui ne dit
rien à l'esprit.

PARAGRAPHE XVI.

*Sur quelques moyens poétiques exclusivement propres
des arts du dessin. — De la nudité poétiquement considérée.*

Chacun des beaux-arts a sans aucun doute un
même droit à la métaphore, mais non à la même
espéce de moyens métaphoriques. Le droit ici re-
posant sur le pouvoir, on a vu que le genre de transformation devoit dépendre des moyens de transformer propres à chaque art, de l'objet auquel cet art
les applique, de l'organe qui en reçoit l'impression.

En vain donc le peintre et le poëte croiroient-ils avoir le droit d'user des mêmes éléments métaphoriques, si la nature refuse à un de nos organes le plaisir et l'intelligence, dont elle accorde l'usage et le privilége à un autre.

L'expression directe et absolue du beau corporel, ne peut s'adresser qu'aux yeux, dans les œuvres de la nature, comme dans ceux de l'imitation. Les paroles et les figures du poëte ne peuvent jamais en donner qu'une idée vague et sans application. Tous les détails descriptifs des beautés d'un individu produiront autant d'individus divers, dans l'imagination de ceux qui liront ces détails. On trouve entre la description du beau corporel et son imitation, la différence que chacun connoît entre le signalement d'une personne, et son portrait.

Ainsi il y a une valeur métaphorique attachée à l'image des corps qui sont la matière de l'imitation des arts du dessin, et l'on a tâché de faire comprendre les régles et les convenances à observer, dans l'emploi du système métaphorique qui est approprié à ces arts.

Il me faut toutefois faire encore mention de quelques autres moyens métaphoriques qui leur appartiennent, et sur l'emploi desquels il régne assez de contradictions, dans l'opinion du plus grand nombre des hommes. Je veux parler de l'emploi de la nudité, considérée comme moyen poétique, et de l'emploi des vêtements ou ajustements qui n'ont plus cours dans les usages modernes.

La nudité employée et considérée comme moyen métaphorique, dans les sujets historiques que traitent la peinture et la sculpture, a quelque chose, on le comprend, qui peut selon les temps, les pays, et les mœurs, blesser certaines opinions, même sous le rapport du goût.

Il faut d'abord s'entendre sur un point principal, en cette matière, et qui ne sauroit éprouver de difficulté ; C'est que si les arts du dessin ont pour objet élémentaire l'imitation des corps, et si entre tous les corps, celui de l'homme ne peut point ne pas être la matière la plus générale, la plus spéciale de leurs études, il est certain que leur interdire cette imitation, seroit leur refuser l'existence. C'est effectivement ce qui est arrivé par-tout où, n'importe en vertu de quelle cause, l'imitation du corps humain a été ou proscrite ou découragée. Il ne peut donc pas être question, par-tout où l'on veut qu'existent les arts du dessin, de leur contester ce qui est la condition de leur existence.

Aussi ceux-là même qui s'élèvent contre l'emploi de la nudité, c'est-à-dire de l'imitation du corps humain, dans les sujets que nous appelons historiques, l'accordent-ils dans tous les autres sujets, où la nudité ne contredit point la manière d'être habituelle des personnages, qui, comme ceux de la fable, par exemple, sont l'objet des compositions de l'art.

Ce n'est point non plus ici le lieu d'apprécier les objections qu'une morale plus ou moins austère, pourroit élever contre la représentation indiscrète ou licencieuse de la nudité. Nous conviendrons qu'il est des sujets d'où le plus simple sentiment des convenances doit proscrire l'emploi du nu; et quant à ce qu'on appelle image licencieuse, nous croyons que la morale et le bon goût doivent s'accorder à en condamner l'exécution et la vue. Il est clair que nous n'entendons parler ici de l'imitation du nu, que sous le rapport philosophique, qui en fait une des parties nécessaires du langage imitatif par formes corporelles.

Disons donc, que de quelque manière que l'usage en soit admis dans les opinions des peuples, soit comme intimement lié, tel qu'il le fut chez les anciens, à la religion et à toutes les institutions sociales, soit simplement, tel qu'il l'est chez les peuples modernes, comme luxe de la société, et occupation ou plaisir de l'esprit, il n'est jamais possible de désintéresser, si l'on peut dire, les arts qui emploient les formes du corps, au point de les faire renoncer aux moyens qu'ils ont de plaire, tant le besoin de plaire devient naturellement le but ou le ressort de leur action.

Or, comment l'art de la sculpture surt-tout, ne mettroit-il pas au premier rang de ses obligations, ce qui est le premier de ses mérites, savoir de produire et de réaliser les impressions de beauté, de proportion, d'harmonie, dont l'admirable organisation du corps humain est le sujet inépuisable?

Si l'on a été forcé de reconnoître que l'œuvre du peintre et du sculpteur a, comme celui du poëte, sa sphère poétique, pourroit-on ne pas y comprendre l'expression du beau visible attaché à la perfection des corps? Y a-t-il en effet un moyen plus puissant de faire naître en nous, par le charme de l'accord des lignes et des graces de la forme, des idées analogues à celles que la poésie sait produire, par tous les moyens métaphoriques du style, des pensées, et des images même qu'elle emprunte à des temps et à des opinions qui n'existent plus?

On n'a point contesté au poëte, lorsque les conditions de son sujet s'y prêtent, de mettre à contribution les créations mythologiques de l'antique poésie, quoiqu'elles soient hors des opinions des modernes et contraires à leur croyance, par cela que naturalisée avec la poésie, elles appartiennent à un système de métaphores devenu universel.

Il doit en être de même pour l'artiste (sauf aussi à lui d'observer, comme on l'a déja dit, les convenances prescrites par certains genres de sujets) : j'ajoute qu'il y a, en sa faveur, quelques considérations particulières.

Au fond, on peut soutenir que dans l'emploi que le sculpteur, par exemple, fait de la nudité appliquée à l'effigie d'un personnage moderne, il n'emprunte réellement rien aux temps passés, ni à d'autres peuples; puisqu'enfin le corps humain, et son imitation sont de tous les temps et de tous les pays.

Mais, dit-on, ce qu'il emprunte, c'est un usage, c'est une pratique qui n'est plus en rapport avec l'état actuel de nos mœurs sociales. Car il assimile ainsi la représentation d'un personnage moderne, à celle que les Grecs et les Romains faisoient de leurs contemporains, par une convention qui étoit bien plus d'accord avec leurs mœurs, qu'elle ne peut l'être avec les nôtres.

On avouera ici deux choses. L'une, que la nudité, dans les pays dont on parle, étoit beaucoup plus autorisée par d'anciens usages; que dès-lors la statue portrait d'un personnage, représenté nu, offroit moins d'opposition avec l'état des opinions habituelles, qu'elle ne peut en souffrir dans nos climats; l'autre, que le goût pour les œuvres de l'imitation singulièrement favorisé alors par toutes sortes de causes, devoit bien plus encore accréditer l'emploi de la nudité.

Mais que conclure de là? Rien, sinon que cet emploi doit être aujourd'hui moins général, parceque l'opinion s'y refuse davantage, et qu'on est plus porté à s'y refuser, parcequ'il est moins général.

Il y a cependant, pour en autoriser l'usage chez les peuples modernes, une assez forte raison, qui se tire de la nature même des rapports de l'imitation avec les peuples et les usages de notre temps. Ces usages peuvent bien prescrire des conditions à remplir, des convenances à observer, et on est loin de nier la soumission que l'imitation leur doit. Mais d'autre part, dès que l'art a obtenu la faculté de se dévelop- per, il n'est plus possible de le forcer de renoncer (comme cela fut en Égypte, par exemple) à ce qui constitue sa propriété essentielle, c'est-à-dire celle de représenter la vérité des corps, et sur-tout celle du corps humain. S'il se trouvoit donc que les vête- ments d'usage dans certains temps et certains pays, vinssent à cacher ou à travestir le modèle de l'art, au point de dérober à l'artiste toute vérité de nature et d'i- mitation, en le réduisant à la nullité de la copie iden- tique (comme on le dira au paragraphe suivant), ce seroit pour la sculpture particulièrement, une res- source indispensable, que celle d'imiter ce qui n'est jamais soumis aux caprices de la mode, je veux dire les formes même du corps (à moins de convenances ordonnées par la nature du sujet.)

La nudité alors devient une véritable métaphore, une transposition poétique de l'art, pourvu que l'ar- tiste y observe les conditions qui la rendent telle, et dont on parlera tout-à-l'heure.

Or, n'en doutons pas, il en fut de même chez les anciens. Il s'en faut de beaucoup que la nudité, quoi- que certains usages y eussent plus habitué leurs yeux, et que leur climat aussi en eût plus favorisé la vue,

ait jamais été admise par le fait, dans les usages de
la vie civile, des emplois, des fonctions et des céré-
monies religieuses. Mille exemples nous prouvent
qu'elle fut employée par les artistes dans le seul intérêt
de l'art, et comme une manière métaphorique ou de
généraliser le personnage, ou d'en exprimer les qualités morales par les qualités physiques, auxquelles
il est vrai de dire qu'on mettoit alors plus de prix
qu'aujourd'hui.

Il résulte de ce rapprochement, que la nudité est
seulement pour nous et dans nos mœurs, une convention plus poétique encore, une métaphore plus
hardie, et qui, dès-lors, doit s'employer avec plus
d'égards et de réserve.

En définitive, cette convention tient comme toutes
les autres, à la distinction des deux genres d'imitation dont on a tant de fois parlé.

Faire voir les hommes tels qu'ils sont, soit dans
leur forme individuelle, soit sous les formes et avec
les dehors des usages locaux de chaque âge, de chaque
pays, c'est l'imitation vulgaire, ou si l'on veut, prosaïque de l'art. Les faire voir tels qu'ils pourroient être,
ou tels que les convenances d'un ordre supérieur d'existence permet de les imaginer, c'est ce qui constitue
en grande partie le langage poétique de l'imitation
des corps.

La nudité, dans la représentation des personnages
contemporains ou d'histoire moderne (lorsqu'aucune

convenance particulière n'y répugne), mais considérée en théorie générale, est donc tout simplement
une convention du genre de celles, qui composent le
style idéal ou poétique des arts du dessin.

J'avouerai que c'est souvent la faute de l'artiste,
si le public ne comprend pas toujours ce qu'il y a
de métaphorique, dans l'emploi de la nudité appliqué à certains sujets. En effet, ce n'est qu'à l'aide
du style ou du caractère idéal, qu'elle acquiert la
propriété de donner une grande idée, c'est-à-dire une
image généralisée des personnages; tandis que le style
ou le caractère d'imitation vulgaire, soit dans l'homme, soit dans son costume, ne tendent qu'à en particulariser l'image, et à la retenir dans la classe des
portraits.

Que doit dire, que doit faire entendre le statuaire,
lorsqu'à l'égard d'un personnage soit d'histoire moderne, soit contemporain, il emploie dans son effigie le système de la nudité? Il doit déclarer par là,
que la célébrité acquise par ce personnage, l'a fait, en
quelque façon, sortir du cercle étroit de la société partielle dont il étoit membre; que dès-lors il transporte
à l'homme physique la valeur de cette existence plus
générale, que la renommée donne à l'homme moral
ou à ses qualités. C'est véritablement la manière la
plus claire de faire dire par les signes corporels, que
tel homme a cessé d'être l'individu de tel lieu, de tel
temps, et qu'il est devenu l'homme de tous les âges
et de tous les pays.

Mais ce que dit le système métaphorique de la nudité, dans la statue dont ont parle, il ne faut pas qu'il soit contredit par un principe ou un goût d'exécution qui y soit opposé. Or, ce sera quelquefois l'artiste lui-même, qui, sans le vouloir, annulera la métaphore qu'il employa sans s'en douter. On sait que c'est ce qui est arrivé à la statue d'un poëte célèbre représenté nu, et dont l'artiste se plut à faire une sorte d'étude d'anatomie, plutôt qu'un monument honorifique (1).

Il faut en ce genre, qu'à un système métaphorique se joigne un style idéal. Que si l'artiste néglige cet accord, il n'aura point fait une statue nue, mais une figure déshabillée.

Je dois prévenir ici quelques fausses conséquences que l'on pourroit tirer de cette théorie, en l'appliquant indistinctement à la peinture comme à la sculpture. Quoique les deux arts aient une multitude de conventions communes entre eux, cependant on conçoit, qu'en raison des différences techniques ou matérielles, qui distinguent leurs moyens et leurs effets, certaines métaphores ou transpositions dans l'apparence des personnes et des sujets, peuvent mieux convenir à l'un, et convenir moins à l'autre.

Ainsi la nudité considérée comme moyen de généraliser, dans une statue isolée, la représentation

_____

(1) Statue de Voltaire, par Pigalle.

d'un personnage, pourroit n'avoir plus la même vertu, employée par un autre art qui a beaucoup plus
de moyens de particulariser, et dont il ne sauroit le
plus souvent abandonner l'emploi. Or, tel est le cas
où se trouve nécessairement l'art du peintre, par
l'effet de la couleur qu'il ajoute à la forme, par l'a-
vantage même de la localité à laquelle tient son sujet,
et encore par tous les accessoires de vérité particulière, dépendants de cette localité.

Le personnage représenté par la statue nue, n'ha-
bite aucun lieu dans l'ouvrage de l'art; il n'est en
rapport avec rien qui puisse contredire sa manière
d'être. Lors même que le sujet de composition traité
en bas-relief peut recevoir, ainsi que le tableau du
peintre, plusieurs sortes d'accompagnements, toujours est-il vrai que le sculpteur, s'il reste dans les limites de son art, est tenu de se resserrer dans des
termes, physiquement et moralement parlant, bien
moins favorables au développement de tout ce qui
tendroit à particulariser ses représentations.

On avoue que le peintre aussi est le maître de se
restreindre, dans les images qui sont de son ressort,
à une moindre mesure de vérités particulières, et par
conséquent de sujétions historiques. Mais on comprend qu'il n'est guère dans son intérêt de se conformer en cela volontairement, aux conditions que
la nécessité impose à la sculpture. Lorsqu'il use des
moyens naturels d'un art, qui lui offre infiniment

plus de ressources descriptives ou narratives, il contracte l'obligation d'observer plus fidélement les rapports vrais et naturels, qui doivent exister entre les parties de sa composition. Ainsi le peintre ne sera plus maître d'introduire arbitrairement, contre la vérité historique, la nudité dans la figure d'un personnage, lorsqu'il restera fidéle à cette même vérité, dans les autres figures du tableau. Car lorsqu'il se permet de telles disparates, il détruit, quoi qu'il puisse faire d'ailleurs, l'unité de sa scène, en y établissant un double ordre de choses, de temps, de mœurs, et de manière d'être, qui répugne aux yeux et blesse la raison. Qu'il renonce dans le tout à l'expression de la vérité historique, ou qu'il s'y soumette dans chaque partie de ce tout. C'est le cas de lui dire avec Horace, *Aut famam sequere aut sibi convenientia finge.*

Pour excuser ces disparates (et elles sont très fréquentes dans les tableaux) on ne manque guère de dire que le peintre a voulu faire briller son savoir dans l'étude du nu. Mais l'excuse n'est pas recevable, car ce n'est pas pour lui que l'artiste est censé faire ses ouvrages; et la raison ne doit pas payer les frais de sa vanité.

On cherche aussi à justifier ces anomalies en peinture, par des exemples tirés précisément des ouvrages de la sculpture, et même de la gravure antique, c'est-à-dire des médailles et pierres gravées, qui ne peuvent jamais représenter les sujets qu'en abrégé ou en rac-

courci, et qui ont besoin d'une convention particulière, dont la peinture n'est point admise à se prévaloir.

Enfin on dit que l'artiste a toujours le droit de
renoncer, par intérêt pour l'art, au système de fidélité ou de réalité historique ; c'est ce dont nous
sommes d'accord ; et toute notre théorie ne tend qu'à
établir ce droit, quoiqu'à différents degrés et avec des
conditions diverses. Mais cette concession repose sur
d'autres principes, et sur d'autres raisons que celles
qu'on allègue souvent en faveur de l'emploi de la nudité, en lui donnant des motifs de vraisemblance ou
factices ou futiles.

J'en donnerai pour preuve ce qui a été dit de la
nudité du groupe de Laocoon, sujet si souvent
controversé.

Laocoon, disent les uns, étoit prêtre d'Apollon ;
il faisoit un sacrifice lorsque les serpents l'assail-
lirent. L'artiste a donc péché contre la vérité et contre
la vraisemblance, en représentant nu un grand prêtre
dans l'exercice de ses fonctions.

Selon les autres, l'artiste a pu avoir le droit de
changer le moment et le lieu de la scène. Comme
l'usage, disent-ils, vouloit qu'avant le sacrifice le
prêtre se purifiât dans le bain, on a pu supposer que
cet instant fut celui où Laocoon se vit attaqué par
les serpents.

D'autres enfin font à l'objection de la nudité, une

réponse encore plus évasive. C'est que Laocoon et ce qu'on appelle son histoire, n'étant peut-être que des sujets fabuleux, l'artiste n'étoit point obligé de traiter historiquement un fait imaginaire.

Laissons cette futile controverse.

Le sculpteur du Laocoon l'a fait nu, parcequ'il n'étoit ni annaliste, ni historiographe de la guerre de Troie; il l'a fait nu parcequ'il a mieux aimé être l'historien de la nature, et des impressions qu'une scène aussi tragique pouvoit produire. Laocoon est nu parceque, sans la nudité, l'artiste n'auroit pu représenter que foiblement, ce spectacle de terreur et de pitié, qu'excite la contraction de toutes les parties d'un corps en proie à toutes les douleurs; parceque les nœuds et les morsures des serpents auroient eu moins de prise, et produit moins d'effet pour le spectateur, sur un corps habillé. Laocoon enfin est nu, parceque l'artiste eut beaucoup moins en vue de perpétuer le souvenir de la mort tragique, supposée véritable du grand prêtre des Troyens, que de montrer la puissance de l'imitation et le triomphe de l'art, dans l'expression des plus cruelles angoisses de l'ame et du corps.

Tel est l'effet de ce genre de métaphore, par laquelle les arts du dessin savent échanger le fait particulier d'une histoire locale, contre une scène générale de la nature physique et morale, en combat avec le pouvoir de l'inexorable destinée.

Maintenant (pour revenir aux convenances particulières à la peinture dans l'emploi de la nudité) dirons-nous que le peintre pourroit user de la même liberté que le sculpteur, dans la représentation du même sujet? Nous répondrons, Oui, si, se renfermant dans la simplicité du sujet réduit à ses moindres éléments, il le sépare de tout ce qui pourroit, en le particularisant, lui redonner un caractère historique. Mais s'il fait entrer dans la scène de son tableau, par les moyens plus multipliés de son art, tous les accessoires de localité, de réalité, de détails historiques qu'il peut, et si l'on veut, qu'il doit comporter; s'il peint la catastrophe de Laocoon saisi au milieu de son sacrifice, dans le temple de Minerve, en présence de nombreux assistants, sujet sans doute fécond en motifs d'intérêt, d'action, et d'expression, sera-t-il également libre de représenter nus Laocoon et ses enfants? Seroit-il d'accord avec les plus simples convenances, de faire voir dans l'action même d'une cérémonie religieuse, le seul grand-prêtre sans vêtement; car dans notre hypothèse il ne sauroit être question de représenter nus tous les assistants?

Le simple bon sens répondra, Non. Pourquoi? Parceque le fait, sujet du groupe, et les personnages objets de sa composition, généralisés dans l'ouvrage isolé du sculpteur, vont se retrouver particularisés dans le tableau du peintre.

Dans le groupe du statuaire, l'individu nominal,

le prêtre, ou le sacrificateur ont disparu, avec tous
les accompagnements de la scène historique, pour
faire place au seul spectacle de la nature souffrante;
et ce système idéal de généralisation devient ici,
moins par goût que par nécessité, celui de l'art qui
ne pouvant, vu la limitation de ses moyens, rendre
les actions nombreuses en détails et en circonstances,
doit chercher dans une autre sphère d'impressions,
l'équivalent de ce que la nature lui refuse.

Dans le tableau tel qu'il a été décrit au contraire,
la nature seule du sujet s'oppose à une action ainsi
généralisée. Le temple, l'autel, la victime, les victi-
maires, les assistants, sont autant d'éléments, qui
particularisent nécessairement la scène, et la sou-
mettent aux conditions de la vérité ou de la vraisemblance historique. Or, représenter Laocoon nu,
c'est-à-dire dans un système idéal et de convention,
au milieu d'accompagnements et d'assistants représentés dans le système positif de la vérité historique,
c'est dire aux yeux deux choses contradictoires. C'est
prétendre qu'on croie tout ensemble, et qu'on ne
croie pas au fait représenté. C'est faire qu'il soit tout
ensemble vrai et faux.

Aut famam sequere aut sibi convenientia finge.

PARAGRAPHE XVII.

*Continuation du même sujet. — De l'ajustement idéal
ou des costumes et habillements antiques transportés
dans les sujets modernes.*

En fait d'imitation corporelle, ainsi qu'on l'a déja
dit, il n'y a point de métaphore sans métamorphose.
Les Grecs, nos instituteurs et nos modèles, nous ont
transmis sur cet objet la leçon et l'exemple, dans tous
leurs ouvrages.

On s'imagine souvent que ce qui nous semble
poétique ou métaphorique, dans la manière d'être
des personnages ou des sujets de la sculpture antique, est dû simplement aux usages du temps, et
n'est que la fidèle répétition de ce qui étoit sous les
yeux de chacun. Cependant ce qui a été dit dans le
paragraphe précédent, sur la nudité de leurs statues,
doit donner à connoître que cette nudité fut, bien
plus fréquemment qu'on ne pense, une simple convention de l'art, en dépit des convenances sociales.
Ainsi, lorsqu'on invoque les usages gymnastiques,
et les jeux du cirque, pour autoriser chez eux l'emploi de la nudité, on dit vrai, pourvu qu'on n'en tire

d'autre conséquence, sinon que les yeux plus habi-
tués à la nudité, devoient en trouver l'application
plus naturelle dans les ouvrages du ciseau. Mais de
ce qu'on avoit beaucoup d'occasions, par exemple, de
faire nues les statues d'athlètes, il ne s'ensuit pas que
c'étoit comme athlétiques ou gymnastiques, qu'on
faisoit les statues de tant d'autres personnages représentés nus. Ce n'étoit pas même par allusion aux
usages du stade ou du gymnase, qu'on figuroit, ou
entièrement ou à demi nus, des princes, des guer-
riers, des orateurs, des philosophes, des poëtes, etc.

La nudité, dans le plus grand nombre de ces ouvrages, étoit une vraie métaphore poétique ; et il seroit facile de prouver que la cause de son emploi,
n'existoit pas toujours dans les institutions civiles.
Qui ne voit que le même génie qui avoit rempli le
monde d'êtres surnaturels, ne dut pas tarder à leur
associer des hommes divinisés, dont l'art fut chargé
aussi de fixer le caractère? Il se forma ainsi plusieurs
classes de personnages réputés divins, auxquels l'a-
dulation ne put pas manquer d'assimiler les hommes
célèbres. Tel fut, dans la réalité, le vrai principe des
métaphores dans l'art des statues.

Tantôt on changea Homère, Périclès, Alexandre,
en divinités ; tantôt on fit les statues des personnages
vivants, dans le goût héroïque, c'est-à-dire selon la
manière d'être des temps les plus anciens. Voilà ce qui

explique l'emploi de la nudité dans la représentation des personnages contemporains ou historiques, chez les Grecs. Mais une semblable explication est elle-même la preuve, que cette nudité n'étoit réellement qu'une transformation, une métaphore poétique de l'art, et non la copie des usages civils.

On ne manquera pas, sans doute, d'objecter que cette métaphore, tenant aux opinions des Grecs, tenoit donc aussi à une raison, qui n'en est plus une pour nous, puisque nous n'avons plus les mêmes opinions. Mais il y a à cela une réponse, que nous ferons encore plus bas, en l'appliquant à une objection plus positive encore; c'est que toute métaphore poétique étant une fiction de l'imagination, se rencontrera toujours, quant aux éléments, et à l'esprit qui l'inspire, avec la métaphore poétique d'un autre temps ou d'un autre pays. De quelque opinion plus ou moins réelle qu'émanent les fictions de l'art, elles ont toutes une source commune dans l'imagination, dans les besoins de l'esprit humain. Ainsi il n'y a point d'agent ou de ressort poétique, en fait d'art, qui ne se rencontre dans les mêmes combinaisons et dans les mêmes effets, avec les usages poétiques des Grecs. Mais cette conformité d'emploi nous sera beaucoup plus naturelle encore, puisque nous tenons des Grecs et de leurs traditions, tous les éléments poétiques de nos arts, en sorte qu'il est vrai de dire des moyens métaphoriques, en tout genre, que nous les employons, non point comme Grecs, mais simplement comme poétiques; et c'est ainsi que nos artistes sont autorisés à user de la nudité.

On fait ordinairement de plus sérieuses difficultés aux artistes, sur l'emploi de ce qu'il est d'usage d'appeler le costume antique, ou les formes d'habillements grecs ou romains, appliqués aux sujets modernes.

Sur ce point, comme sur celui de la nudité, nous ne pouvons que répéter ce que le bon sens indique, savoir que, dans les représentations des personnages et des sujets, il en est qui ne sont jamais susceptibles d'éprouver ces changements d'apparence, qu'un costume idéal ou étranger ne pourroit leur faire subir, sans les rendre tout-à-fait méconnoissables. Le seul sentiment des convenances suffit, pour tracer le cercle des sujets dont on veut parler ici.

Mais cette concession préliminaire une fois faite, reste, pour tous les autres sujets, la question de goût qu'il s'agit de discuter sous ses rapports généraux : car on ne prétendra pas entrer ici dans tous les cas particuliers.

Et d'abord on reconnoîtra comme fort naturel, le penchant qui porte le commun des hommes à vouloir qu'on représente toujours les personnes, dans les ressemblances qu'on en fait, avec tous les détails et toutes les particularités de costume qui aident à les faire reconnoître; et s'il ne s'agit que de portraits de particuliers pour des particuliers, la critique du goût n'a que faire d'y intervenir.

Cependant le même penchant exigera la même espèce de fidélité, dans les images des personnages célèbres, auxquels la reconnoissance ou l'admiration publique élève des monuments. Or c'est ici que commence le débat entre le système de l'imitation positive, et celui de l'imitation idéale.

Oui, le plaisir que l'on trouve dans les statues-portraits des personnages modernes ou contemporains, à retrouver tous les détails de leurs habits, de leurs accessoires de coiffure ou d'habillement, est précisément de la même nature que celui de l'instinct qui demande la réalité à l'imitation. C'est le plaisir de la multitude ignorante, qui s'en prend toujours à ce qu'il y a de moindre dans les ouvrages de l'art, comme la critique du cordonnier, dans le tableau d'Apelle, s'en prenoit à la semelle de la chaussure.

Or, ce qu'on vient d'avancer se prouve par la nature même des costumes ou des habits modernes, qui, si on les met en parallèle avec ceux de l'antiquité, expliqueront, non seulement pourquoi l'imitation donne, mais encore pourquoi elle est forcée de donner à ceux-ci la préférence, sur-tout en sculpture.

Si l'on se rappelle ce que nous avons dit, dans la première partie de cet ouvrage, sur ce qui est le principe opposé de l'imitation, c'est-à-dire la répétition

identique de tout objet qui peut être reproduit, à
l'aide de moules, de patrons, de mesures, il n'est
pas difficile de voir, que la forme de chacun de nos
vêtements, et de chacune de leurs parties, résultant
d'un patron uniforme, la copie qu'en fera le sculpteur,
ne sauroit s'empêcher de les répéter d'une manière
mécanique, sans art et sans talent, puisque le procédé
de la mesure ou du compas y suffit, pour en opérer
la ressemblance.

On parle ici principalement de la sculpture, cet
art qui, reproduisant les formes des objets, sans leur
couleur, n'a, dans un corps géométrique, autre chose
à rendre que sa forme ; en cela différent de la peinture, qui trouve encore, en de tels sujets, à exprimer l'harmonie des tons, l'effet de la lumière ou de
l'ombre.

Tout est donc symétrique, compassé, uniforme
dans nos vêtements. Mille habits ne donneront jamais que mille fois le même habit.

Sans entrer ici dans une analyse exacte et une
description, soit du système d'habillement de l'antiquité, soit de ses formes et de ses pratiques, il suffit
aux notions que nous en prétendons tirer, de dire
qu'il étoit presque en tout l'opposé du système moderne, puisque en général il consistoit dans une étoffe
d'une très grande ampleur, et libre, c'est-à-dire à
laquelle l'art du tailleur ne donnoit aucune forme.
Elle enveloppoit le corps, et s'y ajustoit avec des

diversités dépendantes ou du goût de chacun, ou du hasard (cause naturelle en ce genre) qui en multiplioit les combinaisons, et faisoit jouer les plis de l'étoffe de tant de manières, que mille habits produisoient mille jets de draperies tous différents.

Cette sorte de vêtement étoit donc naturelle, en tant que l'art n'en façonnoit ou n'en contraignoit pas les formes. Or voilà ce qu'est la nature à l'égard d'une étoffe ou d'une draperie. Puisque telle est la nature en ce genre, l'art qui l'imitoit, avoit donc en ce genre la nature pour modèle.

L'art qui doit imiter des habits ou des étoffes artificiellement découpées sur un patron, n'a donc pas en ce genre la nature pour modèle.

Voilà pourquoi l'imitation réclame l'emploi d'habillements, qui, d'une part, soient favorables au développement des beautés du corps, et de l'autre puissent servir de matière à l'imitation.

L'imitation aura donc le droit d'user des formes de draperies, qui constituoient plus ou moins l'habillement des anciens : et cela pour deux raisons.

La première se fondera sur l'esprit même de la métaphore, qui, comme on l'a vu, peut souvent transporter et personnages et sujets d'un pays dans un autre. Or, rien n'empêche l'assimilation que l'art peut faire, quand le sujet en est bien motivé d'ailleurs, d'un personnage moderne avec quelques grands hommes de l'antiquité ; et ce rapprochement ne peut avoir lieu, que par un emprunt judicieux de quelques apparences des costumes antiques. Ainsi le bon goût n'a jamais désapprouvé dans de grands monuments, comme sont les statues équestres de nos rois, en bronze, l'emploi des parties de l'habillement militaire ou héroïque des anciens. Ces choses sont du domaine allégorique des arts du dessin.

La seconde raison, on la trouve dans la définition même, qu'on a faite de la nature et du système des étoffes servant jadis d'habillement. Car, tout en convenant qu'elles formoient ce que nous appellerions la mode des anciens, nous avons reconnu qu'elles appartenoient aussi à une mode plus générale, c'est-à-dire à la mode universelle de la nature. Et de là les méprises qui ont lieu, et où tombent les censeurs du genre métaphorique, que nous appelons l'ajustement idéal. C'est que, où il faut renoncer à draper une figure avec des étoffes libres, et telles que les veut l'imitation, ou il faut la faire réssembler à celles qu'on reconnoît, pour être habillées à la grecque ou à la romaine.

Ainsi on se souvient que la sculpture, il y a peu d'années, prétendoit coiffer les portraits, ce qu'on appeloit à la romaine, avant que la mode en fût venue ; et toutefois ce n'étoit pas pour faire des cheveux à la romaine, mais pour les faire naturels.

L'art emploie donc l'ajustement antique, non comme antique, mais comme naturel, non parce-

qu'il a été employé par les Grecs ou les Romains,
mais parce que l'imitation (en tant qu'imitation) ne
peut pas en employer d'autre, non pas tant même
encore parcequ'il est d'accord avec le style métaphorique, que parceque le costume moderne est
anti-imitatif.

Cela étant, lorsqu'une nation confie à la sculpture,
le soin de perpétuer le souvenir de ses exploits et de
ses grands hommes, son intérêt lui commande de
veiller sur le goût et le genre d'imitation d'ouvrages,
qui, en inspirant le respect pour les images qu'elle
consacre, doivent témoigner aussi auprès des âges
futurs, en faveur de l'époque qui les vit élever.

Il y auroit en cette matière un assez grand nombre
de considérations que je suis fort loin de vouloir
parcourir. J'en veux toutefois faire valoir une qui
sort de la nature même du sujet, et dont chacun sera
facilement juge.

Quand l'habillement des anciens n'eut pas été aussi
favorable à l'imitation qu'on vient de le voir, aussi
flexible à toutes les inventions de l'art, il faut dire encore qu'il eut pour les ouvrages de la sculpture (considérés dans le rapport de leur destinée à venir) un avantage particulier. Peut être est-ce au principe même de
la variété compatible avec son ajustement, qu'aura été
due, en dépit du goût pour le changement si naturel aux hommes, cette longue stabilité de mode, de

pratique et d'usage, qui contraste si singulièrement avec les habitudes de l'habillement moderne. Nous ne voyons pas que pendant un long cours de siècles, la manière d'être habillé ait subi jadis de changement sensible; et lorsqu'on en juge par les monuments de l'art, les variétés qu'on remarque dans l'ajustement des personnages, n'appartiennent qu'à l'imagination de l'artiste, parcequ'il y a toujours à imaginer, dans la disposition d'une étoffe libre et naturelle.

On peut donc conclure de là, que les représentations plus ou moins fidèles des habillements, n'étoient pas sujettes aux caprices de la mode, qui auroit pu, au bout de quelques années, les faire paroître surannées, et enfin étrangères à la nation même dont elles étoient l'ouvrage.

Mais l'expérience des temps et des mœurs modernes, nous offre des résultats absolument contraires. Les différentes modes d'habillement qui se sont succédé en Europe, depuis le renouvellement des arts, établissent entre les portraits faits pendant une période de trois siècles, des contrastes tels, qu'il n'en existe pas de plus frappants, entre les habillements des contrées les plus étrangères les unes aux autres. L'on sait toutefois combien s'est accrue encore la mobilité de la mode, depuis qu'un mouvement plus précipité, imprimé au commerce par le luxe, et au luxe par les subdivisions du commerce, a fait mettre au nombre des intérêts commerciaux, les fréquents changements dans les formes des choses les plus usuelles, telles que les habits et leurs acces= soires. Un très court espace de temps suffit, pour voir leurs formes vieillies devenir un objet de risée sur les portraits, où un art imprévoyant s'étoit plu à les fixer. Telle est aujourd'hui la fréquence de ces mutations, qu'une statue (on peut l'affirmer) seroit une entreprise trop longue, pour que la mode selon laquelle un personnage auroit été ébauché, subsistât encore lorsqu'il seroit question de le terminer.

Disons donc hardiment que la fidèle représentation de nos modes en sculpture, ne prépare que des sujets de ridicule, non seulement aux générations futures, mais aux hommes de notre âge, puisque l'effet de l'esprit de mode, est de rendre ridicule ce qui n'est pas conforme au goût du jour.

Ajoutons, comme conséquence de ceci, que la durée de ces modes est trop fugitive, pour que leur représentation puisse être du moindre intérêt aux âges à venir, et leur offrir le moindre sujet d'instruction. On conçoit qu'on puisse examiner avec quelque profit des formes d'habillement, qui ont duré assez long-temps, pour se mettre en rapport avec beaucoup d'usages, et d'où l'on puisse tirer quelques explications de certains détails que l'histoire néglige. Mais quel intérêt prendre à ces modes éphémères qui meurent en naissant, qui se succèdent sans se survivre, qui ne témoignent que de la fécondité de l'esprit de frivolité.

Certes s'il appartient à quelque art, ou à quelque partie de l'imitation, de tenir registre d'aussi futiles objets, ce n'est pas sans doute à l'art que sa nature destine à traverser les siècles, à porter aux âges futurs les témoignages du goût, de l'esprit, des sentiments du peuple qui en fait le dépositaire de sa gloire.

L'art de la sculpture, comme l'a dit Hemsterhuis (1), doit parler à la postérité la plus reculée; par conséquent il doit parler la langue de la nature. Et voilà pourquoi (continue-t-il), il lui est interdit de traiter un grand nombre de sujets qui ne tiennent qu'à des opinions passagères, à des modes locales; et de ce genre sont les habillements, qui ne sont propres qu'à quelques siècles et à quelques pays.

Il doit donc y avoir, et il y a réellement pour les arts du dessin, et sur-tout pour la sculpture un costume monumental.

Ce costume seroit-il tel, qu'on ne puisse le regarder que comme propre des Grecs et des Romains, il seroit déja, par cela même, assez en rapport, c'est-à-dire moralement d'accord avec les conventions poétiques;

' Hemsterh. *Ueber die Bildhauerey*, tome I, page 51.

d'abord comme ayant appartenu long-temps à des peuples célèbres, et qui ont propagé dans tout l'univers le plus beau langage d'imitation que les hommes aient parlé; ensuite comme participant essentiellement à toutes les qualités du genre idéal; enfin comme étant devenu une sorte de convention universelle dans l'Europe entière.

Toutefois on est loin de prétendre que l'artiste, dans des compositions de sujets ou de personnages modernes, doive se faire, sans mesure et sans choix, le copiste exact des particularités et des détails du costume grec ou romain. Trop de fidélité à cet égard, sortiroit même des obligations d'un système, dont le but est de généraliser l'objet de la représentation. Je ne nie donc pas, qu'on puisse abuser de la métaphore, en la rendant par trop identique avec ce qu'elle doit se contenter d'indiquer. Car si l'on emprunte au costume grec ou romain, des apparences de costume, ce n'est pas dans la vue de faire une illusion entière, ou de produire un anachronisme. D'autre part il faut répéter que l'ajustement purement idéal, et sans aucune intention de rapprochement avec le costume antique, a aussi une partie que les critiques ont souvent le tort de confondre avec lui.

C'est, il faut le dire en finissant, sur ce point limitrophe entre deux abus, qu'ont lieu de part et d'autre, et la méprise des artistes et l'équivoque des censeurs.

Les uns ont souvent le tort de faire au lieu d'idéal, du grec trop positif et du romain trop romain; les autres se trompent plus fréquemment encore et prennent pour romain ou pour grec, tout ajustement qui dans le fait est idéal par sa nature, et peut par conséquent être le costume de tous les pays et de tous les temps.

FIN.

TABLE

DES PARAGRAPHES

CONTENUS DANS CET OUVRAGE.

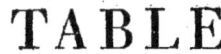

SECONDE PARTIE.

DU BUT DE L'IMITATION DANS LES BEAUX-ARTS.

TROISIÈME PARTIE.

DES MOYENS DE L'IMITATION DANS LES BEAUX-ARTS.

FIN DE LA TABLE.

www.ingramcontent.com/pod-product-compliance
Lightning Source LLC
Chambersburg PA
CBHW051348220526
45469CB00001B/164